C000129474

O

Contraste insuffisant

LA VIE

DANS LE NORD DE LA FRANCE

AU XVIIIe SIÈCLE

ÉTUDES, SCÈNES ET RÉCITS

René MINON

LA VIE
DANS LE NORD DE LA FRANCE

AU XVIIIᵉ SIÈCLE

ÉTUDES, SCÈNES ET RÉCITS

PREMIÈRE SÉRIE

PARIS

LIBRAIRIE HISTORIQUE DES PROVINCES
Émile Lechevalier
39, quai des Grands-Augustins, 39

188

De cet ouvrage,
il a été tiré 15 exemplaires numérotés sur papier de luxe.

———————

Propriété de l'Auteur.

PRÉFACE

Avez-vous déjà remarqué que l'auteur d'un ouvrage quelconque comble toujours une lacune ? Ce n'est point la manie d'écrire ni le désir de se voir imprimé, ni la satisfaction de contempler son nom sur une couverture qui incitent le malheureux à assassiner de sa prose curieux, indiscrets, voire indifférents. C'est la lacune qui l'attirait, la perfide, et, en effet, le gouffre était si profond que l'œuvre et l'ouvrier y disparaissent sans laisser de traces.

Le bruit d'un plongeon, quelques ondulations mourantes et de plus en plus espacées : ce sont les huit jours pendant lesquels la presse parle de vous en troisième page, entre la violation d'un clapier et le lyrique compte rendu d'une séance de projections lumineuses.

Si, dans l'intervalle, vous assistez à une réunion scientifique ou littéraire, vous recevez les compliments d'un monsieur du bureau qui s'acquitte consciencieusement de sa funèbre corvée, et quelque bibliophile passionné ne manque pas de vous déclarer à mi-voix, en forme de conclusion : « Je n'ai pas lu votre livre ; car, franchement, je n'aime pas votre genre ; mais comme typographie, c'est parfait, le tirage de luxe est une merveille. »

C'est l'appréciation la plus flatteuse du genre ; notre imprimeur ne doute pas qu'on ne la donne, — ni nous non plus. D'autre part, nous sommes certain qu'à des points de vue différents, on en ajoutera bon nombre qui seront infiniment plus décevantes.

Heureusement qu'elles seront perdues dans le flot des admirations obligatoires ; car nous escomptons d'avance les analyses enthousiastes du confrère qui fait un prêt à taux usuraire, car il a une brochure sous presse ; les politesses laudatives du publiciste qui daigne accepter un *ex-dono* et qui monte sa bibliothèque à bon marché, quand il n'entretient pas la boutique du bouquiniste voisin.

Après quelques années de ces travaux forcés, vous êtes arrivé... à perdre vos cheveux, à souffrir de l'estomac et à porter des lunettes. Si la modestie n'est pas la dominante de votre caractère, si, à force d'intrigues et de protections, vous avez réussi à enlever la grande médaille de l'Académie qu'un contemporain a immortalisée dans la *grammaire*, votre réputation est désormais établie, votre personnalité compte.

Ce qui le prouve surabondamment, ce sont les visites que vous recevez : les nouveaux qui entrent dans la carrière, les jeunes qui désirent marcher sur vos traces. Ils viennent quérir des conseils qu'ils ne suivent pas et des encouragements plus tangibles, sous la forme d'une souscription à leur prochaine édition.

Pour votre malheur et celui de votre famille, les environs de votre ville renferment-ils un champ de bataille fameux, un camp romain, une forteresse féodale, des curiosités naturelles ? c'est un autre genre de supplice qui vous attend. La belle saison amène des touristes, des professeurs exotiques; vos concitoyens ne manquent pas de vous les adresser, et le veston étriqué d'un révérend américain alterne chez vous avec la lévite de son collègue anglais et le fichu à carreaux d'une miss écossaise : une étude intéressante pour un tailleur.

A une discussion serrée, à une conversation suivie, il ne faut pas songer, si vous ne connaissez point la langue du Royaume-Uni. Hélas ! c'est notre cas, et en telle occasion nous en sommes réduit à composer une langue nègre où entrent du français, de l'anglais, de l'allemand, du latin, même du grec et de l'espagnol.

Les satisfactions finissent par arriver, au moins pour vos héritiers. C'est quand, à la clôture de votre enterrement, un solennel monsieur de noir habillé, de blanc ganté, déclare devant votre caveau béant que votre nom subsistera pendant des siècles, — sur les registres de l'état civil, omet-il de dire. Et, sachant bien que vous ne protesterez pas, il vous découvre des qualités géniales, il parle des horizons nouveaux que vous avez entrevus (que la calotte céleste doit être élastique!); il se noie dans l'océan des idées que sa féconde imagination vous octroie généreusement.

.·.

Au lieu d'être macabre dans ces premières pages, nous ferions
mieux d'être sérieux. Tout le monde y gagnerait, et nous n'étale-
rions pas si sottement nos défauts. Qu'on nous le pardonne : nous
avons acquis celui qu'on est en droit de nous reprocher ici au
contact des braves paysans dont nous tentons de retracer la vie.
Ils excellaient à dire des vérités acerbes en les entourant de
fleurs, à décocher adroitement des flèches aiguës ornées de
rubans.

Tels les gens de Wattignies-la-Victoire qui congratulent leur
roi en 1789. Ils l'assurent d'une affection et d'une fidélité sans
bornes, et l'engagent à les débarrasser de Monseigneur l'Intendant, — chargé naturellement de transmettre à Sa Majesté l'expression de leurs sentiments et de leurs désirs.

Tels ceux de Beaufort qui certes valaient moins que leurs
descendants. Ils offrent au souverain leur vie, leurs biens, leur
travail; ils parlent de leur curé avec un respect filial et finissent
par déclarer que les chevaliers de Malte sont des voleurs.
Louis XVI pouvait-il se fâcher et les faire poursuivre en
diffamation ?

Nous avons admiré cet art de nos aïeux, et nous avons tâché
de les imiter, non point pour médire du présent et du passé, mais
pour rendre agréable ou supportable la lecture de beaucoup de
choses abstraites, d'études moroses, de détails et de chiffres
arides.

« Il faut que le plaisir fasse tout », écrit Fénelon qui a su
éviter d'être ennuyeux. Nous goûtons ce précepte et nous avons
tenté de le mettre en pratique, coûte que coûte. Nous déclarons
d'avance mériter les critiques de ceux qui nous reprocheront
notre mauvais goût, nos réflexions déplacées, nos contrastes inop-
portuns, nos brusques transitions; nous nous inclinons devant
leur jugement, sans même leur demander comment, dans une
œuvre de vulgarisation, ils traiteraient du régime fiscal ou de
l'organisation judiciaire de l'ancien régime.

La fantaisie est d'ailleurs toute dans le style et la composition.
Elle ne dépasse pas les bornes permises, en ce sens qu'elle ne
fait aucune incursion dans le domaine de l'histoire. Les légendes

ont leur place; elles ne se confondent nulle part avec la réalité : est-il besoin de le dire ?

Nous n'avançons rien sans preuves et sans pièces bien authentiques, sauf quand nous prévenons le lecteur que le fait est apocryphe ou transmis par la tradition.

Nous donnons dans ce volume beaucoup d'études et de récits inédits. Nous évitons cependant la publication de manuscrits in-extenso. Le lecteur s'en lasse vite. Nous préférons des analyses, des extraits dont nous modernisons le style et l'orthographe. Quelques-uns nous blâmeront, mais ils ont la faculté de nous corriger, sinon de nous rectifier.

Pour ne pas encombrer de notes le bas de nos pages, nous renvoyons les curieux aux Archives départementales du Nord, à celles des communes et paroisses citées. Nous nous mettons à la disposition de ceux qui désireraient porter leurs recherches sur tel ou tel point particulier; nos dossiers nous permettent de leur donner promptement satisfaction sur l'origine d'une pièce, la constatation d'une coutume.

Nous avons profité des travaux de nos devanciers. Parmi les livres que nous avons consultés, nous signalerons avec reconnaissance :

Les œuvres de Lebeau et Michaux; le *Dictionnaire des Institutions* de Chéruel; l'*Essai sur le Régime du Hainaut* de Caffiaux; l'*Histoire de l'Abbaye d'Hasnon* de M. l'Abbé Dewez; l'*Histoire de l'Enseignement primaire* de M. Mathieu; les *Annales du Cercle archéologique* de Mons; la collection de l'*Intermédiaire des Chercheurs et Curieux*, savante publication trop peu répandue; diverses études locales.

Nous avons une autre dette, sinon à acquitter, du moins à reconnaître. De vrais érudits ont bien voulu faciliter nos recherches, nous aider de leurs conseils, rectifier nos erreurs, dissiper notre ignorance; nous leur exprimons ici toute notre gratitude. Qu'il nous soit permis de remercier particulièrement :

M. Henry Sculfort, ancien élève de l'École des Chartes et de l'École des Hautes Études, président du Conseil général du Nord, à qui Lorédan Larchey rend un hommage mérité et désintéressé dans le *Dictionnaire des noms*;

M. Jules Finot, archiviste départemental à Lille, le consciencieux auteur de l'*Histoire de la Défense nationale dans le Nord*

(1792-1805), dont la parfaite amabilité nous a été aussi précieuse
que sa vaste érudition ;

M. Léopold Devillers, l'infatigable conservateur des Archives
de l'État à Mons, qui connaît notre province mieux que personne
et s'est signalé par d'éminentes publications utiles aux sciences
historiques tant en France qu'en Belgique ;

M. Jennepin, de Cousolre, à qui il faut toujours avoir recours
quand on étudie notre contrée en détail. Ses études sur la ville
de Maubeuge resteront un des monuments les plus importants
d'histoire locale qui aient paru en ce siècle ;

M. Auguste Guillain, de Maubeuge, fouilleur et fureteur avisé,
à qui nous sommes redevable de bien des trouvailles et de bien
des idées ;

M. Bercel, d'Anor, chercheur modeste autant que sûr, qui
nous a notamment communiqué des renseignements très intéressants sur la situation des anciens curés de cette paroisse.

Dès l'origine, la presse nous a fait un excellent accueil, sans
distinction de parti. Cela prouve, semble-t-il, que nous sommes
dans la bonne voie, que notre sincérité est appréciée et que notre
désir d'être juste est visible, sinon réalisé. Merci à tous les organes qui nous ont encouragé ou louangé, en particulier à
l'*Observateur* d'Avesnes, dont le bienveillant concours nous a
été précieux.

LA VIE DANS LE NORD DE LA FRANCE

AU XVIIIe SIÈCLE

ÉTUDES, SCÈNES ET RÉCITS

CHAPITRE PREMIER

L'ENFANCE

L'école. — La discipline. — Gratuité et obligation. — L'enseignement. — Fêtes. — Vacances. — Le clerc. — Ses ressources. — Ses
capacités. — Mary. — Nomination. — Ecoles libres. — L'enseignement des filles. — L'enseignement secondaire. — Les Jésuites. —
Leurs collèges. — Les étudiants.

Chaque village avait son école, qui chômait en été et
en automne. Les classes fermaient à Pâques et étaient
rouvertes à la Saint-Martin.

Le local était bas et mal éclairé ; il contenait des tables
et des bancs pour les deux ou trois douzaines de marmots de l'endroit ; c'était en même temps le logis du
maître d'école, comme le démontraient un lit, une armoire, un évier avec les ustensiles de cuisine que la
ménagère remuait parfois trop bruyamment pour la tranquillité des étudiants.

En dehors de l'étude des prières et du catéchisme qui

1

étaient récités en commun, l'enseignement était indivi-
duel. Deux fois par demi-jour, chaque enfant ouvrait son
alphabet, sa *croiselle*, ainsi appelée à cause de la croix
qui décorait la première page. Le magister lui nommait
les lettres, le faisait épeler et assembler tant bien que
mal ; il l'engageait à lire seul tout bas, lui défendait de
déranger ses voisins et passait à un autre.

Les coups étaient l'unique moyen d'assurer la discipline et les progrès. Les enfants étaient frappés souvent
et sans mesure. Des prescriptions interdisaient au
maître les excès de brutalité. Un règlement du village
d'Estinnes-au-Val dit en 1784 : « Le maître d'école corri-
gera les enfants avec patience et charité, sans emportement, sans colère, sans jurement et sans malédiction. Il
commencera par la douceur. Si les élèves demeurent en-
têtés et opiniâtres, le maître lèvera le ton ; s'ils persé-
vèrent dans leur méchanceté, il pourra les reprendre
sans les brutaliser, les châtier sans les maltraiter, le
tout avec charité. »

A Sivry, les échevins autorisent le maître à faire usage
d'un nerf de bœuf pour corriger les enfants vagabonds
qui ne fréquentent pas l'école, cassent les carreaux et
font la nique aux passants (1771).

En réalité, l'instituteur appliquait le règlement à sa
guise, et cognait sur sa clientèle avec les poings, les
pieds ou le manche à balai, aussi bien qu'avec la poignée
de bouleaux dont l'usage était général.

Durant la période scolaire, point de congé, sauf le dimanche ; cependant, dans certaines paroisses, l'école
chômait l'après-midi du jeudi pour les garçons, du
samedi pour les filles.

Les é'èves payaient de six à quinze sous par mois. Beaucoup de communes allouaient au maître une somme pour l'admission gratuite des indigents qui, de plus, en temps de moisson, donnaient au magister une gerbe de *muchons,* c'est-à-dire d'épis glanés.

L'instruction primaire gratuite n'est pas une innovation ; elle existait à Lille dans la seconde moitié du XVIᵉ siècle, et l'obligation d'envoyer les enfants à l'école date presque du même temps, avec des sanctions pénales plus sérieuses que celles de la loi de 1882. A Lille, la punition contre les délinquants est laissée à la discrétion des échevins. Ailleurs, les parents négligents sont privés des aumônes publiques. Il est vrai qu'en ce temps les indigents n'étaient pas électeurs.

On connaissait les distributions de prix, de linge, de vêtements, de gâteaux et de *cugnoles ;* mais bien rares étaient les écoles où se faisaient de telles libéralités.

Les marmots se chargeaient du chauffage. En hiver, tous les matins, chacun arrivait avec sa bûche. Les pauvres, qui ne trouvaient pas de bois chez eux, ravageaient les haies des pâtures et des jardins, les bordures des forêts. Le problème était plus difficile à résoudre là où déjà on se chauffait à la houille, comme sur la frontière faisant face au Borinage. A Gognies-Chaussée, chaque écolier était tenu d'apporter le matin une gaillette de cinq à six livres.

Au bout de deux ou trois campagnes scolaires, l'enfant savait épeler et assembler les mots, il lisait à peu près couramment ; il apprenait à écrire, à l'aide de la plume d'oie que lui taillait le maître, sur la main de papier grisâtre qu'il avait achetée chez l'épicier voisin. Dans la

famille, c'était un événement heureux, car on tenait à
l'instruction, lorsqu'il passait la croisette à son cadet
pour aborder la lecture de la *Civilité puérile et honnête*.

Il y apprenait de bonnes choses, le respect des parents
et des supérieurs, l'amour du prochain. D'autres prescriptions avaient moins d'utilité : comment on salue
M. l'Intendant de la province ou un prince du sang. Certaines recommandations font maintenant sourire : la défense de se moucher avec les doigts ; la manière de
cracher à terre proprement et sans saliver sur soi.

Le calcul n'était pas délaissé ; comme les parents se
plaignaient de la dépense de papier, d'encre et de
plumes, le calcul de tête était surtout en honneur. On
comptait *au jet*, c'est-à-dire à l'aide de jetons. Les
paysans étaient habitués à régler leurs notes sans rien
écrire, ils acquéraient une grande habileté dans ces
exercices et faisaient mentalement des opérations très
compliquées, des conversions de mesures et de monnaies.

La lecture du latin, celle du *Télémaque*, étaient le
couronnement de ces modestes études primaires. Pour
la plupart des campagnards, l'ouvrage de Fénelon était
une honorable connaissance qu'ils n'avaient jamais sa-
luée que de loin.

.·.

L'enfance studieuse a ses fêtes depuis des centaines
d'années. Au XVI° siècle, les gamins de Mons avaient
leur évêque de la Saint-Nicolas ; à Dunkerque, c'était
l'évêque des enfants, et il revêtait les ornements épis-
copaux.

En Flandre, où cette solennité resta longtemps en vogue, l'élève qui avait obtenu toute l'année les premières places recevait des honneurs particuliers, le jour de saint Nicolas pour les garçons, de sainte Catherine pour les filles. Le jour de saint Nicolas, de grand matin, tous les enfants se rendaient à l'école en habits de fête, et, sous la présidence du maître, attendaient leur camarade désigné le premier par excellence. A son arrivée, il était introduit avec cérémonie et recevait des mains du maître une grande image, artistement encadrée, qu'il suspendait sur sa poitrine à l'aide d'un ruban bleu.

Toute la classe se dirigeait processionnellement vers l'église pour assister à la messe. L'*Excellence* portant majestueusement son cadre, insigne d'honneur, ouvrait la marche. Après la messe, dans le même ordre, le cortège parcourait les principales rues de la ville ou du village, l'Excellence toujours en tête, mais grave, émue, et les enfants chantant : « Claeye ! Claeye ! Claeye ! Vive saint Nicolas ! Vive Son Excellence ! »

Puis tous se rendaient à la demeure du héros de la fête pour féliciter les parents et se régaler de gâteaux beurrés, de café au lait ou de laitage.

En Hainaut, la journée était moins solennelle, mais peut-être plus amusante pour ceux qui y prenaient part ; c'était le 12 mars, à la Saint-Grégoire, le patron des écoliers, qui était fêté avec l'enthousiasme de la prime jeunesse.

Deux jours d'avance, la femme du maître prévenait les élèves et leur demandait leur obole pour la messe. Chacun donnait sa petite part, vingt ou trente sous étaient réunis. Le matin ils assistaient à l'office, des

réjouissances suivaient jusqu'à la nuit. Les enfants apportaient de la farine, du lait, du beurre, de la levure ;
sous l'œil de l'organisatrice, qui prêtait ses ustensiles de
cuisine, ils débattaient des gaufres et des ratons (crêpes),
ils faisaient la part du maître et celle du curé. En pays
d'Avesnes et de Bavai, ils plaçaient négligemment dans
chacune des deux portions un raton bien roux, bien ap-
pétissant et fourré d'étoupe.

Leurs supérieurs ne se fâchaient pas de cette plaisanterie ; c'était la coutume, et leurs réprimandes eussent
été étouffées par les chants :

> C'est l'ducasse des Ecoliers,
> Nos arons du pain crotté,
> Nos arons du vin à boire,
> Vive saint Grégoire
> Du matin d'qu'au soir !
> C'est l'ducasse des Ecoliers,
> Nos arons du pain perdu,
> Nos boirons du vin,
> Vive saint Grégoire
> Du matin au soir !

Cette fête était célébrée dans la plupart des paroisses,
avec des variantes. A Hautmont, M. l'Abbé régalait les
enfants. A Boussières et à Saint-Rémy-mal-Bâti, c'était
le curé. A Jumet, près de Charleroi, l'instituteur était mis
en prison par ses élèves à la sortie de la messe ; il n'était
délivré par la marmaille qu'après lui avoir octroyé un ou
deux jours de congé.

.·.

Un mois environ après la Saint-Grégoire, le maître
fermait l'école. Gamins et gamines étaient occupés dans

leurs familles aux travaux des champs ; ils fanaient, glanaient, soignaient le troupeau paternel dans la lande
communale, où l'herbe était à tous.

Cette surveillance offrait de réels dangers. Les faux-
sauniers et les fraudeurs, qui filaient sur Saint-Quentin
par Bavai et Landrecies, à travers la grande forêt de
Mormal, étaient des individus aux mœurs louches ; les
enfants ne pouvaient que perdre à leur contact. La
Flandre, l'Artois et la Picardie avaient leurs marais et
leurs cours d'eau vaseux où les accidents étaient fréquents. La Fagne renfermait des fauves qui venaient des
Ardennes, malgré les battues organisées en hiver. A la
limite de la Thiérache, vers Etrœungt et le Nouvion, les
vipères faisaient des victimes en été parmi les petits
pastours. Les scorpions étaient communs dans la vallée
de la Solre, sur les pentes de Rousies, Damousies, Dimechaux et Solrinnes. En d'autres localités étaient des *bou-
lants* très dangereux qui donnèrent tant d'embarras aux
constructeurs des voies ferrées de Maubeuge à Valenciennes, de Busigny à Hirson. Un boulant d'Elesmes, un
autre de Grand Reng, étaient tristement connus.

Dans un endroit creusé par des sources souterraines,
le sous-sol jusqu'à une grande profondeur était composé
d'un sable liquide, d'une boue sans consistance, recouverte d'une mince couche de terre. Après de fortes
pluies, malheur aux bestiaux et aux gens qui s'engageaient dans ces fondrières traitresses. C'était un enli-
sement horrible quand de prompts secours ne survenaient pas.

Les enfants ne passaient pas la belle saison qu'à piller
noisetiers et hêtres, à pêcher aux écrevisses, à détruire

les oiseaux, à cuire les betteraves et les navets ma-
raudés dans les champs voisins.

Excités par des pâtres et des porchers, les gamins de
chaque village provoquaient ceux des localités voisines,
qui soignaient leurs bêtes à proximité ; car les landes se
continuaient en longues bandes parallèles aux cours
d'eau.

Au début ils s'insultaient comme les guerriers des
temps héroïques, c'était un débordement d'injures et de
menaces. Les coups de pierres succédaient, puis ils en
venaient aux mains. C'était une mêlée générale à coups
de triques où le sang coulait souvent ; chaque camp retournait le soir avec des genoux écorchés et des yeux
pochés.

Les parents prêtaient peu d'attention à ces batailles
enfantines où eux-mêmes avaient fait leurs preuves en
leur jeune temps. Elles étaient entrées dans les mœurs,
elles paraissaient toutes naturelles.

Avec ces longues vacances limitées tout au moins en
quelques rares endroits au moment de la moisson, le
métier d'instituteur ne nourrissait pas son homme. Le
maître était aussi et avant tout clerc laïque, il chantait à
l'église, sonnait les cloches, nettoyait l'église et la sa-
cristie, allait percevoir les notes de la fabrique, en même
temps qu'à la fin du mois il passait chez les particuliers
pour recevoir le prix de l'écolage. Selon le mot connu, il
était l'auxiliaire discret du curé. Son service à l'église
l'appelait en semaine hors de l'école. Sa femme ou l'un
des siens le suppléait tant bien que mal.

Quel plaisir alors dans la bande joyeuse qu'il terro-
risait trop souvent par ses brutalités ! Quelles farces

drôlatiques quand le surveillant en jupons avait le dos
tourné ! Telles escapades sont restées classiques dans
nos campagnes ; on les rappelle à la veillée.

Un mauvais drôle s'avise de mettre les poids de l'horloge dans la marmite où cuisait la soupe. Surprise de la
ménagère quand elle croit enlever sa pièce de lard !

Un autre place des grenouilles dans le lit du maître. Le
soir, quand le couple se couche, il saute vivement hors
des couvertures lorsqu'il sent des bêtes froides s'agiter
et frôler les jambes et pousse des cris qui attirent les
voisins. La lampe allumée, quel tableau : le clerc et sa
femme en chemise occupés à donner la chasse aux grenouilles réfugiées sous le lit et dans les coins sombres !

Même avec les ressources qu'il trouvait à l'église, le
clerc instituteur n'avait pas de quoi vivre ; il devait se
procurer un logement à ses frais et son traitement communal annuel ne dépassait guère cent francs. Aussi
exerçait-il un métier, ou se livrait-il au commerce. L'un
est sabotier, un autre tailleur, un troisième tisserand, et
il arrive qu'un client pressé lui fasse écourter ses si
courtes leçons.

Malgré les protestations des municipalités et des curés,
bon nombre sont cabaretiers ou aubergistes. Les passants, les ivrognes vont et viennent dans la salle de
classe, bavardent, se chicanent, plaisantent et s'offrent
en ignoble spectacle à cette enfance déplorablement
élevée.

Avec le temps, la situation du clerc s'est améliorée ; à
la chute de l'ancien régime, il est un personnage. Beaucoup de maîtres sont montés en grade. On jugera du
progrès réalisé en comparant l'instituteur de 1780 avec

son aîné de 1650, qui, dans beaucoup de villages de notre région, recevait pour salaire mensuel un pain et l'équivalent de quelques centimes. Plus tôt, il était payé uniquement en nature.

Le magister d'Obrechies était un privilégié quand la paix régnait dans nos contrées. Devant le cimetière, et presque au coin contre le trie, dit un vieil écrit, il y a sur ledit trieu une maison d'école tombée en ruines durant les guerres, environ l'an 1642. Cette maison se donnait à un clerc martier (marguillier) pour enseigner les enfants. Elle comprenait son petit jardin et héritage. L'heureux titulaire de ce poste envié recevait licence de l'abbé de Saint-Denis-en-Broqueroie et était choisi par le curé, d'accord avec la municipalité et les principaux résidents.

A Hautmont et en d'autres paroisses, les fonctions de clerc sont restées pendant des siècles l'apanage d'une même famille ; on s'y succédait de père en fils. Nous trouvons un maître d'école en même temps mayeur à Neuf-Mesnil, d'autres échevins à Mairieux, à Limont, à Vieux-Mesnil ; un instituteur de Saint-Rémy-mal-Bâti est en même temps *collecteur*, c'est-à-dire percepteur des impôts ; son collègue d'Hautmont est dans le même cas. A Beaufort, un maître est *massard*, receveur municipal.

Les capacités de l'instituteur avaient augmenté aussi, plusieurs étaient des élèves des collèges qui avaient fait quelques études latines et connaissaient bien la langue maternelle. Ne jugeons pas trop sévèrement ces maîtres qui se formaient à la seule école de l'expérience, bien que certains fussent en dessous de leur tâche : encore vers 1835, à Colleret était une institutrice qui, lorsque ses élèves rencontraient en lisant un mot difficile, leur ordonnait de passer outre, ne pouvant elle-même le déchiffrer.

Un sacristain de Saulzoir, à la même époque, n'était guère plus fort. Vers 1820, il passait l'examen pour obtenir une licence d'enseigner devant l'évêque de Cambrai. Tout alla bien d'abord; mais Monseigneur, après lui avoir fait lire du français et du latin, eut la malencontreuse idée de l'interroger en grammaire, et il lui demanda ce qu'on appelait alors les dix parties du discours. L'aspirant, n'ayant jamais entendu parler de ces parties-là, se trouva interloqué et répondit très sincèrement : « *Ah! ça, Monseigneur, voyez-vous, ce n'est pas mon affaire* » (textuel). L'examinateur sourit et délivra le certificat désiré par le clerc Gilleron avec une lettre pour le maire de Saulzoir, laquelle se terminait par ces mots ajoutés en post-scriptum par le spirituel prélat : « *Mieux vaut cultiver la terre avec des ânes que de la laisser inculte.* » Muni de ces deux pièces, le clerc de Saulzoir revint triomphant à son village où il tint école.

Il chantait encore au lutrin en 1811, mais ce brave homme eut le malheur de s'oublier un jour, après boire, jusqu'à chanter le refrain de Malbrough pour l'introït d'un service d'enterrement. Le scandale fut grand, et le curé, malgré sa clémence, dut se séparer de ce singulier personnage.

.'.

Hâtons-nous de le dire, tous les instituteurs n'étaient pas de ce modèle, et un souvenir des guerres de la Révolution le prouvera.

Lors de l'affaire de Wattignies (1793), le clerc et instituteur de la commune d'Hautmont montra une intrépidité d'autant plus méritoire que, chargé de famille, il
risqua sa vie avec un complet désintéressement ; ce
trait mérite d'être rapporté.

La bataille comprend deux phases distinctes : le combat de Dourlers (15 octobre) qui fut défavorable à nos
armes ; celui de Wattignies (16 octobre) qui fut un
triomphe pour Carnot et Jourdan, amena la retraite des
Autrichiens et le déblocus de Maubeuge.

Les troupes ennemies, sous le commandement de
Cobourg, repassèrent la Sambre la nuit suivante en divers
points et notamment à Hautmont. Le clerc, Nicolas-
Joseph Mary, épiait les manœuvres des Autrichiens,
bien qu'ils opérassent dans le plus grand secret. Tous
les feux qui éclairaient la rivière lui persuadèrent qu'il
s'agissait non d'une opération stratégique, mais d'une
retraite. Son cœur de patriote en tressaillit d'aise ; car
les Autrichiens avaient agi en Vandales et étaient haïs
de tous.

Avant le jour, sortant de chez lui, se faufilant à travers
les haies et les buissons, évitant les retardataires ennemis qui l'eussent immanquablement massacré, il parvint
jusqu'à Maubeuge, annonçant la fuite de Cobourg et
de ses troupes.

Un vent de défiance soufflait sur la ville assiégée.
Loin d'être accueilli favorablement et d'être reçu avec
la joie que devait apporter cette bonne nouvelle, il fut
considéré comme espion et comme tel mené devant le
commandant de la place avec force bourrades et
menaces d'être tué sur-le-champ.

Ses protestations et ses affirmations finirent par ébranler le général Ferrant. Il confia Mary à une reconnaissance à qui il traça un itinéraire et qui avait ordre de passer son guide par les armes à la vue du moindre bonnet autrichien.

La place était complètement libre heureusement, et le maître d'école eut la satisfaction patriotique de fêter dans sa maison les Français qui en avaient été chassés quelques semaines auparavant.

Dans la matinée, les Autrichiens se montrèrent sur les crêtes de la rive gauche; mais, voyant les troupes françaises de l'autre côté, ils se bornèrent à des démonstrations qui n'eurent aucune suite. Revenir sur leurs pas et reprendre les positions qu'ils avaient trop vite abandonnées était déjà chose impossible.

Sans exagérer le rôle qu'a joué Nicolas-Joseph Mary, nous admirons la présence d'esprit et le courage de ce paysan dont la démarche eut évidemment des conséquences très heureuses.

Houspillé, menacé d'abord par ceux qu'il servait, qu'eut-il pour récompense? Rien. Il fut réquisitionné une troisième fois par les armées françaises, et les défenseurs de Maubeuge, qui avaient à se disculper de leur coupable inaction pendant la bataille, oublièrent de rendre justice à un humble maître d'école de village.

Le souvenir de cette belle action n'est pas perdu, et une plaque de marbre qui la rappellerait aux générations futures ne serait pas inutile : elle faciliterait la tâche des jeunes et allègerait leurs peines, quand, sous les drapeaux, dans les moments de défaillance, passerait par leur esprit la fière silhouette de ce vaillant, se cachant dans la nuit, sautant fossés et fondrières, sans l'espérance ou la crainte d'aucune sanction, par pure abnégation.

Quelles formalités avaient à remplir Mary et ses collègues pour obtenir l'emploi de clerc instituteur? Cela variait avec les localités. Règle générale, la place était mise au concours; les aspirants, munis d'une licence délivrée par une autorité ecclésiastique, chantaient, lisaient, écrivaient devant le curé et le mayeur. Mais le titulaire était ordinairement désigné d'avance : la brigue jouait un rôle important. Il était nommé tantôt par le seigneur, tantôt par le décimateur ou le curé; ici, présenté par ce dernier, il devait être agréé par les magistrats municipaux; ailleurs l'acquiescement des principaux habitants était indispensable.

Il avait parfois à soutenir la concurrence d'écoles libres; quand il existait deux partis dans la commune, chacun avait son maître. Ces écoles libres, défectueusement installées, dirigées par des personnes souvent peu recommandables, dont la situation matérielle était des plus précaires, ont laissé d'assez désagréables souvenirs. Dans les hameaux, elles avaient néanmoins leur utilité. On ne trouve que peu de renseignements dans les archives des communes, puisque les maîtres n'étaient pas subventionnés.

Voilà, tracé dans ses grandes lignes, le tableau de l'enseignement primaire communal dans nos régions à la veille de la Révolution. Nous donnerons en passant une idée de ce qu'il était à Valenciennes.

L'écolâtre de la collégiale de Saint-Jean conférait aux écoles, c'est-à-dire donnait licence d'enseigner à qui il

jugeait digne de remplir cette fonction, et à certaines
conditions. La collégiale soutint à diverses reprises les
droits de son écolâtre qui étaient contestés, car il
tenait à assujettir à son autorité écoles et maîtres de
Valenciennes, la licence étant révocable.

Ces petites institutions comptaient très peu d'enfants,
dix à douze en moyenne; la population de l'une d'elles
se réduit à sept sujets; les écoles étaient nombreuses
et leur nom justifié.

Aussi ces établissements disparaissaient sans laisser
de traces. Le maître se perdait dans la foule, n'étant pas
un personnage en vue; son local prenait une autre destination. C'est pourquoi les documents manquent souvent
au chercheur. Notons que, déjà en 1659, il y avait à
Bouchain une fondation pour une école de 12 garçons
pauvres, une autre pour une école de 15 garçons et une
troisième pour 12 filles.

L'enseignement des filles mérite quelques développe-
ments. L'Eglise s'est toujours élevée contre le système
des écoles mixtes; bien plus, à diverses reprises, elle
interdit aux hommes d'instruire les filles et aux femmes,
même aux religieuses, d'instruire les garçons.

Dans nos campagnes, malgré ces prohibitions, les
écoles rurales étaient mixtes; les évêques, les doyens
dans leurs tournées, ont demandé véhémentement la
création d'écoles de filles, mais leur désir n'a guère été
réalisé. Le curé même avait intérêt à ne pas enlever à
son clerc une partie de sa clientèle scolaire. Les parents
ne tenaient pas autant à l'instruction chez les filles que
chez les garçons.

Là où était appliqué le système des petites écoles de

Valenciennes et de Bouchain, chaque sexe était séparé ;
il l'était aussi dans les endroits importants, où des communautés religieuses de femmes vouées à l'enseignement s'étaient installées : les Sœurs Grises, les Sœurs
Noires, les Sœurs de la Providence, les Filles de Notre-
Dame, les Ursulines, les Visitandines, etc. Bavai avait
une école de filles dès 1508. On trouve même des écoles
laïques libres de filles dès le XVIᵉ siècle.

* *

La démarcation entre l'enseignement primaire et
l'enseignement secondaire n'était pas aussi tranchée
qu'aujourd'hui. Des clercs avaient fait leurs humanités
et donnaient à des élèves des leçons de grammaire,
française et latine. Des ermitages, sur lesquels nous
nous étendons plus loin, étaient aussi des établissements élémentaires d'où les langues anciennes n'étaient
pas exclues. Nous en dirons autant des écoles des
abbayes, qui, dans notre région, n'existaient plus que
pour la forme.

Au XIᵉ et au XIIᵉ siècle les Bénédictins avaient reçu
des dons considérables pour la fondation et l'entretien
d'écoles. A ceux d'Hautmont, Jacques d'Avesnes, en
1180, concédait que dans ses terres les voitures de vin
à l'usage de l'abbaye seraient exemptes des droits de
péage, sous la condition que l'abbé fournirait un maître
de grammaire (un professeur de latin) aux jeunes gens.
L'année suivante il renonçait à tous ses droits sur la
forêt du Quesnoy, qu'il abandonnait entièrement libre,

toujours sous la condition d'un maître de latin capable
et compétent.

Or, au XVIIIe siècle, comme les moines d'Hautmont
avaient de sérieuses raisons de se défier de la maison
d'Orléans, héritière des sires d'Avesnes, voici comment
ils avaient régularisé la situation :

Ils prenaient en pension quelques jeunes gens, fils
de leurs fermiers, employés ou fournisseurs, parents
de dignitaires du chapitre, qui, au lieu d'apprendre
le latin, pratiquaient la fameuse maxime de Thélème :
« Fais ce que tu voudras. »

Ils suivaient les exercices religieux, le maître des
novices leur faisait réciter quelques déclinaisons gram-
maticales, et, pour peu qu'ils le contentassent, confiait
chacun à son protecteur ou plutôt à son tuteur particulier. L'instruction ainsi donnée était très incomplète,
car chaque moine entretenait son jeune camarade
de ses études préférées, ou lui inculquait ses goûts,
quand il n'aimait la science sous aucune forme. Tel
incapable d'écrire quatre lignes en français, connaissait
la théologie et le droit canon ; un autre, traduisant
Horace, n'aurait pu trouver le produit d'une multipli-
cation.

Ceux qui étaient le mieux partagés étaient les protégés du procureur, du sacristain ou du pitancier. Avec
leur mentor, ils parcouraient le vaste enclos du monastère, tançaient les domestiques paresseux, apprenaient
à cuber, à mesurer, à arpenter, à dresser un cadran
solaire, à convertir les mesures de Hainaut en mesures
de France, à rédiger un bail, une pièce de procédure, à
contrôler un mémoire, à établir un compte. C'était

2

l'anarchie scolaire, et nous la condamnerons, en dépit de quelques heureuses exceptions.

Un ascendant direct d'un notaire de Maubeuge est un de ces derniers élèves des Bénédictins.

∴

Les collèges étaient plus nombreux que de nos jours. Les Jésuites et divers autres ordres religieux en sont les fondateurs : la Compagnie de Jésus fonde des établissements d'enseignement secondaire à Cambrai en 1563 ; à Douai en 1608 où ils dirigeaient le séminaire des Écossais depuis 1613 ; à Lille en 1610 ; à Bergues en 1600 ; à Dunkerque en 1612 ; à Armentières en 1623 ; à Maubeuge en 1616.

Au XVIII° siècle, les élèves portaient un costume tout ecclésiastique : une longue robe qui était presque une soutane, un bonnet rond ; les règlements leur interdisaient de se friser, de porter chapeau, bottes, épée ; mais ils s'intitulaient fièrement étudiants.

Le système des punitions corporelles s'y épanouissait comme dans les petites écoles. S'autorisant de cette parole de l'Écriture : « N'épargne pas la verge à ton fils », les coups de bâton, le cachot, les privations de nourriture atteignaient les élèves paresseux, turbulents ou indisciplinés.

Dans la plupart de ces collèges, il y avait même un fouetteur en titre : c'était un domestique, ou bien un écolier pauvre qui, en récompense de ce service, jouissait d'une bourse. Cette question de l'orbilianisme a fait

récemment couler des flots d'encre dans l'*Intermédiaire des Chercheurs.*

Les Jésuites avaient rénové l'enseignement au
XVI⁰ siècle ; leurs méthodes, supérieures à celles de
leurs concurrents, avaient été adoptées partout ; elles
ne s'étaient pas perfectionnées et ne répondaient plus
aux besoins de l'époque. Les programmes étaient
beaucoup plus variés qu'aujourd'hui où l'initiative du
maître est comprimée dans un cercle qu'il ne franchit
pas toujours avec impunité ; mais l'enseignement des
sciences était généralement trop superficiel et trop
restreint.

Louis XIV s'en plaignait déjà : « La manière dont la
jeunesse est instruite dans les collèges de l'Université
laisse à désirer : les écoliers y apprennent tout au plus
un peu de latin ; mais ils ignorent l'histoire, la géographie et la plupart des sciences qui servent dans
le commerce de la vie. »

Or, à la veille de la Révolution, il n'y a guère que
les mathématiques qui figurent dans les programmes.
L'histoire de l'antiquité est en honneur, mais le bon
Rollin estime qu'il n'est pas possible de trouver du
temps dans le cours des classes pour enseigner l'histoire
de France, et un autre auteur du temps dit : « Le nom
de Henri IV ne nous a pas été prononcé une seule fois
pendant nos huit années de classe. » L'étude de la
géographie était également délaissée.

Autrefois les programmes étaient trop restreints ;
aujourd'hui ils sont trop vastes. D'un extrême on est
tombé dans l'autre.

L'inégalité et le privilège ont heureusement disparu

de nos écoles ; tous égaux en classe et au réfectoire. Il y a cent cinquante ans, les enfants connaissaient une autre supériorité que celle du savoir : celle de l'argent. Chaque collège comprenait au moins deux tables, dont les convives étaient nourris et traités avec plus ou moins d'abondance et de soin, car les prix différaient. Les boursiers étaient généralement les bêtes de somme des régents et les souffre-douleurs de leurs condisciples.

CHAPITRE II
LA JEUNESSE

~~~~~~~~

Dans chaque paroisse, les célibataires des deux sexes
formaient une association fraternelle qui avait ses règles,
ses droits, ses usages. N'en faisait point partie qui voulait : il fallait être reçu par les autres, n'avoir aucune
tache déshonorante.

Habituellement le récipiendaire en était quitte avec
quelques pots de bière. A Dompierre, on voyait avant la
Révolution, sur l'emplacement de l'ancien cimetière, une
pierre très ancienne, nommée la pierre *Délombe* (ou des
Tombes). Le lundi de Pâques, les jeunes gens qui, ayant
atteint l'âge de dix-huit ans, désiraient se faire agréger
dans la jeunesse du village, devaient se tenir debout sur
cette pierre et la tête découverte, pour entendre lire le
règlement prescrit pour se comporter avec honneur et
probité. Ils faisaient serment de l'observer fidèlement et
payaient un lot (deux litres) de bière.

Ailleurs les cérémonies étaient plus compliquées, et certaines étaient indécentes.

A Sars-Poteries, on remarque la *Pierre de Dessus-Bise*, haute d'environ un mètre et demi, et au sommet de laquelle, dans un trou pratiqué à cet effet, on plaçait le drapeau de la jeunesse en temps de fête. Pour être admis dans la corporation et prendre part aux divertissements publics, chaque adolescent devait uriner au-dessus de la *Pierre de Dessus-Bise*, dont le nom indique assez la destination. Et dire que certains archéologues ont vu dans ce grès un monument celtique !

A Ferrière-la-Petite, le candidat passait un examen médico-burlesque qui bravait l'honnêteté, mais déridait les plus moroses.

Annuellement, garçons d'une part, filles de l'autre, se réunissaient dans un cabaret et chaque groupe élisait un chef de son sexe, un *capitaine*, chargé d'organiser le bal, de recevoir les cotisations et de rendre les comptes. Le beau sexe n'avait pas partout un capitaine ; parfois l'assemblée désignait pour en remplir les fonctions quelques demoiselles, qu'on nommait *filles de fête*.

Le village avait deux fêtes patronales, l'une l'été, l'autre l'hiver. C'étaient les DUCASSES, ainsi appelées parce qu'elles ont lieu le jour anniversaire de la dédicace de l'église, c'est-à-dire des saints auxquels elle est consacrée ou qui y sont particulièrement honorés. Ailleurs la KERMESSE, la foire patronale, parce qu'au Moyen Age la fête était tout à la fois profane et religieuse, foire et pèlerinage.

Un tambour ou une trompe parcourait la veille les rues de l'endroit et annonçait la fête. Le matin, la jeunesse se rendait cérémonieusement à l'église, précédée de ses drapeaux ; d'ordinaire les offices étaient accompagnés de la musique des instrumentistes engagés par le capitaine : ophicléide, tambour, flageolet, qui étaient plus bruyants qu'harmonieux ; après les vêpres, le cortège se reformait, musique et drapeaux en tête, il saluait de quelques airs le mayeur, les échevins, le seigneur, s'il était résident, son bailli et le curé qui leur offraient des rafraîchissements. Le bal commençait après ces aubades.

Le lundi matin, était chanté à l'église un service de jeunesse, c'est-à-dire une messe à l'intention des célibataires défunts, à l'issue de laquelle venaient encore les aubades : garçons et filles parcouraient le village, s'arrêtaient à chaque cabaret pour danser et vider quelques pots payés par la masse commune, et cette séance se terminait dans l'après-midi sur la place publique. Les danses reprenaient à la brune pour peu d'heures.

Malheur à l'égoïste qui eût refusé de payer sa quotepart ! L'accès de la place publique lui eût été interdit, et au besoin la force brutale l'eût empêché de danser sans que le garde et le mayeur prissent sa défense. Maîtres chez eux, les jeunes gens narguaient souvent leurs voisins qui les payaient de retour. Après des libations abondantes, le bal était le théâtre de pugilats peu réjouissants, et, pour mettre fin à des scènes regrettables, les municipalités prévoyantes faisaient venir des hommes de la maréchaussée ou quelques soldats de la garnison voisine qui assuraient l'ordre public et la liberté de la rue. C'était la commune qui leur donnait, avec une solde, la nourriture et le logement. Les mœurs n'offraient donc pas une douceur aussi patriarcale qu'uniforme : un jour

de ducasse, au XIX° siècle, un mendiant fut appréhendé à
Villers-sire-Nicole, et, en guise d'amusement, on lui ar-
racha les dents avant de lui rendre la liberté ! Quant
aux ruelles, aux passerelles, elles étaient à peu près
partout d'un accès impossible, de mauvais plaisants les
ayant souillées d'immondices.

Le mardi de la fête ou plus souvent le dimanche suivant, c'était le tour des demoiselles de rendre les politesses reçues précédemment, d'offrir des violons et des
rafraîchissements : c'était le RACCROC qui avait un lendemain à la Sainte-Catherine. Ce jour encore, les filles in-
vitaient les garçons à danser et payaient la musique et
les boissons. A cette date, aux fêtes du carnaval et un
peu en tout temps durant la mauvaise saison, elles *cho-
laient* comme les hommes, c'est-à-dire qu'en plaine, à
l'aide d'un bâton ferré, nommé *crosse*, elles lançaient un
étœuf en bois dur vers un but désigné. Dans telle commune, c'était la plus adroite à ce divertissement qui était
capitaine ; reine des bals, elle ouvrait la danse.

Le sexe faible traitait donc d'égal à égal avec l'autre,
la surveillance des parents se faisait peu ou point sentir,
chacun avait le sentiment du devoir, le souci de son honneur, la recherche de l'estime publique. Celle qui se montrait légère était vilipendée et honnie de tous. En voici
un exemple. Les jeunes filles marchaient à la procession
la tête voilée et portant un cierge dont la flamme était la
représentation allégorique de la pureté de leur âme.
Quand, par malheur, la vertu de l'une d'elles avait reçu
quelque échec, on éteignait le feu de la vestale coupable,
et on lui enlevait le voile. Le cierge éteint était suspendu
dans l'église paroissiale et servait d'épouvantail aux filles

d'Ève à qui il ôtait toute envie de suivre un dangereux exemple.

Les garçons n'étaient pas mieux traités que leurs sœurs en pays de Hainaut. L'inexécution d'une promesse de mariage, à moins de motif grave, était punie de prison et d'amende. Une jeune fille sur le point de devenir mère déclarait son état aux mayeur et échevins de l'endroit, qui faisaient appeler son séducteur et l'engageaient à réparer sa faute, afin d'éviter les rigueurs de la loi qu'il bravait peu souvent. En janvier 1789, la demoiselle Marie-Catherine Dufrane, demeurant à Eclaibes, intenta une action en exécution de promesse de mariage avec la reconnaissance de l'enfant dont elle allait être mère, contre le nommé Jean-Joseph Marit, domicilié à Beaufort. Ce dernier, malgré ses protestations, fut arrêté et mis en prison à Maubeuge. Il n'en sortit que le 6 mars, à la suite d'un jugement qui le condamne à se charger de l'enfant à naître de ladite Dufrane, jusqu'à l'époque de sa majorité ; à l'élever dans la religion catholique, apostolique et romaine ; à ne pouvoir l'éloigner de plus d'une lieue du domicile de la mère qui a l'autorisation de visiter l'enfant toutes les fois que son amour maternel le lui inspirera. En outre, Marit devra payer à la fille Dufrane trois cents livres à titre d'indemnité, à moins qu'il ne préfère l'épouser.

La recherche de la paternité ainsi admise rendait les infanticides et crimes analogues bien rares, mais elle n'était pas sans inconvénient. Le code issu des principes de 1789 a rejeté nos coutumes, mais l'usage n'est pas complètement éteint, et longtemps encore, dans telle commune rurale du pays d'Avesnes, toute fille séduite,

tout garçon faussement accusé, appellera la partie adverse devant le maire et les adjoints de l'endroit qui
auront à jouer, comme jadis, le beau rôle de concilia-
teurs.

Une autre coutume montre combien les jeunes gens
tenaient à leur honneur et à leur réputation. La jeunesse de chaque village possédait deux cierges déposés
à l'église et qui, décorés de fleurs et de rubans, étaient
portés en évidence les jours de fête et de cérémonie par
les jeunes filles les plus sages. Aux mariages, lorsque la
fiancée était de réputation intacte, on lui allumait les
cierges; mais si quelques mois plus tard on s'apercevait
qu'elle ne méritait pas cette distinction, les chandelles
ne pouvaient plus servir, la coupable et son mari devaient, bon gré, mal gré, en acheter d'autres; s'ils étaient
pauvres, elles étaient bénites de nouveau par le curé pour
recouvrer leurs vertus premières.

Gens de même commune se mariaient presque exclusivement entre eux; cela était dû à la difficulté des communications, au manque de relations et à l'usage. Aussi,
dans les petits endroits, presque tous les habitants étaient
parents à des degrés différents. L'esprit de corps et la
camaraderie y gagnaient, la santé générale y perdait, car
ces alliances entre proches expliquent certaines dégéné-
rations de races ou de familles et la transmission facile
de maladies héréditaires : le rachitisme, la scrofule ou le
goître.

En pays d'Avesnes, le nouveau marié était soumis à de
rudes épreuves ; au repas de noce qui durait une demi-
journée, il servait les convives en veste, tablier et bonnet
blancs, la serviette sous le bras, une cocarde jaune au

côté du bonnet. Les convives enlevaient la mariée au
dessert et ne la lui rendaient que le soir, après avoir
obtenu de lui une rançon de liqueurs. Le garçon d'honneur, qui, alors, donnait le bras à l'épousée à l'exclusion
du père ou d'un proche parent, avait le privilège in-
contesté de lui dénouer la jarretière le soir. Dans certains endroits, elle était mise en vente, et le produit était
la propriété de l'intéressée ; ailleurs, elle était coupée en
morceaux, dont chaque convive ornait sa boutonnière en
guise de décoration. Le lendemain, de grand matin, la
foule des invités courait tumultueusement à la chambre
nuptiale, y faisait irruption et offrait un cordial à l'heureux couple. Faut-il rapprocher de ces mœurs gothiques
l'ancien droit de l'évêque d'Amiens, qui n'autorisait
chaque nouveau marié à prendre possession de sa femme
qu'après avoir perçu une certaine somme d'argent ?

Lorsqu'un homme se mariait dans une autre paroisse,
les compatriotes de sa fiancée lui faisaient les honneurs.
Un énorme bouquet, enjolivé de rubans roses et blancs,
était porté en évidence par les compagnes de la mariée,
tandis que les jeunes villageois lançaient des fusées, des
pétards et tiraient quelques coups de fusils, — d'où des
accidents fréquents. Mais le marié devait payer ces honneurs et débourser une somme rondelette à la jeunesse
qui buvait et dansait à ses dépens. Refusait-il ? on lui
offrait un *charivari*. Tout le village se réunissait, les uns
munis d'un cornet à bouquin, d'autres de chaudrons, de
casseroles, de plaques de tôle ; on soufflait, on frappait
de manière à faire le bruit le plus désagréable et le plus
discordant possible ; certains, dans leurs vociférations,
imitaient des cris d'animaux ; d'autres amenaient leurs

cochons et leur tiraient les oreilles pour provoquer leurs grognements ; et cette séance presque ininterrompue durait deux jours et plus, les paysans se relayant pour vaquer à leurs occupations et prendre du repos. La noce achevée, les nouveaux mariés étaient conduits hors du village au milieu d'un vacarme aussi complet.

« On ne meurt qu'une fois, disait-on, on ne doit non plus se marier qu'une fois » ; en vertu de ce principe, dans beaucoup de paroisses toute veuf, tout veuve convolant en secondes noces était hué, sans que l'autorité y prît garde ; c'était un véritable droit communal. A Villers-sire-Nicole, le *charivari* durait huit jours ; vers 1830, le maire déclarait qu'il serait impossible, sans occasionner de révoltes, de s'opposer à cet usage consacré par le temps et qui constituait une des prérogatives du *Régiment manant*. Dans maintes communes ce régiment avait ses règles et ses devoirs bien définis. A Noyelles, il se composait de tous les paysans aisés de la commune. Les grades étaient les mêmes que ceux des armées du royaume, et chaque cavalier devait posséder en propre un baudet. Toutes les fois que nécessité était, la troupe se réunissait au son du sempiternel cornet à bouquin, chacun monté sur son âne. Après une revue, le régiment, enseigne déployée, le colonel en tête, se rendait en face de la maison du coupable, qui, obligé à comparaître, écoutait une exhortation morale en présence du régiment. Qu'était-il ? Un libertin, un polisson, un égoïste ou simplement un original.

Le dernier jour de la fête était le jour des *durs menés*. Le patient (il y en avait rarement plusieurs), barbouillé de

noir, accoutré d'un costume carnavalesque, était hissé
sur un âne le visage vers la queue et promené dans les
rues du village au milieu de la foule des paysans munis
de cornets, de poêlons, de marmites, qui se livraient à
sa suite au plaisir d'un charivari étourdissant. C'était le
dernier marié de l'année, un homme accusé de laisser
à son épouse la direction des affaires du ménage, ou
bien soupçonné de manquer à la foi conjugale, une
femme dont la coquetterie était déplacée, un vieillard
nouvellement marié à une jeunesse, etc. Le dur mené
qui résistait était houspillé, frappé, brutalisé jusqu'à ce
qu'il acceptât son rôle ; les taloches avaient raison des
plus récalcitrants. Après la Révolution, la justice eut
plus d'une fois à intervenir.

Dans quelques villages, notamment à Villers-sire-
Nicole, existait une autre coutume, très curieuse en ce
qu'elle rappelle les cérémonies expiatoires instituées
par Moïse : on choisissait un bélier, le mieux pourvu
en organes de reproduction ; il était solennellement
promené dans les rues, un couteau au cou, et adressé
à un seigneur du voisinage chargé de l'immoler. A Grisoelle, sur la route de Mons à Maubeuge, il y avait une
variante; c'était un bouc qui était ainsi exposé en public,
puis tué par le seigneur du lieu ; cette cérémonie a pris
fin longtemps avant la première ; car après la mort de
son époux, seigneur de Grisoelle, Madame du Chastel
de la Howardcrie donna une somme aux bonnes gens
de l'endroit pour être quitte de ce tribut déplaisant
(vers 1780).

La BASSE-LOI était une institution de genre analogue.
Là où ce tribunal fonctionnait, il jugeait les patients

dont nous avons exposé les tribulations et d'autres cas
particuliers. A Neuville, la Basse-Loi était composée
d'un grand juge, de plusieurs conseillers rapporteurs
domiciliés dans les communes voisines ; l'un se nommait
conseiller de *tête-ferme,* un autre conseiller de *fine-
oreille,* tel, conseiller *clairvoyant,* conseiller *cuirassé,*
etc., etc.

Elle prononçait sans appel sur tous les faits troublant
l'harmonie générale ou contraires aux mœurs. La jeune
fille qui, oubliant les lois sacrées de la pudeur, était
surprise en tête-à-tête avec un individu de l'autre sexe ;
l'homme qui, sans être marié, vivait dans des liens
illicites ; ceux qui étaient trouvés en état d'ivresse ; les
enfants qui manquaient de respect aux vieillards, ou qui,
par instinct du mal, tourmentaient ou blessaient des
animaux inoffensifs, étaient soumis aux redoutables
arrêts de la Basse-Loi, auxquels ils n'osaient se sous-
traire et qui consistaient en punitions plus ou moins
drôlatiques.

Chaque délit avait sa peine particulière : ainsi l'ivrogne
était contraint de boire un ou deux pots d'eau, un gamin
irrespectueux faisait amende honorable et restait à
genoux, les bras en croix, quelques heures sur le pas
de sa porte, une pierre dans chaque main.

Après les jugements individuels, la cour champêtre,
en grand cérémonial, *procédait en personne* à l'aligne-
ment de toutes les rues du village. Elle condamnait les
habitants qui avaient du fumier, du bois, des pierres, etc.,
sur la voie publique à une amende variant de 4 à 10 sous.
Le produit des amendes perçues se dépensait en divertissements pour tous. Comme le tribunal s'assemblait à

l'improviste, sur l'avis du grand juge, les impositions étaient reconnues équitables et payées sans murmure. D'ailleurs la raison du grand nombre, c'est-à-dire du plus fort, eût encore là triomphé.

La Basse-Loi, comme le Régiment manant, empiétait sur les attributions du corps municipal ; presque toujours ses principaux officiers étaient magistrats communaux, ce qui explique pourquoi elle ne provoquait ni réclamations ni récriminations.

Rien de plus bizarre, outré et choquant que les usages relatifs à l'inhumation des célibataires non enfants. De même que le curé baptisait généralement les nouveaunés peu d'heures après leur naissance, les enterrements suivaient de très près les décès ; combien de vivants évanouis ou tombés en léthargie se sont retrouvés couchés dans leur cercueil et sont trépassés après une agonie horrible !

Lorsque mourait un célibataire nubile, les jeunes gens des deux sexes se cotisaient pour l'achat d'un cercueil, ils le recouvraient d'un linge blanc, l'ornaient, selon la saison, de roses, de pervenche, de mousse ou de rubans. Ils prenaient à leur charge les dépenses de l'enterrement, ainsi que les frais d'un dîner copieux, qu'on mangeait à la maison mortuaire en compagnie des parents du défunt duquel on s'entretenait en lui souhaitant du bonheur en l'autre vie. Le repas achevé, garçons et filles se rendaient à l'église, y récitaient quelques prières, puis, se réunissant sur la place publique, y dansaient joyeusement jusqu'à la nuit.

Cette coutume, encore en usage à Villers-sire-Nicole en 1830, avait des variantes : à Ferrière, à Louvroil, le dîner était offert à la jeunesse par la famille du mort ; à Colleret, à Obrechies, la jeunesse ornait simplement le cercueil, elle ne payait pas le dîner qu'elle acceptait cependant, mais faisait célébrer huit jours après l'enterrement un service à l'issue duquel garçons et filles recevaient de la famille une gratification qui était consacrée à se divertir en commun le reste de la journée : au total deux séances d'amusement au lieu d'une seule.

Les familles bourgeoises de quelques villes distribuaient, avant l'enterrement, des espèces de jetons ou de médailles où était gravé le nom du défunt : ces souvenirs, précieusement conservés par chacun, ornaient les drapeaux de la jeunesse.

Le Nord de la France n'avait pas le monopole de ces mœurs qu'on trouvait aussi dans l'Est, particulièrement aux environs de Commercy.

Les fêtes du carnaval avaient une vogue qu'elles ont perdue depuis. Tout le monde se déguisait et prenait part aux divertissements publics ; certaines villes, des bourgs donnaient à leur carnaval un éclat extraordinaire ; des sommes considérables étaient gaspillées en vêtements aussi riches qu'excentriques : tel celui de Binche, avec ses Gilles et ses paysans, qui est toujours aussi animé, aussi couru ; tel celui de Cousolre qui attirait chaque année quantité d'étrangers dans ce bourg, pour le supplice de *Mardi-Gras*. Une cavalcade plus burlesque qu'artistique était formée ; elle traversait le village, et dans le cortège était un chariot auquel étaient attelées des demoiselles vêtues de blanc, qui tiraient le véhicule chargé de bois avec lequel on réduisait en cendres le Prince Carnaval.

La mascarade n'est pas seulement un amusement ; elle est aussi considérée dans nos pays comme propre à corriger les travers et les ridicules, à faire la satire des grands et des puissants. Plus d'une fois, en temps de carnaval, un mayeur, un bailli, un seigneur fut bafoué, ridiculisé, insulté par ses concitoyens ou ses manants habilement déguisés, lui-même représenté dans le cortège et jouant un rôle honteux ou déshonorant.

Les gens de Maroilles et des environs, qui avaient à se plaindre de leur abbaye, allèrent si loin que les moines justement émus s'adressèrent à la justice pour mettre fin aux excès dont ils étaient victimes pendant le carnaval.

En 1770, une foule tumultueuse, masquée et bizarrement travestie, exaltée par de copieuses libations, pénètre dans les dépendances du couvent, et insulte les religieux par des gestes et des propos ignobles. Ceux-ci portent plainte et rappellent que les ordonnances du royaume à l'égard des mascarades sont absolument proscriptives, au point que celle de l'an 1529 veut que ceux qui tueront des masques ne soient point inquiétés.

Le carnaval de 1788 donna lieu à des scènes aussi déplorables : lettres anonymes, pleines de menaces et de mépris, propos indécents tenus dans les cabarets, enfin injures orales, bris de vitres et tentative d'incendie, de sorte que le couvent, dans le but de prévenir le retour de ces scandales, stipula nettement dans ses contrats, que ses fermiers seraient déchus de leurs baux, sans avoir droit à aucune indemnité et sans aucune formalité de justice, par le seul fait qu'eux ou leurs enfants se seraient masqués.

Le dimanche suivant, le premier du Carême, était le jour du FEUREUX, c'est-à-dire du *feu heureux*. Les gamins et les jeunes gens quêtaient chez les particuliers, du bois, de la paille ; ils coupaient dans les terrains vagues, le long des sentiers, la végétation des lieux incultes : genêts, bruyères, épines-vinettes, ronces, genèvriers. Sur un endroit culminant, d'ordinaire à la *Justice*, c'est-à-dire là ou l'on exécutait les criminels au moyen-âge, on disposait les matières combustibles autour d'une grande perche. A l'issue des vêpres, l'énorme meule était achevée ; processionnellement, le curé s'y rendait et la bénissait ; il bénissait aussi le brandon qui lui était présenté par un adolescent agile, chargé de le planter au sommet du bûcher et d'allumer la masse. Pendant que celle-ci brûlait et que le vent envoyait au loin des flammèches qui causèrent plus d'un malheur, une ronde immense se formait autour du foyer ; vieillards, hommes mûrs, femmes, enfants, tous dansaient et chantaient à qui mieux mieux des refrains séculaires qui éveillaient les échos des bois voisins.

Le feureux est le reste d'une cérémonie païenne qui, jugée indestructible, fut christianisée comme tant d'autres. Ailleurs, il se présentait sous divers noms (le *bourdit* ou *bon bourdit*, les *brandons*) et sous une forme encore plus rapprochée des cérémonies du paganisme, quand les paysans armés de torches parcouraient les champs, pour les purifier et en écarter les mauvais génies.

A Taisnières-en-Thiérache et dans d'autres villages riches en arbres fruitiers, les enfants et les jeunes gens allumaient des feux dans les vergers ; armés de brandons incandescents, ils frappaient le pied des arbres en demandant à haute voix une abondance de fruits, pommes et poires. Ou bien, c'était une botte de paille qu'on plaçait dans les branches des arbres et qu'on brûlait en chantant et en criant joyeusement.

Le mois de mai, qui annonce le renouveau, était fêté tout particulièrement par la jeunesse. Dans la nuit du 1er mai, les garç.ns se rendaient dans les bois voisins, s'y approvisionnaient de branches de jeunes arbres et en ornaient la grand'porte ou la cour du seigneur, les maisons du curé, du mayeur et des échevins. Cet hommage rendu aux supérieurs officiels, ils plantaient devant la porte ou la fenêtre des jeunes filles des rameaux verts, souvent hommage discret à une vertu appréciée, parfois symbole de mépris ou de dédain. Chaque plante, dans ce langage pittoresque, avait sa signification, mais elle variait d'endroit à autre, de sorte qu'une flatterie dans tel village était une insulte ailleurs ; en somme, coutume touchante et aimable qui était presque générale en France et aussi vieille que les précédentes.

Les jeunes gens ne se bornaient pas à la plantation de ces MAIS : munis de goudron et de couleurs, ils barbouillaient les portes, les murs de bonshommes grotesques, de caricatures, d'inscriptions narquoises et mordantes à l'adresse d'une personne mal réputée, d'un calomniateur détesté. Et lancés sur cette pente, les veilleurs de la nuit du 1er mai ne conservaient pas

toujours le bon goût et la discrétion désirables. Les
libertés qu'ils prenaient dégénéraient en licences, les
démarches symboliques du Renouveau en saturnales
déplacées. Toutefois les abus étaient peu nombreux :
la conduite de celui qui aurait diffamé à tort eût été
sévèrement jugée par ses concitoyens, et il eût pu
s'attendre à de sérieuses représailles.

Chaque jeune fille savait quels étaient ses planteurs
de mais, voisin désireux d'être agréé comme fiancé,
ou bien camarade aspirant au titre d'ami. L'un et
l'autre avaient l'occasion de montrer leur constance
la nuit de l'Ascension où les *mais* étaient *renouvelés*,
c'est-à-dire que jeunes gens recommençaient leur pèlerinage dans la paroisse avec leurs rameaux verts et
fleuris. Quelques mois plus tard, pour les du..asses
d'automne, un mariage était l'épilogue de cet usage
naïf et rustique.

Le MARIAGE! mot qui fait tourner les têtes à vingt
ans. Les moyens ne manquaient pas aux jeunes filles
qui désiraient la réponse à la redoutable question :
« Qui épouserai-je? » Pour cela, le soir, avant de se
coucher, elles balayaient leur chambre à *rebours*, en
allant du seuil aux extrémités; et la nuit le futur leur
apparaissait en songe. Voyaient-elles un cercueil? elles
mourraient en célibat. Apercevaient-elles leur image
dans cette froide bière? leur décès était proche.

A leur insu, leur mère ou une parente plaçait le soir
un miroir sous leur oreiller et les mêmes phénomènes
se produisaient.

En Flandre, une tradition bien curieuse s'est conservée : le 30 novembre, jour de la Saint-André, les

jeunes paysannes ont chance d'apprendre si elles se
marieront bientôt et quelle sera la profession de
l'époux. Pour cela elles s'en vont d'abord à la mare
chercher une oie blanche autour de laquelle elles se
mettent à danser ; tandis que la bête affolée fait tous
ses efforts pour rompre le cercle où elles l'ont enser-
rée, les joueuses essaient de toucher du doigt son aile
frémissante ; la première d'entre elles qui y réussit
sera aussi la première à recevoir la bague des flan-
çailles.

Ainsi avertie, la jouvencelle prendra une clef en main
et fera couler, par le panneton de cette clef, qui doit avoir
la forme cruciale, du plomb fondu dans un bassin rempli
d'eau froide ; aussitôt les instruments du métier du futur
se formeront d'eux-mêmes dans le liquide et y apparaî-
tront visiblement.

Les représentations scéniques avaient une vogue
extraordinaire et constante. Quelques jeunes paysans
étaient les acteurs ordinaires ; le théâtre, une grange
ou la salle commune ; le régisseur ou directeur, le
curé ; car les pièces représentées étaient la *Passion* et
des sujets bibliques : *Moïse*, *Joseph* ou les *Maccabées*.
Les localités situées aux abords des routes royales
avaient la visite de comédiens nomades qui allaient de
ville en ville, et un certain nombre de ceux-ci abor-
daient des sujets profanes.

Étaient privilégiés aussi les habitants des villes de
garnison où presque toujours ou jouait la comédie pour
le délassement des officiers et de leurs troupes. Les
armées en campagne avaient même leur théâtre ; on
applaudissait un vaudeville entre deux escarmouches.

Parfois, au moment de jouer, une brusque offensive de l'ennemi obligeait les artistes à déguerpir prestement. Ce fut ainsi pendant toute la campagne du maréchal de Saxe en Pays-Bas après la bataille de Fontenoy (1745).

Parfois c'était par le théâtre que le célèbre guerrier faisait connaître ses avis ; voici des vers que le comédien Favart improvisa *par ordre* la veille de la bataille de Raucoux :

> Nous avons rempli notre tâche,
> Demain nous donnerons *relâche* ;
> Guerriers, Mars va guider vos pas,
> Que votre ardeur se renouvelle :
> A des intrépides soldats
> La victoire est toujours fidèle.
> Demain, bataille, jour de gloire ;
> Que dans les fastes de l'histoire
> Triomphe encor le nom français.
>
> . . . .

Et ces vers frénétiquement applaudis présagèrent heureusement de la journée du lendemain.

La troupe avait un tel succès que le duc de Lorraine et de Bar, qui commandait les alliés, demanda à Maurice ses acteurs pour lui et les siens ; et, chevaleresque autant que courtois, le prince y condescendit, de sorte que les comédiens jouaient alternativement dans les deux camps.

A défaut de représentations scéniques, nos pères se délassaient aux tours de saltimbanques, de montreurs de jeux, dresseurs d'ours et charmeurs de loups qui erraient dans toute l'Europe, sinistres *zingari* voleurs d'enfants, tristes sires de la Bohême qui vivaient, au milieu du despotisme général, comme les bêtes des bois,

de sauvagerie et d'indépendance ; accueillis par des
paysans crédules qu'ils amusaient, poursuivis et traqués
par la maréchaussée qui leur reprochait plus d'un crime.
Ces Bohémiens ont été un fléau du xviiie siècle.

Nos aïeux aimaient aussi les chansons, poésies légères, tour à tour tendres, langoureuses, vives, iro-
niques, par où s'échappent, en envolées superbes ou en
traits caustiques, le cœur généreux et l'esprit alerte de
notre race. On chantait partout et à tout propos : le
vieux soldat exaltait la gloire des armes, les jouven-
ceaux débitaient des fadaises sur le cœur ou les petits
oiseaux. Nous n'avons trouvé aucune chanson de nos
campagnes qui mérite d'être citée, sinon dans la note
égrillarde et ironique. Nos grand'mères en ont parfois
entendues de salées et ne s'en offusquaient pas, car le
répertoire féminin était également licencieux ; c'est l'histoire grassouillette de la chute d'une Ève quelconque, la
mésaventure scabreuse d'un vieux libertin qui court le
guilledou et laisse son bien à l'abandon.

Les habitants d'un village avaient-ils à se plaindre de
voisins fâcheux, d'un seigneur peu accommodant ? sur
un air connu, avec des à-peu-près nombreux et en un
français très correct, ils les mettaient en chansons. Sait-
on que *Malbrough s'en-va-t-en guerre* a vu le jour le
lendemain de la bataille de Malplaquet ? Si l'état-civil de
ce refrain fameux est resté incomplet, puisque son
auteur n'est pas connu, c'est avéré qu'il a été composé
au Quesnoy ou aux environs, le 12 septembre 1710.

À Malplaquet, malgré leur courage, les Français
avaient dû céder le champ de bataille, et cette retraite
avait coûté cher à leur amour-propre patriotique. Ce fut

assez pour qu'un rimeur, au bivouac du Quesnoy, chan-
sonnât Malbrough, l'illustre général anglais, dont la
mort était annoncée de toutes parts.

Il est très probable qu'aux paroles que chacun connaît
et qui sont surtout remarquables par leurs liaisons
bizarres, le chansonnier adapta un de ces airs musicaux
de nos campagnes, airs qui résistent, comme le sol
même, à l'action du temps, aux évolutions du langage
et des mœurs.

Se venger d'un ennemi par des chansons, c'est bien le
propre de notre caractère.

CHAPITRE III
AUTOUR DU CRACHET

Nourriture. — Les pommes de terre. — Le meuble et le vêtement.
— Les pauvres. — L'écriease. — La mauvaise race. — La sor-
cellerie. — Réaction. — La messe noire. — Légendes et traditions.
— Le loup-garou. — Les immorettes. — Revenants. — Les lutins. —
Littérature occulte. — Superstitions grossières. — Prédictions
de l'avenir.

La manière de vivre des campagnards était toute
patriarcale. Dans les fermes, les quelques domestiques
étaient considérés comme membres de la famille ; ils
mangeaient à la table des maîtres, partageant leurs repas
frugals ; le fond de la nourriture consistait en un pain
gris, mélange de farine de seigle avec de l'épeautre et
un peu de froment, en laitage, en légumes bouillis et en
fruits frais et conservés. La viande de porc se trouvait
sur beaucoup de tables, les plus pauvres nourrissant
facilement le compagnon de saint Antoine. On le tuait
aux approches de l'hiver ; son enterrement, comme on
disait, était un événement agréable. Entre voisins, on
s'invitait réciproquement à la *boudinée*, c'est-à-dire à
un repas composé des reliefs de la bête.

Le paysan mangeait de la viande fraîche avec d'autant
plus de plaisir qu'il en était souvent privé ; mais il avait

horreur de toute chair supposée impure ou malsaine. Les moutons atteints du *tournis* étaient enfouis sans que personne eût l'idée d'en enlever un gigot ; en automne parfois les vaches mangent trop de légumineuses fraîches et gonflent au point de crever : on leur prenait la peau et on jetait la viande. Quiconque eût parlé de manger du cheval eût passé pour un fou ou un sauvage. Le boucher qui eût débité une vache malade eût risqué d'être dépecé avant sa bête. La coutume avait gardé son caractère de sévérité extrême du moyen-âge, quand les falsificateurs de denrées alimentaires étaient condamnés à des amendes énormes et privés du droit de vendre pendant un an entier.

Dans maintes régions les pommes de terre ont été connues de bonne heure ; elles étaient popularisées dans le nord de la France avant que Parmentier entreprît sa croisade ; en 1765, le curé de Grandrieu en levait la dîme ; en 1771, le chapitre de Sainte-Aldegonde de Maubeuge soutenait à ce sujet un procès contre les gens de Sivry ; il eut des contestations analogues à cette époque avec les manants de Clerfayts, de Leugnies, de Colleret, de La Longueville. La pomme de terre fut introduite et employée comme légume aux environs de Douai, de Maubeuge et de Mons vers 1740, en même temps que se vulgarisait la culture du trèfle.

Simple était la nourriture, plus recherchés étaient le vêtement et le meuble, au moins chez les gens ayant quelque aisance. Les boucles de la culotte de cérémonie, celles des souliers étaient en argent ; une broderie riche bordait le tricorne et l'habit de velours qui, dans les grands jours, remplaçaient le bonnet de coton et la blouse de toile des hommes, dont la perruque était soigneusement peignée et poudrée. Les agrafes, les boucles des vêtements de femmes étaient aussi d'argent et même d'or chez de modestes paysannes.

Le chanvre et le lin étant cultivés partout, les moutons très communs, tous étant tisserands, le linge était abondant. C'était l'orgueil des maîtresses de maison d'empiler draps et chemises dans les vastes armoires, les profondes garde-robes finement ouvragées, sculptées dans tous les recoins, ornées d'un fouillis de feuillages, de fruits, de têtes d'animaux et d'anges, les panneaux représentant des tableaux champêtres, des scènes de cabaret ou de garnison. Un artiste villageois restait trois mois et davantage pour achever un meuble : que de temps n'a-t-il pas fallu pour sculpter les boiseries des églises de Beaufort ou Dompierre !

Les femmes étaient également fières de leurs cuivres, de leurs étains tout reluisants de propreté : pots, plats, ustensiles divers, y compris la cafetière qui avait déjà fait son apparition çà et là. Sur le dressoir étaient étalées des faïences décorées qui avaient de la valeur artistique ; à côté d'assiettes ordinaires fabriquées à Lille, à Saint-Amand, à Ferrière-la-Petite étaient des pièces riches de Delft, de Nevers et de Rouen.

Chaque ferme occupait trois ou quatre familles de journaliers de l'endroit ; ils étaient payés en nature : trois, quatre, cinq pour cent de ce qui était récolté, en foin, en céréales, paille et grain, en navets, etc. L'hiver, les hommes battaient en grange, vannaient, bottelaient, terrassaient. Lorsque l'année était bonne ils vivaient dans l'abondance ; car, à leurs moments perdus, ils

louaient un coin de terre dont le produit s'ajoutait à
leur salaire. Beaucoup avaient une vache avec le
cochon. Elle broutait en été l'herbe du warechaix ; en
hiver elle était nourrie du foin gagné à la ferme ;
précieuse et économique ressource des pauvres
gens qui, contents et vivant de peu, ne limitaient pas
leur descendance, de sorte que c'était chose commune
et ordinaire de voir dix, douze enfants et même
davantage dans une maison.

Quand une récolte mauvaise était suivie d'un hiver
long et rigoureux, bien des familles étaient plongées
dans la misère noire ; le pain manquait dans la maie ;
les petits, une besace sur leur dos, abandonnaient le
foyer paternel, à la recherche d'une chétive aumône ;
les loups en dévoraient le long des routes désertes,
d'autres mouraient de fatigue et de privations dans un
fossé, au fond d'une grange, sans secours, sans consolation. Le curé les enterrait ; laconiquement, il notait leur
décès : « J'ai enterré un petit mendiant malade depuis
la veille, décédé dans une étable, âgé de neuf ans ou
environ ; il était d'Esquehéries (1). » Les parents
n'étaient même pas prévenus du malheur.

Quant aux poupons, ils étaient abandonnés ; grâce à
saint Vincent de Paul, beaucoup avaient un asile et des
soins dans des hospices des villes s'ils étaient trouvés
en vie ; dans les campagnes leur sort était plus
misérable : le père et la mère les exposaient à proximité d'un passage ; leurs compatriotes fermaient les
yeux sur cet acte d'inhumanité, ne voulant pas ajouter
à leur malheur, de sorte qu'ils n'étaient pas inquiétés

(1) Registres paroissiaux de Lizeat.

par la justice. Se chargeait qui voulait du pauvre petit ; parfois la commune intervenait. La rédaction du curé était aussi simple : « Mairieux, j'ai baptisé Anne-Marie *du Planty*, laquelle fut trouvée dans le bois *du Planty*, vers la cense de Roteleux ; le père et mère sont inconnus. » — « Landrecies, fut baptisé Philippe-Joseph *Lescalier*, qui fut trouvé sur un *escalier* des casernes de la ville de Landrecies. »

Et pourtant, sous Louis XV, nos provinces étaient dans une situation enviable et prospère, disaient les anciens, qui avaient vu toutes les horreurs de la fin du règne de Louis XIV, quand nos régions, envahies par l'étranger, agonisaient, incultes, désertes, ruinées par des impositions écrasantes. Quel tableau lamentable ils faisaient de leurs villages plus qu'à demi détruits, abandonnés de leurs habitants réfugiés dans les bois d'où ils sortaient à la nuit pour enlever quelques rares récoltes échappées au fer et au feu des soldats, vivant de fruits sauvages, d'avoine, de racines de fougère, de chiendent !

Les déménagements donnaient lieu, entre voisins et amis, à une habitude touchante : le *pendage de la crémaillère*. Les camarades se réunissaient, et, le moment venu, pendant qu'un groupe attirait l'attention des intéressés, d'autres enlevaient subtilement l'ustensile enfumé, le nettoyaient, l'ornaient de fleurs et le suspendaient dans le nouvel habitat : alors, triomphalement, tous allaient chercher le ménage qu'on voulait fêter, ils lui faisaient voir la crémaillère décorée et lui souhaitaient paix, santé et prospérité. Un repas clôturait cette manifestation de sympathie.

En hiver, à la veillée, les vieux décrivaient leurs
malheurs, pendant que les adultes filaient et tissaient à
la lueur d'un *crachet*, petite lampe à huile, qui donnait
plus de fumée que de clarté. Parents, amis, voisins se
réunissaient à tour de rôle tantôt chez l'un, tantôt chez
l'autre. Chacun avait son jour de réception, tous
venaient sans invitation spéciale à cette réunion,
l'ÉCRIENNE, avec leurs instruments de travail, rouet,
quenouille, aiguilles. Des pommes, des noix étaient
sur la table, à la disposition de tous. On se communiquait
les nouvelles du pays : le berger racontait les légendes
et les fables de la contrée ; un ancien soldat narrait
avec amertume comment les racoleurs, qui recrutaient
les hommes pour les armées de terre et de mer du roi,
l'avaient indignement trompé pour l'enrôler : « Trois
repas par jour, plat de rôti et de bouilli, deux pintes de
vin, trois heures d'exercice, haute paie, permission de
nuit et le grade de sergent au bout de quatre mois »,
voilà ce qu'ils lui avaient promis en l'enivrant pour lui
arracher sa signature. Il avait trouvé une nourriture
détestable, un service pénible et absorbant, des chefs
durs, des punitions révoltantes et fréquentes, du cachot,
le bagne en perspective, aucune chance d'avancement,
tous les grades étaient réservés aux nobles et aux
riches ; et, son congé expiré, il avait abandonné l'uniforme, maudissant sa naïveté et les fripons qui lui
avaient ravi les plus belles années de sa vie.

Les écriennes offraient des inconvénients, là où les
mœurs restaient violentes ; des jeunes gens jaloux et
querelleurs se chicanaient, se provoquaient, et leurs
batailles nocturnes troublaient la paix du village, à ce

point que les autorités interdisaient les veillées sous peine d'amende et même de prison.

Tous les paysans n'avaient pas cependant la libre entrée des écriennes. Chacune de nos bourgades renfermait quelques familles de véritables parias. C'était la mauvaise race, à la réputation détestable, aux instincts pervers. Ils n'avaient ni les préjugés ni les coutumes des autres. Chacals de l'humanité, ils recherchaient les cadavres immondes dont ils faisaient leur nourriture : vaches crevées, veaux mort-nés, chevaux abattus, hérissons, rongeurs de toute espèce et même bêtes puantes. Ces tristes bipèdes travaillaient peu ou point ; ils étaient en pêche ou en chasse interdites, contrebandiers, faux-sauniers et surtout voleurs. Ils se risquaient à l'assassinat, mais presque toujours lâchement ; une fois sûrs de l'impunité, ils se livraient sur leur victime à des actes d'une cruauté atroce. Ces misérables abondaient dans les terres des couvents où ils trouvaient plus de facilité à vivre ; ils furent, avec les émeutiers de 1789, les rôdeurs autrichiens de 1793, les bandits des années suivantes.

Les gens honnêtes, pauvres aussi bien que riches, ne s'alliaient pas à ces réprouvés qui ne se mariaient qu'entre eux ; on regardait avec défiance ces voleurs de poules, toujours à l'affût d'un mauvais coup, on les traquait, ils étaient confinés dans un coin du village, d'ordinaire à l'ancienne maladrerie, à la rue des Juifs. Là où ils étaient nombreux, comme à Beaufort, ils avaient même leur hameau distinct.

Parmi eux, beaucoup passaient pour sorciers et jeteurs de sorts ; on les craignait presque autant qu'on

les détestait, car le vulgaire croyait fermement à la
sorcellerie et au pouvoir de ses adeptes, aux revenants
et aux fantômes.

Une épizootie éclatait-elle dans le village ? une fièvre
enlevait-elle quelques membres d'une famille ? les
récoltes manquaient-elles sans cause apparente ? un
sorcier était le coupable. Découvert, le misérable était
bâtonné, frappé sans mesure : de crainte de le voir
relâché par la justice, les paysans commençaient par
le punir eux-mêmes, et ils avaient la main lourde. Les
procès en sorcellerie n'ont guère pris fin en France qu'à
la veille de la Révolution, et, chose remarquable, c'est
que les accusés avouaient souvent leurs crimes ! malheureux fous, stupéfiés par l'emploi de la stramoine
et d'autres substances vénéneuses. A Paris, les deux
derniers supplices furent ceux de Léonora Galigaï en
1611 et d'Urbain Grandier en 1634 ; mais en province
les parlements se montrèrent plus conservateurs : en
1670, celui de Rouen voulait brûler 14 sorciers à qui
Colbert sauva la vie ; en 1732, il fut sérieusement
question de brûler le Jésuite Girard [accusé de jeter
des sorts.

Maints terroirs de nos villages ont conservé la trace
de ces croyances générales, la *fache*, la *hule* à la
Sorcière.

Une réaction s'opérait au XVIIIᵉ siècle contre cette
tendance de toujours expliquer l'inexplicable par la
sorcellerie ; elle gagnait le monde ecclésiastique. Beaucoup de curés, des moines protestaient du haut de la
chaire, par leurs écrits, contre cette manie qui a coûté
la vie à tant de malheureux et entravé si longtemps le

progrès de l'esprit humain. « Il faut avouer, dit le Bénédictin Baudry qui mourut en 1752, qu'au siècle passé on n'était pas encore assez revenu de la prévention qu'on éprouvait à l'égard des sorciers et sorcières, que l'on condamnait trop légèrement en ce temps-là, parce qu'on attribuait à leurs maléfices tous les mauvais effets dont on ne pouvait pénétrer les causes. »

Les sages-femmes prêtaient serment devant le curé ; dès 1719 elles juraient, entre autres choses, de n'user point de *superstition* par signe, par parole ni autrement, et s'engageaient à empêcher de tout leur pouvoir qu'on en usât.

Pourtant, dans les paroisses de Picardie, de Cambrésis et d'Artois où l'on sonnait les cloches à midi, elles restaient muettes le jour de la Saint-Jean (24 juin) ; car « c'est pendant que les cloches sonnent le midi de la Saint-Jean que les sorcières ramassent dans les champs les herbes dont elles composent leurs philtres. »

Pour déjouer les sorts, les paysans s'adressaient à leur curé dont les exorcismes restaient impuissants, à un autre sorcier qui se faisait fort de découvrir le coupable, employait dans ses recherches des formules cabalistiques, du sang de crapaud et de poule noire et grugeait surtout ses clients. Las d'être en butte à la mauvaise chance, quelques-uns plus hardis sollicitaient, pour vaincre les maléfices, la faveur d'assister à la MESSE NOIRE, qui s'est dite un peu partout au XVIII° siècle.

Cela équivalait à vendre son âme au diable. Un prêtre sacrilège, un moine chassé de son couvent, un juif fanatique réunissait les adeptes dans une carrière abandonnée, au fond d'une forêt. L'autel était tendu de noir, un pourceau ou un bouc mort, une femme était couchée sur la table. La messe était parodiée, des hosties consacrées volées par quelques affiliés, souillées, brisées, jetées dans le calice de bois avec du sang ; ce mélange était consacré à Satan, les assistants approchaient de l'officiant qui leur donnait à boire cette mixture affreuse. Après quoi ils adoraient le porc, le bouc ou la femme impudique considérée comme le symbole de la stérilité et polluée sur l'autel (1).

Il a été fort heureux, si l'on en croit une légende, que Sallengros, avocat à Maubeuge où il joua un certain rôle pendant la Révolution, ne vécût pas un siècle plus tôt ; car il aurait lié une intime connaissance avec les fagots de l'abbaye de Hautmont dont il était le bailli.

Par une triste soirée d'hiver, il s'était attardé à la ferme de la Basse à Louvroil avec le seigneur prélat.

Manifestant une grande inquiétude et ne se fiant pas aux routes infestées par des rôdeurs, il finit par accepter l'invitation du religieux et se décida à retourner avec lui au monastère.

L'avocat se montrait nerveux, surexcité ; il pressait le départ, dégustant distraitement les *honnêtetés* du censier. Par un chemin aujourd'hui supprimé qui coupait court dans la campagne, les deux personnages regagnaient l'abbaye. Le vent redoublait de violence, la neige fondue cinglait les visages, pénétrait les manteaux, glaçait les membres et gênait la marche.

(1) Nous possédons plusieurs pièces authentiques établissant que la messe noire se célébrait en 1712 à Neuf-Mesnil d'une manière encore plus obscène et plus dégoûtante. Elles ne peuvent trouver place ici et seront publiées dans les Annales archéologiques de Mons.

De grands nuages chassés par la tempête couraient dans le ciel et cachaient la lune dont la lumière blafarde et louche, n'apparaissant que par courtes intermittences, faisait voir à l'horizon toute la légion de fantômes qui peuplent ces nuits sinistres.

« — Par ma foi, Monsieur le Bailli, dit Dom Wulmaire Pouré, nous aurions bien fait de demander l'hospitalité au censier ; la route n'est pas longue, mais c'est un temps infernal ; il n'y a que des sorciers pour sortir par une nuit pareille. »

Un éclat de rire strident retentit à ses oreilles, et le cri du chat-huant, se répercutant dans les avenues du couvent, remplit tout le coteau.

« — Qu'est-ce ? Une chouette en cette saison ? s'écria le religieux en se signant.

« — Je ne sais pas, allons vite », fit l'autre, l'air sombre, les dents serrées.

Et ils continuèrent de marcher, tandis que le moine récitait dévotement ses patenôtres.

« — Ne me heurtez pas de la sorte, maître Sallengros, dit-il après quelques pas, vous avez failli me faire choir.

« — Moi ? répliqua aigrement le bailli, je ne vous ai pas touché. »

Au même instant le ciel s'éclaircit et ils aperçurent une énorme chauve-souris qui voletait silencieuse, lugubre et féroce, autour d'eux.

« — Nous sommes le jouet du démon, dit le supérieur, prions, et nous braverons sans danger ses maléfices.

« — Oui, dit Sallengros, sortant d'un rêve, c'est la faute à..... » et un nom se perdit dans la nuit, à peine sorti de ses lèvres, comme si un bâillon puissamment appliqué lui avait alors enlevé l'usage de la parole.

Dom Pouré se retourna à ce moment, rendu encore plus méfiant par cette attitude étrange du bailli ; il vit qu'un loup le suivait silencieusement et s'apprêtait à franchir avec lui le seuil du clos.

De son chapelet, l'Abbé frappa à la gueule la bête fauve qui s'enfuit en hurlant et sans tenter un retour offensif.

« — Malédiction ! criait au même instant le bailli ; je viens de me blesser, j'ai la figure en sang, je suis tombé dans ce chemin de malheur. »

Parvenu au couvent, Dom Vulmaire sentit que ses mains s'humectaient à son chapelet qu'il n'avait pas quitté ; il le regarda à la lumière et vit avec stupeur qu'il était plein de sang.

Ils gagnèrent leur chambre, le religieux soucieux et n'osant réveiller ses frères pour leur faire part de ses craintes et de ses soupçons.

Plus il réfléchissait sur ces phénomènes et sur ces coïncidences, plus il trouvait singulière la conduite du bailli ; une tête grimaçante lui apparaissait dans la nuit, une voix sardonique lui tintait aux oreilles, son lit était frôlé par des bêtes invisibles qui le souillaient de leur contact impur : c'était horrible. Il n'y tint plus et s'en fut trouver dans leurs cellules respectives Dom Ghislain Dussart et Dom Ansbert Delsautière à qui il narra son retour.

Les autres dignitaires furent éveillés et on décida d'interroger Sallengros sur-le-champ. La porte de son appartement était fermée à clef. Dom Ansbert, qui était

d'une force herculéenne, l'enfonça d'un coup d'épaule.
Une exclamation de surprise s'échappa de toutes les
poitrines : la chambre était vide, le bailli ne s'était pas
couché, et cependant ses effets gisaient pêle-mêle sur
le plancher.

Et dans tous les bruits du vent qui faisait rage, les
religieux reconnaissaient les hurlements des malins
esprits en fête et en quête de mal, au milieu du deuil
de la nature.

On répandit sur les cloisons de l'eau bénite à profusion ; la porte fut fermée à clef, la cheminée hermé-
tiquement close, et les moines se retirèrent avec l'espoir
de convaincre Sallengros de ses coupables machinations.

Lorsque Dom Pouré, après une nuit d'insomnie, revint
dans la chambre de son mystérieux hôte, celui-ci repo-
sait tranquillement et traita de fantasmagorie la visite
des bénédictins. Il ne réussit pas à donner le change ;
mais Dom Vulmaire l'interrogea vainement : Sallengros
nia toute culpabilité ; il parut même affecté des accusations des religieux, mais retrouva sa morgue quand, le
chapitre l'ayant destitué de son office et l'ayant menacé
de la justice, il défia les moines et leur lança en partant
cet adieu énigmatique : « Nous nous reverrons ailleurs. »

Si vous consultiez les registres de la prévôté de
Maubeuge à cette époque, vous n'y trouveriez pas trace
de cette aventure ; car le couvent ne jugea pas à propos
de se plaindre ; mais Dom Pouré la racontait encore
après son retour de l'exil, et en le pressant un peu, dans
ses moments d'expansion, il nommait celui que Sallengros, qui fut d'ailleurs un administrateur révolutionnaire
très modéré, avait désigné dans la nuit fatale. C'était la

cheville ouvrière de la *bande noire*, son conseilleur et son porte-étendard, qui fit main-basse autant qu'il put sur les biens de tous les ci-devant moines ou chanoinesses.

Nous ajouterons même, et ceci sort de la légende, que si cet homme, qui avait gouverné en maître le village d'Hautmont pendant 1793-94, y était revenu quinze ans plus tard, il aurait été écharpé par la population dont il avait été l'idole !

A côté des sorciers, êtres éminemment dangereux, étaient des devins de bas étage, qui prédisaient l'avenir, donnaient des conseils ; ils opéraient en observant les astres, les lignes de la main, les cartes, la surface de l'eau, un morceau de miroir. Bien rares étaient les villages qui n'eussent leur devin.

A eux les gens crédules s'adressaient pour la découverte des trésors. Le défaut de sécurité au moyen-âge, les invasions, les guerres intestines ont provoqué l'enfouissement de quelques richesses : c'est l'origine de la légende de la GATE (chèvre) ou du VEAU d'or, que chaque terroir recélait en un mystérieux endroit. Pour la découvrir, le devin, qui en indiquait la place, recommandait à ses clients de s'y rendre à une époque donnée, au milieu de la nuit, sans se retourner, quelque bruit qu'il se produisit, avec une bêche nette de rouille, brillante comme l'argent. Et beaucoup se laissaient prendre à un piège aussi grossier !

Au XVIIᵉ siècle, à Bavai, on montrait la tour de la *gate dorée*, et il y avait près du château de Bellignies une porte ancienne et ruinée qu'on appelait la porte d'*Eugate* ou de la *gate*.

Cette fable s'est perpétuée jusqu'à nos jours ; elle est

toujours vivace aux environs de cette vieille cité. Déjà
pourtant, au village, des esprits éclairés en avaient usé
et abusé pour mystifier leurs concitoyens. A Colleret,
une famille D... provoquait les recherches nocturnes de
la *gale* ; quant aux naïfs qui se laissaient prendre, ils
revenaient de leur expédition battus, roués de coups,
salis de boue par des esprits invisibles, bien qu'ils
eussent aperçu une lumière vive à l'endroit qui leur avait
été désigné !

Le LOUP-GAROU était un être diabolique particulier.
C'était un homme qui avait la propriété de se déguiser
en loup ; sautant sur les épaules du voyageur attardé, il
l'affolait, l'aveuglait et le précipitait dans une mare où
la victime périssait noyée. Idiot, mendiant ou fossoyeur,
il vivait en bons termes avec les fauves du bois, les
renseignait sur les enfants et les bestiaux à enlever, sur
les battues qu'on organisait pour s'en débarrasser.

Les bonnes femmes donnaient des conseils souverains
à quiconque craignait la rencontre du loup-garou. « Au
lieu de continuer votre chemin, couchez-vous sur le sol,
récitez l'oraison de saint Leumeret et attendez l'aurore
pour reprendre votre route » : le moyen est toujours
excellent pour gagner une fluxion de poitrine.

Près d'Avesnes était l'ermitage de la Croisette, qui
avait son loup-garou. Un paysan, s'étant égaré pendant
une nuit obscure dans un sentier étroit de la forêt
voisine, fit rencontre d'un animal qu'il prit pour un
mouton. « C'est, pensa-t-il, une bête qu'un pâtre aura
perdue, ou bien une offrande échappée des mains de
saint Antoine. » Il s'approcha de la brebis docile, lui
passa au cou sans difficulté la courroie qui lui servait de

ceinture et la chargea sur ses épaules, avec la pensée
de la restituer à son propriétaire ou, à défaut, d'en faire
son profit.

A peine avait-il fait quelques pas, qu'au loin il entendit
l'appel de la chouette : Hou ! Hou ! auquel l'animal répondit d'un ton aigu : *On me carriole ! On me carriole !*
Le paysan, justement effrayé de ce dialogue, voulut se
débarrasser de son fardeau ; mais grand fut son étonne-
ment en se rendant compte de la disparition de la bête
fantastique. Il aperçut un amas de vapeurs lumineuses,
au milieu duquel lui apparut très distinctement l'image
du Saint avec son cochon et ses autres attributs.

Une chapelle fut érigée en cet endroit ; elle existait
encore en 1818. Par les nuits sombres, l'animal errait
dans le voisinage, les passants le voyaient et l'entendaient, mais personne ne fut assez hardi pour en charger
ses épaules.

Les morts revenaient, c'était une croyance généralc-
ment répandue ; les âmes en peine, qui gémissaient en
purgatoire, qui souffraient en enfer, étaient à redouter :
FANTÔMES blancs se promenant mélancoliquement au
clair de lune ; LUMERETTES fantastiques, sautillant dans
les nuits d'été ; car le peu de profondeur qu'on donnait
aux sépultures, la négligence avec laquelle on laissait
les charognes se putréfier à l'air, les eaux croupir dans
les mares, donnaient naissance aux feux-follets dont on
n'avait pas alors l'explication scientifique. La rencontre
d'une lumerette était aussi redoutable que l'étreinte du
loup-garou ; l'on racontait aux veillées qu'un voyageur
attardé, surpris par un de ces esprits infernaux, s'en
était débarrassé en s'étendant sur la terre, en y fichant

son couteau, la lame en l'air. La lumerette était venue s'y jeter ; le lendemain, une large flaque de sang marquait le théâtre de la lutte.

Sous la prélature de Dom Ansbert Petit, d'après la tradition, l'abbaye d'Hautmont fut le théâtre d'un drame affreux dont les paysans ont gardé le souvenir. Les chanoinesses de Maubeuge étaient en bons rapports avec les religieux, et les visites étaient fréquentes. Plusieurs étaient au couvent en partie de pêche ; deux d'entre elles étaient assises sur un saule qui surplombait le grand étang, et, vives, enjouées, se croyant en complète sécurité, plaisantaient agréablement avec leurs compagnes. Tout à coup la fragile et trompeuse passerelle s'effondre, elles disparaissent dans une eau bourbeuse et profonde sans qu'on puisse rien tenter pour les sauver.

Épouvantées, celles qui sont restées sur la berge appellent au secours ; les moines et leur personnel arrivent à la hâte ; mais il est trop tard : la surface de l'étang a repris sa sérénité première et rien ne décèle l'endroit où sont les victimes. En vain de hardis nageurs plongent dans l'abime, au risque de périr embarrassés dans les herbes : ils doivent renoncer à retirer les cadavres. L'étang fut vidé quelques jours plus tard, et les malheureuses chanoinesses, avec un immense concours de religieux et de peuple, furent ramenées en grande pompe à Maubeuge au milieu de la désolation générale.

Chaque année, au jour anniversaire de l'accident, les esprits de ces pauvres filles errent dans le voisinage et apparaissent sous la forme de follets légers : malheur

à celui qui, tenté par une vaine curiosité ou par une
pitié déplacée, ne fuit pas leur approche. La mort
appelle la mort : rien de plus féroce qu'une âme en
peine : elle a des instincts de cannibale, des ruses de
bête sauvage ; il lui faut des compagnes, elle veut
peupler le royaume des ténèbres. Le passant est bientôt
ébloui par ces lueurs phosphorescentes, il perd toute
conscience du danger. Comme dans la célèbre ballade
de Goethe, l'eau l'appelle et l'attire ; il entre dans les
roseaux se croyant au seuil de la Terre promise, il pense
y trouver une vie nouvelle et des plaisirs surnaturels.
Au lieu de rencontrer la sirène enchanteresse près de
qui il videra la coupe des jouissances et goûtera toutes
les joies, c'est la sinistre faucheuse qui l'enserre de ses
bras glacés, tandis que l'asphyxie comprime les mouve-
ments de sa gorge et éteint les derniers spasmes de sa
poitrine.

Ah ! si vous voyez quelques-uns de ces feux-follets
par une chaude nuit de juillet, rebroussez chemin, ne
vous attardez pas dans ces lieux maudits : et dès le
lendemain, pour apaiser le courroux des revenants,
demandez pour eux quelques messes qui hâteront la fin
de leur long purgatoire et abrégeront leur expiation.

Ces histoires merveilleuses, qui jadis excitaient la
verve du berger de la ferme, — orateur obligé des
longues soirées d'hiver, — avaient cours dans chaque
localité ; elles n'étaient contestées par personne, les
détails seuls étaient relativement récents et accommodés
par le talent rustique du conteur au goût de ses auditeurs. L'origine de ces légendes gracieuses ou terribles
se perd dans la nuit des temps ; on les retrouve à peine

défigurées dans les langues primitives, au seuil de la civilisation aryenne, dès que l'homme, à la fois charmé par la nature et épouvanté par les grandes forces qu'il ne pouvait dompter, eut admis l'existence de deux grands principes se disputant l'empire de l'univers : celui du bien et celui du mal.

Ainsi à Grand-Reng, c'était un grand seigneur accompagné de sa famille qui, avec son carrosse, les quatre chevaux, le cocher, les laquais et les domestiques, avaient été précipités, après une course folle, dans l'étang de la Trouille où toutes les recherches faites pour les retrouver ont été infructueuses. Chaque année, l'équipage au complet revient, à la grande frayeur des vivants, et vogue silencieusement sur l'eau déserte. Les chevaux piaffent et sont fringants comme au jour de la catastrophe ; le cocher a toujours autant de peine à les maîtriser ; la figure inquiète du maître paraît à la portière, tandis qu'au fond on aperçoit la femme et les enfants dont les traits expriment une vive angoisse ; les valets ont perdu leur air effronté et goguenard, leur visage dénote une peur indicible. Quand le jour s'annonce par une faible lueur, l'attelage-fantôme regagne les profondeurs d'une source insondable.

À Louvroil, la légende diffère peu de celle d'Hautmont. C'est encore une chanoinesse qui s'en revenait un jour de l'abbaye et passait devant la Sablonnière. Elle y fut précipitée avec sa voiture par son cheval effrayé et périt dans les eaux avec son cocher, ses laquais et ses compagnes.

La légende de Wargnories appartient au même ordre

d'idées. En ce temps-là, il y a bien longtemps, la chaussée qui surplombait un terrain fangeux était emportée au moment des crues ; le marais qu'on traversait à gué était un passage difficile. En hiver, il était inabordable ; pendant la belle saison les matières organisées qui s'y putréfiaient amenaient des fièvres, et le soir toute une légion de feux-follets erraient dans ce vaste espace cherchant à attirer dans quelque fondrière les voyageurs égarés.

L'endroit était hanté et, pour faire fuir les cohortes infernales, l'abbaye résolut d'y construire une chapelle. Les premières tentatives furent vaines. Tantôt les chevaux qui transportaient les matériaux ruaient, se cabraient, mouraient de coliques ; tantôt les maçons et leurs aides trouvaient leur pain amer, et, s'ils le donnaient à leurs chiens, ceux-ci crevaient empoisonnés. Après qu'ils avaient ouvré toute une journée, ils retournaient le soir prendre quelque repos, et le lendemain ils retrouvaient un vert gazon là où ils avaient bâti la veille.

Bref, le lieu était maudit ; les manants se lassaient et refusaient de coopérer à cette dangereuse lutte contre le diable. A la prière d'un bénédictin qui avait sur eux beaucoup d'empire, ils se décidèrent à tenter un dernier effort. De grand matin, et tous sans péché mortel, ils allèrent à Wargnories, et, tandis que les uns piochaient avec une ardeur sans pareille, d'autres apportaient les matériaux. Le soir les murailles avaient dépassé la terre. Pour déjouer les maléfices du malin, le moine, qui les avait encouragés et était resté avec eux, résolut d'y passer la nuit en prières, malgré les sollicitations des ouvriers et de ses frères. Le matin, toute la communauté et l'abbaye d'Hautmont arrivèrent pleines d'anxiété. L'air était em-

pesté de vapeurs de soufre ; des traces de feu, des mares
de sang souillaient le sol et ils le trouvèrent face contre
terre et sans connaissance. Il reprit ses esprits, mais se
refusa à dire ce qu'il avait vu, senti ou entendu dans cette
nuit effroyable.

Le soir même, la chapelle était construite, elle était
bénite, et l'image de Notre-Dame s'y trouvait placée :
l'esprit des ténèbres était vaincu.

Tous ceux qui, dans ce marais funeste, avaient perdu
un parent, un ami dont l'âme en peine errait dans le voisinage et se plaignait dans les rafales des nuits d'automne, y faisaient brûler des cierges ; pour le passant,
c'était un phare au milieu de l'obscurité, une étoile qui
lui servait de guide et prévenait ses chutes.

La route aussi s'améliora avec le temps, la partie avoisinant le bois de Quesnoy fut desséchée, et si les feux-
follets dans ces parages étaient encore fréquents à la fin
du siècle dernier, ils étaient sans doute moins méchants.

Notre-Dame, toujours bonne, accordait son aide à tous,
croyants et sarrasins, et les hommes sont si ingrats
qu'ils oublièrent la grâce insigne qu'ils lui devaient, et
même le nom du moine qui leur avait assuré la victoire.

A côté des démons foncièrement méchants, en étaient
d'autres plutôt farceurs et bons enfants : c'étaient ceux
qui envoyaient des légions de puces dans les lits, provoquaient des pluies de grenouilles ou de lézards.

Il était même des lutins, gnomes, elfes, farfadets, qui
se faisaient les protecteurs des humains.

A Preux-au-Bois, vivaient en une misérable hutte un
vieux sabotier et sa femme. Gueux comme Job, dégue-
nillés comme le Juif errant, ils pleuraient un soir, mornes,

près du foyer où flambaient quelques copeaux, le cœur gros, la tête et le ventre vides ; et rendus malades par la faim, voyant l'avenir sombre, ils en venaient à regretter de vivre, considéraient la mort comme une délivrance à leurs souffrances sans autre issue. Un cri-cri chantait mélancoliquement derrière la plaque de la cheminée ; mue par un sentiment de compassion envers plus malheureux que soi encore, la vieille jeta une bûche pour l'insecte qui se plaignait en son langage.

Le lendemain, grande fut la surprise des pauvres gens de voir le bois prêt à être mis en œuvre, les outils taillés, aiguisés, travaillant presque d'eux-mêmes, et la femme, qui s'en fut à la foire de Landrecies, revenait quelques heures plus tard débarrassée de ses sabots, bien supérieurs à ceux des autres, la bourse pleine, l'esprit joyeux. Il y eut fête dans la chaumière, et pour la nuit le feu ne manqua pas au cri-cri bienveillant.

L'hiver passa sans peine, chaque soir le sabotier mettait un bouleau à côté de la porte, et avant l'aube il le retrouvait scié et fendu, les clients étaient toujours aussi fidèles, et l'insecte aussi tapageur.

La vieille était curieuse ; elle résolut de voir à l'œuvre le démon familier qui les protégeait si efficacement. Une nuit, entr'ouvrant le rideau qui fermait l'alcôve conjugale, elle aperçut une légion de petits bonshommes, maniant les uns la scie, les autres la hache, la plane, travailleurs silencieux, n'interrompant leur nocturne besogne que pour se chauffer quelques instants près de l'âtre à demi éteint. Le lendemain, elle le dit à son homme, et plus d'une fois ils contemplèrent leurs lutins aussi actifs qu'aimables. Mais ceux-ci entendirent chuchoter une nuit

dans le lit ; ils disparurent instantanément ; le matin le
bois n'était qu'à demi préparé, et le soir le cri-cri ne
chanta plus. Le charme était rompu ; toutefois les vieux
continuèrent de lui donner sa bûche à la saison des fri-
mas, et la chance, la santé, la prospérité ne les abandonnèrent pas ; ils moururent respectés de leurs voisins,
très vieux et sans souffrances.

La vagabonde imagination de nos grands-pères, leur
goût du merveilleux trouvaient aussi de quoi se satisfaire dans une série de livres spéciaux, composés par
des maniaques ou des illuminés et qui avaient trait à
toutes ces manifestations merveilleuses. Cette littérature
du surnaturel était dépourvue de tout bon sens, les
recettes qu'on y trouvait étaient encore plus grotesques
que macabres, beaucoup inintelligibles : aux élucubra-
tions de l'enchanteur *Merlin*, qui avait perdu sa vogue
dès le xvi⁰ siècle, avaient succédé les *centuries de
Nostradamus*, aussi stupides que les premières, l'un et
l'autre énonçant leurs prédictions dans un langage voilé
que chacun interprétait à sa manière ; prisées dans la
petite bourgeoisie, elles étaient supérieures au contenu
de quelques affreux petits bouquins, imprimés clandestinement, qui ont incité au crime bien des cerveaux
faibles : c'était le *petit* et le *grand Albert*, vagues
allusions au philosophe Albert le Grand, le *Miroir de
l'Abracadabra*, le *grand Grimoire*, les *Clavicules de
Salomon*, les *Secrets de Pythagore*.

Veut-on connaître une recette pour provoquer l'apparition du diable d'après le *grand Albert* que nous
avons trouvé à Landrecies ? « Sans péché mortel sur la
conscience, munissez-vous d'un pois ; par une nuit

sombre et sans être observé, rendez-vous au cimetière, ouvrez la tombe d'un mort enterré dans la journée, placez-lui le pois dans la bouche, refermez le cercueil et remblayez. Huit jours après, toujours de nuit, recommencez le même travail et reprenez le pois. S'il n'est pas germé, si vous ne le retrouvez pas, c'est que le diable fait le récalcitrant, et il faut attendre une autre inhumation. S'il est germé, rendez-vous la nuit suivante à l'église, ouvrez le tabernacle, placez le pois sous le calice : Satan se montrera immédiatement et n'aura pas prise sur vous; mais, défiez-vous; car, furieux que vous l'avez bravé, il tentera de vous prendre en traître. »

Certes l'instruction n'est pas une panacée universelle ; mal dirigée, elle produit autant de mal que de bien, l'exemple de nos anarchistes contemporains le prouve surabondamment ; mais lorsqu'on se trouve en présence de prescriptions aussi abominables, de croyances aussi odieuses, on approuve sans réserve les efforts de ceux qui demandent la lumière quand même et pour tous.

Le paysan avait aussi ses amulettes, ses porte-bonheur, et il confondait les pratiques du catholicisme avec les restes des superstitions païennes : les scapulaires, les chapelets et les médailles heurtaient dans sa poche des fétiches singuliers et peu orthodoxes.

De ce nombre étaient les haches polies qu'on trouve sur les plateaux dominant une eau vive, et qui sont les instruments des premiers hommes. On les appelait *pierres de tonnerre* et on les considérait comme une source de prospérité. Placées à l'étable ou à la bergerie, elles étaient pour les bestiaux une garantie de santé ; dans les greniers, elles préservaient de l'incendie.

LES AUGURES, bons et mauvais, étaient aussi multiples qu'hétéroclites : une personne prudente n'aurait rien entrepris de la journée si en sortant à l'aube elle avait rencontré une femme, ou encore un homme traînant une brouette, ou un prêtre avec des religieuses ; un troupeau de moutons était un signe de réussite ; une éclipse et plus encore une comète annonçaient de grands malheurs. Au nouvel an, était-ce une femme qui, la première, vous offrait ses vœux ? toutes sortes de calamités étaient à redouter.

Cet état d'âme n'existait pas que chez le paysan. Les bourgeois, les nobles, les gens éclairés avaient leurs superstitions ; l'art de prédire l'avenir avait quantité d'adeptes ; dans les salons, on interrogeait les cartes, les lignes de la main, les rides des tempes avec passion. Il n'était guère de bibliothèque qui ne comprît plusieurs traités de sciences occultes.

Philippe-Emmanuel-Ferdinand-François, prince de Croy, qui mourut en 1718, s'était fait dire la bonne aventure par une bohémienne ; elle lui prédit que sa famille se ruinerait un jour pour embellir le château de l'Ermitage, près de Condé, qui provenait du patrimoine de son aïeule, Jeanne de Lalaing.

Il la crut, et cette idée de voir ses descendants appauvris tourna chez lui à l'obsession, la pensée ne le quittait pas. Il conçut un tel éloignement pour la belle demeure de l'Ermitage que jamais il ne voulut l'habiter et n'en franchit le seuil qu'une seule fois en sa vie. Il détournait même ses fils de la visiter de peur qu'ils ne prissent goût à y faire des dépenses, mû par le désir de reculer le plus tard possible l'échéance fatale.

L'entrevue du prince et de la bohémienne est-elle bien
réelle, ou Croy obéissait-il à l'un de ces pressentiments
à date éloignée que la science moderne cherche à expliquer? Son petit-fils, qui est une des plus belles figures
du xviiie siècle, dépensa à l'Ermitage plus d'un million
pour l'enrichir et l'embellir ; ce fut une des principales
préoccupations de sa vie. Désintéressé, charitable, zélé
pour le pays, généreux pour le bien public, Emmanuel
de Croy, qui fut un des fondateurs de la Compagnie
houillère d'Anzin, fut un vrai gentilhomme égaré dans
un temps où il n'y en avait plus, et il rappelait la pré-
diction de son aïeul en ajoutant naïvement : « Il était bon
prophète, mon grand-père. »

CHAPITRE IV

SOBRIQUETS ET DICTONS
POPULAIRES

~~~~~~~~~~

Chaque famille, chaque paroissien avait son sobriquet, son *spot,* ou spote (1), comme on prononçait à Solre-le-Château.

Encore vers 1820, à Colleret, à Ferrière-la-Petite, à Bachant, à Louvroil, à Recquignies, et en maints autres villages, on eût à peine trouvé trois ou quatre habitants connus sous leur véritable nom.

Certains spots n'étaient que ridicules ou ne signifiaient rien : Le Bleu, Le Rouge, Le Lapin.

D'autres étaient moins flatteurs : Le Chitoux, Le Chameau, L'Albran (le toqué), Le Baron. En langue du moyen-âge, ce terme signifie l'époux; une femme qui baron a, est une femme mariée. Dans nos régions le terme était pris en mauvaise part, comme synonyme de malheureux en ménage.

---

(1) Comparez le terme allemand correspondant *Spotzname.*

Des spots étaient de véritables insultes ou revêtaient un caractère obscène qui n'effarouchait personne, pas plus ceux qui les portaient que leurs concitoyens : L'Hourier, l'Hourière. C'est un vocable du moyen-âge qui est aussi emprunté à l'allemand (1).

« Ban de folles femmes et hourières », dit un règlement de police de Maubeuge de l'année 1436.

Aujourd'hui, les sobriquets s'en vont. La dignité personnelle ne perdra rien à leur disparition. Dans les siècles passés, ils étaient tellement communs et vivaces qu'ils figurent aux actes de baptême et de décès, à l'exclusion des noms véritables.

« 1605, 11 aoust. — J'ai enseputuré un petit enfant, le père est le sien qu'on dict le Camberlo. Il estoit trépassé le veille. »

Cette grotesque manie était due à diverses raisons : à de vieilles traditions, car les Romains employaient déjà les sobriquets ; à la nécessité de distinguer des personnes portant les mêmes noms et prénoms, cas qui n'étaient pas rares ; les anciens registres présentent souvent cette particularité. Un historien de notre grand poète Corneille a trouvé un autre Pierre Corneille en Normandie à l'époque où se révélait notre célèbre tragique ; il a écrit là-dessus un chapitre inédit de la vie du poète, et c'est seulement plus tard qu'un second chercheur a découvert l'erreur.

A Ellezelles, en Belgique, au XIVe et au XVe siècle, une foule d'habitants portaient le nom de Derobert Masure. Les Derobert Masure étaient si nombreux que,

(1) Comparez le terme allemand correspondant *Hure*.

pour les distinguer les uns des autres, on accolait parfois un sobriquet à leur nom. Les familles de l'endroit, Desprets, Debillœz, Lelouchier, s'appelaient originairement Derobert Masure. On a commencé par écrire Derobert Masure dit Desprets, dit Debillœz, dit Lelouchier, et, peu à peu, on supprima complètement le nom de Derobert Masure pour ne conserver que le sobriquet, devenu nom de famille.

On nous permettra à ce sujet un souvenir personnel que nous donnerons peut-être plus tard avec des détails complémentaires :

Un brave homme, aujourd'hui décédé, nous demandait de faire des recherches sur les origines de sa famille. D'après de vénérables traditions, elle était noble, et une particule, un blason étaient à dénicher. Nous avons fini par trouver la souche dans une petite ville de Picardie : l'ancêtre était un laboureur, simplement appelé Guillaume Thomas, dit Pourchiault.

La famille avait abandonné Thomas pour Pourchiault, qui, légèrement altéré, a subsisté jusqu'à nos jours. Mais le résultat de nos recherches fit faire une bien vilaine grimace à celui qui les avait sollicitées.

La plupart des prénoms étaient déformés et remplacés par des diminutifs. Joséphine, Séraphine, Delphine se confondent en Fine ou Fifine. Jean-Baptiste devient Tisse ou Titisse. Albert, Maubert, Rigobert sont représentés par Bébert.

Dans certaines familles, tous les enfants portent le même prénom ; un second seul les différencie. Garçons et filles d'un Deschamps, par exemple, auront tous, dans la série de leurs prénoms, Marie ou Joseph ou Baptiste.

Les noms patronymiques sont aussi estropiés, même dans les actes authentiques du xviii° siècle, et les indications des registres de baptêmes, de mariages et de sépultures offrent de curieuses différences dans le même acte. Sculfort s'écrit indifféremment Eculfort et Sculfour; de Harveng se simplifie en Arveng et Arven; de Nancy s'orthographie Nampey, Nampcey, etc.

Après les conquêtes de Louis XIV, les noms étrangers se francisent : Cussez, nom d'une famille espagnole qui a bien conservé le type originel, devient Cuisset (Eclaibes). Il est pourtant des exceptions : les Gomez (de Marbaix) conservent leur nom intact et leurs parchemins dans la langue du Cid. Telle souche néerlandaise devient méconnaissable : Dezeorme se métamorphose en Desorme. L'étymologiste fera bien de se défier quand il interprétera la signification des noms patronymiques de nos régions à sang très mêlé.

.•.

Il y avait aussi des spots collectifs, qui s'appliquaient à tous les habitants d'un quartier, d'une paroisse, d'une ville. La malice populaire se donnait un libre cours dans ces sobriquets, dictons, proverbes qui exaspéraient d'ordinaire ceux à qui ils étaient appliqués.

Les Avesnois sont les *Mouches,* nom expliqué par une légende locale.

Les Maubeugeois sont les *Maquets,* tireurs d'arbalète.

Les Solréziens (Solre-le-Château) sont les *affûts,* piquante allusion au déplorable état dans lequel ils ont laissé leurs remparts et leur artillerie.

Les *Corbeaux* d'Elesmes doivent leur nom aux circonstances suivantes :

Les tenanciers de quelques grandes exploitations rurales trouvaient avantage, vers la fin de l'été, à acheter dans les foires des chevaux hors d'âge ; ils s'en servaient pour leurs travaux d'automne et laissaient leurs bêtes de prix se reposer. Tandis qu'à l'entrée de l'hiver ils vendaient avec un grand bénéfice une partie de leurs attelages, en parfait état après un mois ou deux d'écurie, les vieux chevaux surmenés, harassés par un labeur au-dessus de leurs forces, crevaient lamentablement.

On traînait leurs cadavres à quelque distance dans la campagne, sans prendre la peine de les enfouir, et leurs corps putréfiés servaient de pâture à des nuées de corbeaux et de pies qui croassaient et jacassaient chaque hiver sur ces terroirs où ils se trouvaient en pays de cocagne : d'où les *Corbeaux* d'Elesmes.

Ceux de Rousies sont les *Baudets*. Il suffisait autrefois d'imiter le cri de l'âne pour les faire entrer dans une violente colère.

C'est sans doute le sobriquet de localité le plus répandu en France :

Les *baudets* d'Alembon (Pas-de-Calais).

Les *beudets* de Flesselles (Somme).

Les ânes de Champlitte (Haute-Saône).

—   Meung (Loiret).

—   Mirebeau (Vienne).

—   Chaignay (Côte-d'Or).

—   Beaune (*Id.*).

—   d'Arbois (Jura).

Les *ânons* de Montbrison (Loire).

> *Boulonnais,*
> *Tête de baudets.*

Voici l'origine exacte de l'épithète octroyée aux habitants de Rousies :

Cette localité comptait au moins trois moulins à farine. Les garçons meuniers allaient quérir les moutures; leurs véhicules étaient traînés par des ânes. En traversant les villages, ils faisaient claquer les fouets à manche court et à longue lanière dont ils étaient armés. Les bonnes femmes ouvraient la partie supérieure de leur porte, regardaient la cause de ce vacarme appelaient les *cache-monnie* ou les éconduisaient.

Leurs voisins de Cerfontaine, qui opéraient de même manière, employaient des mulets. De là à désigner Rousies et Cerfontaine par le nom de leurs bêtes de somme, il n'y avait qu'un pas.

A côté de la vérité historique, la légende a trouvé place, bien entendu :

Le corps municipal de Rousies se réunissait sur la place publique de l'endroit quand il avait le mayeur à nommer, chacun assis à califourchon sur une botte de foin. Un âne était au milieu d'eux tous, et celui à la botte duquel il allait manger était désigné comme mayeur. Cette bizarre élection donnait satisfaction à Rousies et était passée dans les coutumes de l'endroit.

On raconte d'autre part que deux bûcherons de Cerfontaine avaient une fourniture de bois à faire à Maubeuge. Ils chargèrent une charrette traînée par un mulet et ils mirent leurs perches en travers.

Dans les fortifications de la ville, ils furent arrêtés aux portes, et la largeur que prenait leur équipage l'empêcha d'aller plus loin. Après quelques essais infructueux, ils retournèrent chez eux et dirent qu'il n'y avait pas moyen de faire entrer leur mulet à Maubeuge.

A Vieux-Reng, ce sont les *Cabots*, terme qui peut être interprété de deux manières. Des cabots sont des têtards, et grenouilles et crapauds sont communs dans les prairies marécageuses de l'endroit. Cabot signifie aussi têtu, entêté, mauvais caractère. C'est probablement ainsi qu'on comprenait les cabots de Vieux-Reng.

Ils sont en bonne compagnie :

> *Comtois,*
> *Tête de bois.*
>
> *Têtu comme un Breton.*

Les *Lourds* de Landas doivent probablement leur nom à leur esprit borné. En patois, être lourd signifie être bête.

La balourdise de ceux de Bousignies leur a valu le spot de *Yauyaux*, idiots, crétins.

Les *Taulaux* de Watignies-la-Victoire ont la même réputation d'imbécillité. Simple influence des milieux, puisqu'ils ont pour voisins les *Fous* de Damousies.

Ceux-ci n'étaient pas seuls, car il y a aussi les *Fous* de Lesquin.

Jadis il existait dans ce village, sur la grand'route, un moulin dont l'aile atteignit un jour un individu qui ne mourut pas sur le coup, mais en perdit la raison. Depuis lors toutes les fois qu'à Lille ou aux environs on a voulu parler d'un homme qui n'était pas sain d'esprit, on disait vulgairement : *Il a reçu un coup d'aile du moulin de Lesquin.* C'est comme si l'on s'écriait : Il a la tête fêlée.

On dit aussi dans le même sens : *Il est passé par Cambrai, et il a reçu un coup de marteau,* allusion à Martin, Martine, ces deux vieux citoyens de la ville épiscopale.

A Semeries, à cause de l'abondance des eaux, ce sont les *Canards.* Nous retrouvons un autre nom d'oiseau à Bersillies-lez-Mairieux : les *Chouettes.*

Les gens de Felleries sont les *Pouillons,* nom d'une graminée sauvage fort abondante ; ceux de Beugnies, les *Caudrons,* ceux de Ramousies, les *Bœufs ;* ceux de Lessies, les *Gros-Goys,* à cause des goitreux qui y étaient assez communs ; ceux de Ferrière-la-Petite, les *Lamberts,* c'est-à-dire lambins, fainéants.

Certaines de ces expressions sont aujourd'hui difficiles à expliquer :

Les habitants de Sars-Poteries sont des *sossons,* bavards, désœuvrés. Que dire de ceux de Ferrière-la-Grande qui ne méritent pas leur réputation d'*agons,* c'est-à-dire de voleurs, d'escrocs et de tricheurs ?

Les gens d'Aibes sont des *viaux* ou mieux *riots.* Le sens de cette expression a dévié. En patois ancien, elle signifiait mari trompé.

Des proverbes en font foi :

> Si t'as brai pour être rio,
> Tu peux ben t'rapagé.
> (Brule-Maison, 8e recueil.)

> I faut du mérite pour être rio.
> I vaut mieux être riot qu'avule (aveugle), on rot ses confrères.

Il en est encore ainsi en Tournaisis, où il y a les viots de Tournai. C'était donc une injure grossière pour les femmes d'Aibes.

Aujourd'hui même, il suffit dans ce village, quand les têtes sont échauffées, de parler de chercher un seau afin de donner à boire aux veaux, pour provoquer une verte réplique, voire une querelle.

Ces bonnes gens sont si mal entourés !

Les *Tours* de Cousoure (les taureaux de Cousolre).

Les *Pourchaux* d'Hestrud ; tous deux sont proches des *Millets* de Bersillies.

Ceux d'Hestrud peuvent saluer les *Pourchaux* d'Orchies.

On raconte qu'un jour un représentant de cette petite ville, votant ou signant pour elle, mit au-dessus ou en dessous de son propre nom : *Pour cheux d'Orchies.* Il n'en a pas fallu davantage pour faire tourner la chose en risée et fournir l'occasion d'une appellation peu gracieuse.

Qu'Hestrud et Orchies ne s'en formalisent pas. Une saillie ne prouve rien et la généreuse bête, plus estimée qu'honnie quand elle se présente en andouillettes savoureuses, en exquis jambon rose, n'a pas été chantée seulement par le poète ; nos aïeux l'ont mise en proverbe :

> *Quand les pourchaux sont gros,*
> *Les naviaux sont chûrs.*
> *Quand les porcs sont repus,*
> *Les navets sont sûrs.*

La propreté est une qualité dont nos femmes du Nord sont fières et jalouses à juste titre. Donner à entendre que leurs voisines sont sales est donc assez naturel. D'où les *Noirs* de Mazinghien, les *Noirs-Talons* de Villers-sire-Nicole. Les gens de ce dernier endroit sont aussi les *Coqs*, à cause de leur humeur batailleuse. N'oublions pas les *Berdachaux* de Mairieux.

Les habitants d'Obrechies avaient pour seigneur l'abbaye de Saint-Denis-en-Broquerie qui tenait à la conservation de ses privilèges et veillait à ce qu'ils restassent intacts. Aussi les gens des villages voisins, guère plus libres pourtant, les appelaient-ils les *Manants*, nom qu'on retrouve pour d'autres communes.

Les pauvres diables menaient paître leurs bêtes, vaches et porcs, dans les terrains communaux, les *piquiers*. D'où le vocable les *Piquants* donné par dérision aux habitants de Boussières, de Louvroil, de Sous-le-Bois, etc.

.•.

Ailleurs, la qualité est indiquée par un jeu de mots, une phrase à double assonance, et fort souvent c'est la monumentale bêtise des intéressés qui est mise en relief :

A Colleret,
On n'y cise pas de près.

A Malplaquet,
On est mau plaqué,

c'est-à-dire mal arrangé, sale, déguenillé.

A Sassegnies, dans le canton de Berlaimont, on *fane les loques.*

Qui va à Orvilé
En revient crevé (gris).

Orvillers ou Orvilers est une localité du canton de Solesmes un peu écartée des grands chemins et, surtout autrefois, peu fréquentée. Quand les étrangers y allaient, ils étaient bien reçus ; on les faisait beaucoup boire, afin d'exercer parfaitement les devoirs de l'hospitalité. Ces libations ont dû enlever la raison à plus d'un visiteur ; de là le proverbe que nous venons de citer.

De même :

> Angevin,
> Sac à vin.

.·.

> A Saméon,
> Les Gueux y sont.

Ce dicton tire son origine de l'époque où les Huguenots étaient appelés Gueux. Ils ont eu longtemps des réunions dans les environs de ce village, et des colonies protestantes existent encore dans des communes voisines.

Nos aïeux étaient peu galants. Témoin ce sixain bien connu :

> Les badennes
> De Lez-Fontaine,
> Pay't à boire à les garçons.
> Les badennes,
> Les badennes
> Qu'elles sont.

Les badennes, qui aiment à badiner, peu sérieuses en paroles et en actions. Leurs concitoyens sont les *badins*.

On trouve ailleurs :

> C'est les filles de Château-Chinon,
> Les petites morciandelles,
> Qui ont vendu leur cotte et cotillon
> Pour avoir des dentelles.

Ropsies, hameau de Beaufort, mérite une place à part. Le difficile est d'exposer décemment la chose. Toujours est-il qu'à Ropsies le beau sexe a une infirmité, et les plus malins des villages voisins ajoutent en clignant de l'œil d'un air entendu : « de chaque côté. » La riposte ne se fait jamais attendre : « *C'né nin com'les...., da vo village, elles dont......... !!!!!* » N'insistez pas, car, comme les gens de l'endroit ne plaisantent pas encore aujourd'hui sur ce sujet délicat, vous risqueriez, en prolongeant la conversation, de recevoir une maîtresse volée de bois vert qui vous prouverait vos torts.

Il faudrait l'audace sereine d'un Rabelais pour mentionner la malheureuse infirmité des gens de Cuesmes, près de Mons. N'y allez pas en simulant de vous boucher le nez et d'inspecter la semelle de vos chaussures. Vous seriez corrigé séance tenante et sans bénéficier de circonstances atténuantes.

Dans les siècles passés, la malice populaire s'est ainsi donné un libre cours, et tel endroit a acquis une réputation fort étendue, qui n'est pas près de s'éteindre :

A Solesmes, *quand quelqu'un crie au voleur, tout le monde se sauve.*

Autrefois, il est vrai, la population de Solesmes renfermait beaucoup de maquignons, de contrebandiers et de faux-sauniers qui n'avaient pas bonne réputation.

Toujours dans le Cambrésis on trouve :

Les *Foireux* du Câteau. Ce nom leur vient, dit-on, de ce que cette ville a le privilège d'avoir une franche foire chaque mois, ce qui était beaucoup à une certaine époque.

Les *Endormis* de Bazuel, sobriquet octroyé aux

habitants de ce village parce qu'un jour d'adjudication publique, ils arrivèrent trop tard pour l'achat d'un bois communal qui passa en d'autres mains.

A Neuvilly, pays de tissage, et peut-être aussi à cause du grand amour des habitants pour la soupe, on leur donna le sobriquet de *Louches à pot*, qu'ils partagent quelquefois avec ceux d'Ors.

Les faiseurs d'embarras ne sont pas rares en France :

A *Provins, les claquots.*

Les *gens d'Ecreux,*
Tous *pinffeux.*

Les *glorieux d'Issoudun,* etc.

Les *Mendiants* de Saint-Souplet.

Les *Gueux* et *Glorieux* de Câtillon : c'est qu'autrefois les gens de ce village avaient une certaine fierté, quoique leur sol, peu fertile, ne donnât que de médiocres récoltes.

Voulait-on rappeler la méchanceté des bûcherons de Mennevret-en-Thiérache ? on racontait qu'ils étaient armés de leur serpe, même pour aller à la messe ; ils la déposaient sur un billot placé à la porte d'entrée de l'église et la reprenaient en sortant.

En Artois, la note malveillante est souvent renforcée :

Le *cuisinier de Hesdin, qui empoisonne le diable.*

Arras, ville de plait (procès)
Et de haine et de détrait (médisance).

Les *pigons d'Aire,*
Qui arrivent sans qu'on les incite.

Ducasse de Pourté (Le Portel).
Ducasse des portes froumées (fermées).

Calaisien,
Tête de chien.

Marquisien,
Tête de chien.

.˙.

Il est vrai que les Normands ont une aussi triste
réputation :

Judas était Normand,
Tout le monde le dit ;
Entre Caen et Rouen,
Le malheureux naquit.
Il vendit son Seigneur pour trente marcs complant ;
Au diable soient tous les Normands.

Normands et Bretons à vendre des chevaux attraperaient
le diable.

.˙.

Les expressions flatteuses sont les plus rares ; en
voici une :

Au Quesnoy, les jolis gens :

ce qui ne doit pas être compris les personnes belles,
avantagées d'un physique agréable, mais, en ancien
patois du pays, les gens aimables, d'un commerce
facile, affables avec les étrangers, rendant service.

Joli a conservé ce sens dans la partie orientale du
canton de Maubeuge et dans celui de Solre-le-Château.

Le Quesnoy, autrefois siège d'une prévôté, était une
cité commerçante : la Révolution lui a enlevé une partie
de ses avantages, les guerres ont ruiné cette ville, et
c'est peut-être à la suite de ces malheurs successifs

qu'est éclose la locution proverbiale aussi ironique que malveillante que l'on répète encore dans les campagnes environnantes.

Elle se traduit en français :

On chante plus haut que son luth.

Les plus belles femmes sont en Flandres.

Malheureusement il est encore ce dicton :

Les Flamins,
C'n'est nin des dgins.
Les Flamands ne sont pas des gens.

. .

Il n'est comté que de Flandres,
Duché que de Milan,
Royaume que de France.

. .

Les Picards sont généralement bien traités aussi :

Franc comme un Picard.

Les Picards ont la tête chaude.

Tête et fête de Picard.

Si les Picards ont la moutarde qui vite leur monte au nez, au moins c'est à une table bien servie qu'ils reçoivent leurs amis.

Il est vrai que certains de leurs voisins ne prêtent pas grand esprit aux

Bêtes de Somme ;
Bêtes à l'Aisne est une riposte.

Un dicton de notre région rappelait la magnificence de Bavai, l'ancienne métropole des Gaules-Belgiques :

Limaçon, limaçon, retirez vos cornes,
A Bavay, à Bavay, on y sonne les cloches ;

c'est-à-dire :

Gardez, esprits humains, de trop vous agrandir,
La ville de Bavai vous enseigne à son de cloches.

Car, dit un auteur, icelle ville avec sa splendeur et renommée fut entièrement ruinée et presque mise en sépulcre. Ce qui serve de documents à tous hommes, royaumes, villes, princes et communautés de ne se fier en leur puissance, grandeur et stabilité de ce monde.

A Beaumont, ville de malheur ;
Arrivé à midi, pendu à deux heures.

Le proverbe est appliqué à d'autres villes, surtout à Domfront, en Normandie.

On raconte que deux Auvergnats (ces Auvergnats donnent évidemment un cachet d'authenticité à l'histoire) se rendaient à pied de Chimay à Beaumont. Ils étaient pesamment chargés, la chaleur était étouffante, les deux compagnons avançaient péniblement.

Ils furent rencontrés par un troisième piéton, qui, comme le quatrième officier de Malbrough, ne portait rien et marchait d'un pas allègre. En dépassant les Auvergnats, il les regarda d'un air narquois, il leur parut si goguenard que ceux-ci s'en vexèrent et, appréhendant l'individu, ils l'obligèrent, avec une distribution de horions, à porter leurs lourds paquets.

En arrivant à Beaumont, les deux indigènes de Saint-

Flour apprirent que leur serviteur récalcitrant était l'empereur Charles-Quint, qui avait voulu faire la route incognito. Il était si furieux de sa mésaventure, car il suait sang et eau, qu'il fit pendre immédiatement les deux camarades, ce qui donna naissance au proverbe.

Nous ne mentionnons que pour mémoire le dicton relatif au clocher de Solre-le-Château, qui est flanqué à sa base de quatre clochetons :

A Solre, il y a cinq clochers, quatre sans cloche.

Le jeu de mots est assez facile à saisir pour qu'il soit inutile d'insister.

.·.

On connaît le dicton relatif aux Champenois :

Quatre-vingt-dix-neuf moutons et un Champenois font cent têtes.

Un tout aussi malveillant avait cours dans nos régions et était appliqué à plus d'un endroit :

Un bon linguïeux reconnaît un (mettons un Prussien) dans un cent de pourchaux.

Un linguïeux (langueyeur) était un bas officier de police chargé de l'inspection des porcs exposés en vente dans les foires et les marchés.

.·.

Certaines anecdotes humoristiques étaient colportées dans tous les coins, et il serait bien difficile de dire où elles ont pris naissance et dans quelles circonstances :

Les habitants de Solrinnes, ayant demandé un secours

pour leur église à leur seigneur, attendaient la visite de son intendant. Ils étaient tous en grande tenue lorsqu'ils s'aperçurent qu'un chien s'était outrageusement oublié sur le parvis.

Ils se concertèrent, et après délibération ils trouvèrent qu'ils devaient reculer l'église. Ils entassent un grand crampon dans le mur de l'autel et, à l'aide d'une corde de laine, ils s'attellent tous pour déplacer le bâtiment.

Le câble, formé d'un tissu lâche, s'allonge, et eux de crier : Hardi! Hardi! elle bouge! »

Ce trait est une variante d'un autre bien connu :

Les gens d'une ville belge voulurent aussi reculer leur église; ils se mettent à l'œuvre, à l'aide de leurs robustes épaules, poussant de toutes leurs forces. L'un d'eux pose le pied dans une bouse de vache, il glisse, tombe à plat ventre et laisse entendre cette exclamation : « Boute! Compère! elle ercule! »

C'est aussi l'histoire (on l'attribue notamment aux gens de Floursies) d'un lancier en grand uniforme sur sa monture. Il frappe à la porte d'un cabaret et demande à l'aubergiste si elle peut lui donner l'hospitalité.

Malgré une réponse négative, il descend de cheval, et la bonne femme de dire d'un air candide : « Scusez, m'fieu, djenn' savo nin que ça se démontait. »

Nous passons sous silence quantité de spots, de dictons, d'historiettes qui ont trop de fumet et bravent l'honnêteté sans vergogne ; ce qui précède démontre amplement la vérité d'un de nos proverbes du Nord :

Il est des bêtises qu'un homme d'esprit achèterait.

CHAPITRE V
LE CABARET

Le cabaret au XVIIIe siècle est aussi populaire qu'aujourd'hui. Le tenancier dépense même de l'esprit sur l'enseigne. Quelquefois elle consiste en un superbe K traversé d'une barre, c'est-à-dire un *K barré*. C'est un jeu de mots avec le nom du cabaretier Larive, en dessous duquel, selon la disposition des lieux, le piéton lit : *Gauche, Droite.* Un aubergiste, charron de métier ou de nom, a pour enseigne un chat pelotonné sur lui-même, un *chat rond.* Ailleurs l'enseigne est moins laconique. *Au sac à malices* est l'inscription d'une autre, où figurent un avocat, un singe et une vieille femme. *On est mieux ici qu'en face*, déclare un cabaretier dont la maison est vis-à-vis d'un marais infect. *Chacun son goût* est la légende d'un tableau à deux compartiments, montrant d'une part un buveur à la face rubiconde souriant à son verre plein, de l'autre un porc qui se vautre dans l'ordure. *Pierre qui roule n'amasse pas mousse*, explique ironiquement une peinture représen-

tant un ivrogne qui pique une tête dans du crottin de
cheval.

Certaines auberges sont baptisées par la malignité
publique, et le nom demeure, à la grande rage du tenancier. La malpropreté d'une ménagère est rappelée dans
ces rubriques : *A la crasse cotte*, c'est-à-dire : Au
cotillon gras de saleté ; *Au cras polin*, ce qui signifie :
Au pot mal rincé.

Dans les petits villages, où les voyageurs sont rares,
le cabaretier ne se met pas en frais d'imagination, et
son enseigne consiste en une poignée de genêts ou de
genévriers attachés au-dessus de la porte d'entrée.

Nos grands-pères étaient de terribles buveurs. Dans
nos provinces du Nord, ils prisaient peu le cidre qu'ils
auraient cependant fabriqué facilement et à bon compte,
car les fruits ne leur manquaient pas. Ils en faisaient
du vinaigre. Au moyen âge ils avaient bu du vin, car
tous les vieux comptes en font foi et la vigne était
cultivée sur les rives de l'Escaut et de la Sambre.
Crèvecœur, près de Cambrai, donnait alors un cru qui
rivalisait avec les meilleurs vins du Rhin.

Le village d'Haussy avait eu également des vignobles
remarquables. Quand même les noms restés à plusieurs
de ses rues et coteaux offrant la plus belle exposition
ne nous en laisseraient point d'indices, les comptes de
cette seigneurie en donneraient la preuve certaine (1112).
La Flandre occidentale avait ses vignes, et les comtes
souverains se faisaient une gloire d'en avoir établi.

Il y en avait encore dans nos contrées au xviiie siècle.
C'est une tradition constante que le mont Cassel était
autrefois planté de vignes, et, dit l'Annuaire du Nord

de 1833, des vieillards respectables ont affirmé en avoir
connu sur les monts de Lewarde. Le propriétaire, qui
demeurait à Douai, s'en servait pour frauder, en faisant
passer des vins de Laon et même de Champagne pour
les siens ; les vins du cru des habitants de Douai n'étant
point assujettis, d'après d'anciens privilèges, aux droits
d'octroi.

Sans doute la boisson qu'on en tirait devait être bien
acide, et depuis longtemps ce n'était plus que du verjus,
mais il n'en est pas moins vrai qu'autrefois on fabriquait
chez nous du vin qu'on buvait tel vert qu'il fût.

Nombre de localités ont conservé un indice de ces
plantations dans des noms de terroirs : les Vignes, la
Vignée, la Vinasse, etc.

Mais les sarments avaient disparu peu à peu, le goût
de la liqueur chère à Bacchus s'était perdu, la bière
d'abord peu appréciée était devenue la vraie boisson
du pays. Pourtant l'annexion française avait eu pour
conséquence l'immigration de fonctionnaires habitués
au vin et qui en faisaient venir de l'intérieur de la
France, non sans grands frais ; on n'en buvait que dans
quelques cabarets des villes de garnison ; les riches
particuliers n'en achetaient même que par bouteilles ;
les meilleures caves étaient celles des couvents.

Le brasseur n'est pas un personnage important. Dans
le sous-sol de son habitation, à l'aide d'un domestique,
il fabrique lui-même sa bière. Sa femme la débite à côté,
dans une *cambe*. (D'où *cambage* ou *gambage*.) Vendant
en gros et en détail, il est surtout débitant. Cabaretier et
brasseur sont deux termes synonymes, employés l'un
pour l'autre encore après la Révolution.

On distinguait plusieurs sortes de bière : la *bière bourgeoise* et la *bière cabaretière*, plus riche en alcool. Des taxes les frappaient déjà. Des particuliers l'évitaient, comme aujourd'hui, en fabriquant la bière *au chaudron* ; la chose était facile, quoique dangereuse, car beaucoup de ménages récoltaient leur grain et avaient leur houblonnière. Ceux qui n'osaient frauder allaient quérir la bière sur une brouette ou un chariot chez le brasseur qui ne livrait généralement pas à domicile et disposait de peu de tonneaux. Chaque fermier avait des tonnes avec ses initiales imprimées par le feu ; il envoyait les fûts à la brasserie en temps convenable.

On consommait énormément d'eau-de-vie ; les archives des Intendances le démontrent ; dans certaines localités, c'était l'unique boisson, du moins en hiver. Les rapports des intendants attribuent cette passion de l'eau-de-vie au climat et aux brumes ; ils constatent que les gens la supportent parfaitement et que l'ivrognerie n'est pas très commune. Chez les paysans l'alcool est une panacée universelle ; ils en donnent à boire indistinctement à tous leurs malades et blessés ; les *petites gouttes* se succèdent sur les tables du cabaret avec une rapidité prestigieuse ; bien rares sont les comptes municipaux où l'eau-de-vie ne figure pas. Nous possédons une facture payée par une commune à un aubergiste qui fournit l'eau-de-vie à un indigent qui s'est cassé la jambe. En six semaines, il en a bu 71 pintes, presque un litre par jour. Et à l'audition de la note, personne du village ne proteste : le fait paraît naturel.

L'hydromel était apprécié, mais c'était plutôt une boisson d'intérieur. Les possesseurs de ruches fabri-

quaient en automne avec le miel un breuvage doux et
alcoolique qu'on consommait surtout pendant les fêtes
d'hiver, au Noël et au nouvel an. On en faisait deux
espèces : une qualité supérieure qu'on savait rendre
mousseuse et pétillante avec le miel pur ; une autre
qu'on obtenait en jetant dans l'eau tiède les débris de
cire, de mares, du miel malpropre. L'hydromel était
le luxe des pauvres gens.

Le tabac était déjà une nécessité de la vie. Tout le
monde prise ; la tabatière se trouve dans toutes les
poches : simple morceau d'écorce ou de bois chez les
pauvres, c'est un bijou artistique et de grande valeur
dans les classes aisées. La propreté n'y gagne rien, car
le mouchoir est une superfluité chez les campagnards ;
comme l'a dit une chanson d'ici, chacun avait trop
souvent au bout du nez des pendants d'oreilles. Ce qui
le prouve, c'est que dans deux inventaires en notre
possession, on mentionne des habits, et le scribe signale
qu'ils sont sales sur le devant à cause... du tabac. Les
paysans fument beaucoup. « C'est ce qui explique, dit
un document de 1771, pourquoi ils boivent tant. » Le
fisc frappait le tabac, mais la contrebande se faisait sur
une vaste échelle, car en Pays-Bas autrichiens il était
très bon marché, et on en passait en France des ballots
énormes (1).

Au village, le cabaret est bien tenu ; la décence et les
bonnes mœurs y règnent ; ce n'est pas surprenant, tout
le monde le fréquente, y compris le curé et son clerc.

Mais aux abords des villes, les garnisons, les étrangers

_____

(1) Voyez plus loin *les Impôts*.

amenés par les travaux de fortifications élevés à la suite de la conquête française ont donné une clientèle facile à des bouges malpropres, maisons de débauche que fréquentent les racoleurs quand le cabaretier lui-même ne fait pas ce métier, car il offre parfois aux communes de leur fournir les miliciens que l'État leur demande. Malheur aux municipalités naïves qui ne prennent pas de garanties suffisantes ; car ce louche individu déménage parfois sans laisser d'adresse, ses miliciens désertent et le village doit payer une seconde fois ; il y a trace de ces bouges dans les lieux-dits le *Bourdiau*, le *Bourdeau*.

Toutefois, dans le nom de quelques-uns de ces terroirs (c'est le cas le plus rare), il ne faut voir que les restes des coutumes du moyen-âge ; car la charte municipale prévoyait que dans la commune il ne pourrait y avoir qu'un seul *mauvais hostaige*, que le seigneur frappait d'une lourde imposition.

Nos aïeux jouaient beaucoup et ils affectionnaient autant les jeux de hasard que les exercices où ils devaient faire preuve d'adresse ou de force. Les *dés*, déjà proscrits depuis six ou sept cents ans et toujours en vain, exerçaient sur eux une attraction invincible ; chaque cabaret avait les siens. Des individus s'y rendaient, comme sur les foires, et s'installaient en qualité de banquiers des dés. Les naïfs à dépouiller ne leur manquaient pas, en dépit d'avertissements et des prescriptions de la police, qui traquait ces filous avec raison. Les cartes étaient également un divertissement suivi. Le *lansquenet*, le *mariage-dragon* ne sont pas oubliés ; le *pandour*, plus cocasse et plus amusant, est malheureuse-

ment délaissé ; on le jouait à la *broque* ; quiconque
demandait le *pandour* et ne le gagnait pas était condamné à avoir le nez serré par une pince de bois jusqu'à
ce qu'un autre perdant le délivrât en prenant à son tour
l'instrument de supplice.

Nous ne nous étendrons pas sur les jeux de balle, de
paume, de billons, de boules, de quilles, d'oie qui n'ont
pas perdu leur vogue ; nous parlerons seulement de la
course aux œufs, qui était organisée pendant la belle
saison, souvent le lundi de Pâques, et qui attirait de
nombreux amateurs.

Cent et un œufs de poule étaient rangés par terre en
ligne droite à une distance d'environ un mètre ; au
besoin on disposait plusieurs lignes. Deux paysans, la
perruque poudrée, se tenaient par la main à l'extrémité
de la ligne, et, au son d'un orchestre rustique, ils
avançaient lentement vers l'autre bout. Là ils se
saluaient gravement. L'un courait vers un but désigné
d'avance à quelques centaines de pas et en revenait
précipitamment, pendant que l'autre ramassait rapidement les œufs et les plaçait dans un panier que tenait
un jeune garçon. Autant d'œufs il rompait ou laissait
tomber, autant on en remettait à l'extrémité libre, ce
qui augmentait son travail. Pour être classé, il devait
avoir achevé avant que l'autre revint au point de départ,
et la casse devait être modérée. Les gagnants couraient
ensuite les œufs entre eux, et les plus habiles rempor-
taient les prix : souvent un jambon qui venait à point
orner l'omelette confectionnée par la cabaretière qui
avait offert partie de l'enjeu.

Moins pittoresque et plus dangereux était le jeu des

étoupelles ou des *camouflettes*. Un ivrogne cuvait-il sa boisson dans un coin, un consommateur harassé par sa journée de travail au grand air s'endormait-il au cabaret ? les autres proposaient de lui faire les camouflettes. Un gaillard subtil et adroit, muni d'une corde, le liait prestement à sa chaise et, toujours sans qu'il l'éveillât, plaçait sur les membres des torches d'étoupe ; on soufflait le crachet, on allumait l'étoupe et on éveillait brusquement l'individu qui se trouvait au milieu des flammes, ne pouvait se dégager de sa chaise et perdait souvent tout sang-froid.

Les plus raisonnables se bornaient à l'environner de chaises garnies d'étoupe et à y mettre le feu : la surprise était déjà fort désagréable.

Là où il y avait relais de poste, arrêt des rouliers qui transportaient les marchandises, le cabaret avait une autre utilité : c'était par son intermédiaire qu'on apprenait les nouvelles du dehors ; l'aubergiste racontait à ses concitoyens ce qui se passait à Paris, dans les villes voisines, il parlait déjà politique, était un grand électeur, mettait les gens du village en garde contre les malandrins que les charretiers avaient rencontrés, jetait l'épouvante dans la population en narrant les crimes commis dans la province.

Les rouliers passaient, repassaient à jours fixes ; eux et leurs chevaux ne se reposaient que quelques heures. S'arrêtaient-ils à une auberge de nuit ? le patron qui les attendait avait laissé sa porte ouverte, son crachet allumé, et s'était endormi tranquillement dans l'alcôve placée au fond du cabaret, sous la sauvegarde de chiens bien dressés qui connaissaient les habitués. Les charretiers mangeaient, buvaient, se chauffaient, se servaient à leur guise, et ils réglaient leur dépense à leur retour, quand les gens étaient sur pied.

Telle était la coutume ; cependant la sécurité n'était pas absolue.

La profession d'aubergiste offrait alors des dangers réels ; dans les temps troublés, combien furent assassinés par des misérables qui s'étaient présentés en voyageurs paisibles ! En revanche, tous ne résistaient pas à l'appât de l'or montré par un étranger sans défense : en 181., des maçons, dépavant l'écurie d'une auberge du siècle passé située sur la route de Valenciennes à Givet, trouvèrent sept squelettes d'adultes dont on ne s'inquiéta pas de la provenance que les vieux du pays indiquèrent tout bas... Mais on reparla de cette funèbre découverte quand, il y a quelque trente ans, un marchand de bestiaux de Curgies disparut mystérieusement au cours d'un voyage.

Un des crimes qui impressionnèrent le plus nos régions fut celui dont la baronne de la Torre fut la malheureuse victime en 1766 à Valenciennes ; voici comment cette tragique histoire est rapportée :

« Marie-Joseph Mouvet, jeune et très jolie, aimait avec excès la danse et la toilette ; elle servait, en qualité de cuisinière, chez la baronne de la Torre, qui demeurait seule avec elle, rue de la Salle-le-Comte. Cette dame, remplie d'excellentes qualités, de bonté, de vertus, les neutralisait par une avarice excessive, portée à un tel point qu'elle refusait à la malheureuse Marie les choses les plus nécessaires à la vie, et l'empêchait de sortir les dimanches. Marie avait les passions vives :

les rigueurs de sa maitresse l'aigrirent au point qu'elle
jura en elle-même de se venger. Un jour elle dit à sa
maîtresse qu'un tonneau coulait et qu'elle ne pouvait y
remédier seule. Madame de la Torre, crédule et intéressée, se hâta d'aller à la cave ; elle descendit la
première ; Marie, qui la suivait, d'un coup de genou lui
fit rouler l'escalier, descendit précipitamment et, armée
du couperet de cuisine qu'elle avait caché sous son
tablier, elle lui en porta plusieurs coups, malgré les
supplications de sa maitresse qui la conjurait de lui
laisser la vie, lui promettant de la mieux traiter, de lui
laisser plus de liberté, et que jamais elle ne révélerait
la tentative d'assassinat dont Marie se rendait coupable.
La baronne de la Torre, comme je l'ai dit, était bonne et
n'avait contre elle que son avarice ; elle eût tenu, j'en
suis assurée, la parole qu'elle donnait à Marie ; mais
celle-ci, qui pourtant n'était pas méchante (1), enflammée
par les suites probables de son action, fut inexorable
et couronna son crime. C'était un dimanche : Marie
remonta de la cave, alla faire sa toilette, et comme elle
venait de l'achever, descendit pour ouvrir la porte à un
homme nommé Herculès, son ami, qui était loin de se
douter de ce qui venait de se passer ; ils allèrent ensemble danser au faubourg. Herculès ne s'aperçut
d'aucune altération dans les traits de son amie qu'il
reconduisit chez sa maîtresse à la brune ; il voulait
entrer pour saluer la dame à laquelle il rendait quelquefois de petits services ; mais Marie, qui était sage, ne
lui permit pas l'entrée, en lui disant que Madame était

(1) On serait même tenté d'ajouter : au contraire.

chez son frère, M. d'Haveluy, d'où elle ne devait revenir qu'assez tard.

Le lendemain, de grand matin, Marie, couverte d'une mante (dite cape), emporta des quartiers de sa maîtresse qu'elle avait dépécée, et les jeta à la rivière de Saint-Roch, à l'orifice d'un canal de décharge dit la *fausse rivière* ; puis revint à la maison, s'empara de l'écrin de la baronne, de quelques pièces d'argenterie, ferma la porte, et alla chez le curé d'Onnaing où sa maîtresse était attendue pour un dîner de kermesse. En voyant Marie seule, la sœur du curé et une nièce, âgée de neuf ans, demandèrent pourquoi Madame la Baronne ne venait pas. Marie répondit qu'elle arriverait vers midi ; qu'elle l'avait envoyée pour prier M. le Curé de garder ses diamants et ses dentelles, afin de s'habiller au presbytère, à moins que le temps ne lui permit pas de venir. Le curé, qui était occupé lorsque sa sœur lui apporta le paquet, lui dit que Marie devait le garder jusqu'à ce que sa maîtresse arrivât. La sœur insista ; le curé donna la clé de son secrétaire, afin d'y déposer ces objets. Pendant que cette scène se passait au salon, la petite fille, restée à la cuisine avec Marie, s'aperçut, lorsque celle-ci eut ôté sa cape, que son mouchoir était taché de sang sur l'épaule ; elle le lui dit. Marie pâlit, et répondit avec humeur : « C'est probablement du sang des pigeons que j'ai tués avant de sortir. — Ce n'est pas là du sang de pigeon », dit l'enfant. — « Veux-tu te taire, malheureuse ! dit Marie avec des yeux effrayants, tu me perds » ; puis, ôtant son fichu, elle se mit en devoir de le laver : la petite curieuse remarqua qu'elle avait un doigt ensanglanté par suite d'une plaie : « Oui, dit

Marie, articulant avec contrainte, je me suis coupée. — Bah ! répliqua la petite, c'est *une mordure*. — Tais-toi, ou tu t'en souviendras. » Néanmoins Marie, épouvantée des observations de l'enfant, fit semblant d'aller au-devant de la baronne, et son mauvais génie, ou plutôt la main divine la ramena à Valenciennes au moment où l'on venait de découvrir les restes mutilés de la baronne. Marie se proposait d'aller enlever ses hardes, le reste de l'argenterie, et de se sauver en pays étranger; mais la justice, qui avait fait ouvrir les portes de la maison de la baronne, s'empara de Marie lorsqu'elle en toucha le seuil. Conduite en prison et interrogée, elle avoua tout, dit ses motifs, parla des prières suppliantes de sa maîtresse, de sa propre insensibilité, du dépôt des diamants, et de la terreur que lui avait fait éprouver la petite nièce du curé, qui fut témoin dans cette affaire avec son oncle et sa tante. On lui demanda quels étaient ses complices, elle dit n'en avoir aucun; on la questionna sur Herculès, elle déclara positivement qu'il ignorait absolument son crime. Herculès pourtant fut interrogé, mais il fut renvoyé; l'impression qu'il ressentit fut telle, qu'il en contracta une pâleur qu'il conserva toute sa vie; ce que peuvent attester beaucoup d'habitants de Valenciennes qui l'ont connu.

Marie fut condamnée à être pendue, à avoir préalablement le poing coupé, la tête tranchée après le supplice, et attachée à la voirie, au bout d'une perche placée sur la rive opposée de l'Escaut, vis-à-vis l'orifice de la fausse rivière, la face tournée vers l'endroit où elle avait déposé les restes sanglants de sa malheureuse maîtresse.

Marie marcha au supplice avec fermeté · on lui coupa

le poing, et l'impression qu'elle éprouva fit disparaître
les roses de son teint pour n'y laisser que les lis. Mon
ami, M. H***, témoin oculaire de ce supplice, et de qui je
tiens une partie de ces détails, était très jeune alors ; il
vit la tête de Marie au bout de la perche fatale : cette
tête n'était pas défigurée, mais ses paupières ouvertes,
et sa figure, qui semblait implorer la clémence, en
faisaient un objet affreux. L'impression que mon ami
ressentit de ce spectacle lui donna une fièvre extraordinaire qui dura six semaines, et qui changea entièrement son caractère. Dès cet instant, il renonça pour
toujours à être témoin d'un supplice quelconque, et
pendant de longues années on ne pouvait parler devant
lui d'une mort violente et solennelle sans le faire tomber
en syncope. »

Une autre clientèle des auberges du siècle passé,
c'étaient les rebouteurs nomades qui opéraient à période
régulière dans une région déterminée. Les paysans les
consultent dans leurs maladies, les appellent lorsqu'ils
ont un membre foulé ou luxé ; ces opérateurs sont
universels, réduisent des entorses, traitent les maladies
morales comme ils soignent les bestiaux mal portants ;
ils font même concurrence au maréchal-ferrant qui a
la spécialité d'arracher les dents.

Comme opérateurs, ils n'étaient pas plus mauvais que
le médecin de la ville, car, à défaut d'études, l'expérience
ne leur manquait pas pour latter une jambe cassée. Ces
métiers restaient dans quelques familles qui possédaient
souvent de réels secrets pour la guérison de maux

réputés incurables. Le cancer, et particulièrement le cancer des fumeurs si commun dans nos régions, ne résistait pas souvent à l'application de topiques aujourd'hui délaissés ou perdus. Le panari est dans le même cas.

L'antisepsie était pratiquée sans que le nom fût inventé : en cas de morsure d'un chien mauvais ou d'une vipère, on recommandait déjà de sucer la plaie; on brûlait au fer rouge ou à l'eau bouillante les écorchures des écuries, les coupures avec des instruments sales ; on employait aussi, pour empêcher les plaies de s'envenimer, le sel, le poivre, l'huile chaude.

Autant aujourd'hui le corps des médecins est justement honoré, autant alors on avait peu de respect pour ces guérisseurs campagnards, en dépit de services qu'ils rendaient. En 1777, l'un d'eux s'installe dans un cabaret de Vieux-Mesnil, et attend l'humanité souffrante. Elle se présente sous la forme d'un domestique du fermier du seigneur, qui se plaint d'un horrible mal de dent, mais ne veut pas qu'on lui enlève la cause de sa douleur. Habitué à ces enfantillages, le praticien ouvre la bouche de l'individu et, en moins de temps qu'il n'en faut pour le dire, extirpe la coquine de dent; l'autre remercie, mais ne veut pas payer de l'ouvrage qu'il n'a pas commandé; une discussion s'élève, des coups suivent et le médecin rosse son mauvais client. Il est appréhendé par le sergent du marquis de Gages et mis en prison. Grave affaire, déclare au prévôt de Maubeuge le mayeur de Vieux-Mesnil qui relate la bagarre avec force détails; car n'est-ce pas au corps municipal à juger le délinquant?

.˙.

Nous sommes en possession de deux cahiers de formules d'un de ces rebouteurs qui habitait Glageon ; l'esprit d'observation et le bon sens se remarquent à côté de formules ou de définitions surprenantes, de recettes de cuisine et d'économie domestique. Nous en donnons quelques extraits dont nous changeons seulement le style et l'orthographe très fantaisistes :

Pous saler des jambons, mettez dans le saloir une livre de salpêtre pour quatre de sel. Le salpêtre rend la viande rose, moins dure et moins salée quand on la fait cuire à l'eau ; ajoutez-y des feuilles de laurier et du genièvre (en grains évidemment) pour parfumer.

Remède pour les vaches entonnées (météorisées) : verser dans la bouche de la bête quatre pintes de matières fécales prises en fosse à l'endroit où elles sentent le plus mauvais, et obliger ensuite la vache à courir en tapant dessus si elle refuse de bouger. Le traitement, paraît-il, réussissait très souvent ; ce n'est pas étonnant, l'ammoniaque agissait dans cette potion comme aujourd'hui sous une forme moins répugnante.

Les campagnards appelaient *fièvres* toutes les affections aiguës : la fièvre quarte, tierce, etc. Les remèdes consistaient en sudorifiques et en saignées. Les maladies infectieuses propagées par les eaux régnaient à l'état endémique. A Colleret, à Eclaibes, la fièvre typhoïde faisait des victimes chaque été depuis des siècles. La phtisie était généralement rare, car tout le monde vivait au grand air. Pour les maladies de langueurs, on ordonnait des tisanes rafraîchissantes et adoucissantes et des purgations. L'humidité des habitations, les marais provoquaient des rhumatismes; bien des gens encore dans la force de l'âge étaient infirmes et contrefaits.

Les médecins officiels, qu'on rencontrait dans les villes, avaient plus d'instruction, mais pas plus de science ni de pratique. Saignées, purges, clystères : voilà tout l'arsenal dont ils disposent. Ils saignent dans le typhus, dans la fluxion de poitrine, dans le rhumatisme, quand leur client est trop rouge ou trop gras; ils purgent quand il manque d'appétit et maigrit, quand une malade imaginaire a des vapeurs, c'est-à-dire est énervée par le repos et la bonne chère; ils mettent en marche la seringue à tout propos; ils emploient les lavement laxatifs, calmants, adoucissants, dissipants... Molière n'a rien inventé.

En compulsant les comptes de l'infirmerie de l'abbaye d'Hautmont, on est effrayé des doses de rhubarbe et de séné que les moines absorbent; quels estomacs pour résister à de pareils traitements ! quelles entrailles pour supporter tant de clystères !

Quant aux rebouteurs nomades, en dehors des secrets que tous prétendaient posséder, ils affectaient déjà de recourir à la médecine dite naturelle, aux plantes sauvages. C'est peut-être la raison de la confiance que le vulgaire accorde encore à leurs successeurs modernes, aux charlatans; si leurs remèdes ne font jamais de bien, ils ne font pas souvent de mal.

Le guérisseur devait toujours être le bienvenu quand

il se présentait quelques jours après ces beuveries où
se plaisaient nos aïeux, ces franches lippées où chacun
absorbait l'équivalent de trente ou quarante litres de
bière, ces orgies nocturnes qui se terminaient à l'aube
dans des flots d'alcool et la fumée du tabac, ces soirées
bachiques où sombraient la morale et la raison. Oui,
nos grands-pères ont connu tout cela, et pourtant nous
ne pensons pas que le cabaret et l'auberge démora-
lisaient, déprimaient, avachissaient les caractères, en-
durcissaient les cœurs autant que de nos jours ; car
on les fréquentait beaucoup moins. On s'y réunissait
à jours et à heures fixes, le dimanche après la messe
et les vêpres, le samedi soir, les jours de fête ; mais
le campagnard n'y perdait pas son temps, n'y passait
pas tous ses loisirs, jusqu'aux heures de ses repas,
comme malheureusement c'est l'habitude aujourd'hui.

CHAPITRE VI
AUTOUR DU CLOCHER

~~~~~~

Le curé. — Quelques types. — Emancipation des curés. — Dîmes, décimateurs, dîmeurs, — Cimetières. — Pratiques religieuses. — Saints locaux. — Coutumes païennes. — Le patron. — Pèlerinages. — Processions. — Marches et cortèges historiques.

Au pied de l'église, en face d'une modeste demeure, voyez-vous cet homme, la robe retroussée, les pieds chaussés de gros sabots, qui est occupé à charrier son fumier ou à raccommoder ses instruments de labour? C'est le curé de l'endroit, curé démocratique et populaire s'il en fut, vivant de la vie de ses paroissiens, partageant leurs peines comme leurs plaisirs.

Ses obligations d'état remplies, il exploite les biens attachés à la cure, il travaille les lopins de la terre qu'il loue au seigneur voisin, et, gaillardement, dans la campagne, il échange une politesse ou un mot pour rire avec ses voisins qui achèveront complaisamment sa raie commencée quand un moribond, un malheur subit, l'obligera à abandonner son cheval pour prendre le surplis et porter le saint viatique.

A la sortie des vêpres, il ne dédaigne pas de vider un verre de bière ou d'eau-de-vie avec les manants; sa tabatière est ouverte à tous; en été, il fait sur la place publique la partie de quilles, de boules, de billons ou de balle ; s'il est trop âgé, il fume sa pipe avec les anciens, applaudit aux beaux coups et raille les maladroits.

Non seulement il est respecté, mais, ce qui vaut mieux, il est aimé de ses paroissiens qui, dans les cahiers des Etats de 1789, l'appellent parfois leur père.

Sans guère y paraître, il est le véritable directeur de l'école ; dans les rues, lorsque les enfants le voient, ils s'agenouillent et lui demandent la bénédiction. Ses lectures, ses visites aux malades lui ont donné quelques notions de médecine ; il connaît les simples, fabrique des remèdes qu'il distribue gratuitement, possède un onguent pour guérir les panaris, les rhumatismes ou les maux d'yeux ; il sait même saigner un malade, réduire une entorse. Il soigne les bêtes comme les gens ; car il a aussi des notions de médecine vétérinaire dont il fait part à ses concitoyens.

Le curé ne se met pas en frais d'éloquence. Il parle patois comme ses paroissiens ; il dit franchement ce qui est, distribue le blâme et l'éloge à l'église, commente les nouvelles du jour, renseigne ses ouailles sur les événements dont son doyen lui a donné connaissance.

Un Avesnois, Philippe Blanchard, fut nommé curé de Ruesnes, canton du Quesnoy, en 1803. Emigré pendant la Révolution, mais resté riche, c'était un type de curé rude et bon garçon. Il était d'une bienveillance extrême, mais ses coups de boutoir étaient redoutables.

Sa sévérité était excessive et son habitude d'interpeller ses paroissiens du haut de la chaire amenait des scènes regrettables ; car ceux qu'il prenait à partie lui répliquaient avec verdeur.

Un jour il allait dîner au dehors avec un habitant de Ruesnes qui avait endossé son plus beau costume pour assister aux obsèques d'un... sanglier domestiqué. Ce détail n'échappa pas au curé, et, le dimanche suivant, le voyant à l'église dans une tenue négligée, il lui cria : « Quand il s'agit de faire un bon repas, vous vous habillez convenablement; mais pour venir à la messe, vous ne trouvez pas mauvais de rester sale et déguenillé. »

Plus courtois était son contemporain, presque son voisin, l'abbé Dehaine, curé de Vendegies-sur-Ecaillon, qui, lui, avait prêté serment à la Constitution civile du clergé.

Au moment du prône, un jour de ducasse, voici à peu près textuellement le petit sermon qu'il prononça de la balustrade du chœur : « Jeunes gens et jeunes filles, c'est aujourd'hui la ducasse au village, vous allez vous divertir, c'est l'usage, c'est bien; mais... mais, faites attention, mes amis,... observez bien cet avis... surtout, ne rentrez pas tard à la maison, car... (ici le vieux curé enfla ses narines et poussa un souffle bruyant qui lui était habituel dans certaines circonstances)... car, vous le savez, la nuit... la nuit... comme on dit,... *tous les chats sont gris.*

Un rire sonore et général répondit à cette improvisation. Là-dessus le prêtre original fit une sorte de grimace où perçait la satisfaction et retourna à l'autel.

Évidemment, les curés du xviiie siècle n'avaient pas tous la rude bonhomie de Philippe Blanchard ou l'humour de Dehaine; mais, même lorsque ni les qualités de l'esprit ni les dons du cœur n'étaient bien saillants

chez eux, ils savaient donner à leur paroissiens, en un
langage compris de tous, de simples et bons conseils
d'une morale pratique et douce.

Aussi leurs avis n'étaient guère discutés ; le public,
qui les trouvait justes, les approuvait.

Le xviii° siècle a été le siècle des curés.

Lorsqu'ils sont embarrassés, les magistrats communaux ont recours au pasteur ; il a beaucoup vu et beaucoup retenu. Il est leur guide en cas de procès avec
un hobereau du voisinage, il leur traduit les passages
d'auteurs latins dont les avocats bourrent leur mémoires
et plaidoyers. Il prend nettement parti pour les petits,
il identifie sa cause à la leur. Sans doute il a les travers
et les idées étroites de la petite bourgeoisie et des
paysans ; son dévouement pour les siens l'empêche
d'être toujours juste quand il met son savoir à leur
service, quand il bataille contre les communautés religieuses, ou qu'il montre un bout d'oreille janséniste ou
trop bourbonien, de sorte qu'en beaucoup d'endroits,
non seulement il votera en 1789 pour un candidat favo-
rable aux revendications du Tiers-État, mais encore il
acceptera la réforme du clergé de l'Assemblée Constituante, deviendra schismatique sans le savoir et rachè-
tera sa faute, peu après, en se faisant déporter ou
guillotiner sans se plaindre.

Tel se livre à des pratiques aujourd'hui perdues ;
aux Pâques, a-t-il affluence considérable de fidèles à
confesser et juge-t-il impossible de les entendre tous?
il leur adresse une courte exhortation, leur demande
un acte de contrition et leur donne l'absolution en
commun.

Homme universel, il est le véritable maître du village,
et il ne s'enorgueillit pas de l'influence qu'il a acquise ;
il méprise les abbés de cour, a peu d'estime pour les
chapelains des grands seigneurs qu'il voit au château
pendant la saison d'été et qu'il trouve trop mondains.
Est-il ambitieux? tous ses désirs seront satisfaits s'il
obtient d'être nommé chanoine dans quelque chapitre,
ou bien employé à l'évêché, auprès des vicaires généraux, sortis eux aussi des rangs du peuple, et qui, en
l'absence du titulaire, égaré à Versailles, maintiennent
la discipline, dirigent le clergé, lui donnent des instructions, des conseils, des ordres habiles et pratiques ;
ils recommandent, par exemple, de s'opposer doucement
aux saturnales du carnaval, d'interdire l'exercice de leur
profession aux sages-femmes incapables, de tenir convenablement les registres d'état-civil, de ne point cho-
quer le peuple dans ses habitudes, de ne point chanter
de soit le soir pour éviter les batailles et pis encore,
d'exiger des riches qui demandent des extraits de
baptême ou de décès une bonne rétribution pour en
exonérer les pauvres.

Vers 1750, il est devenu presque indépendant.
Cinquante ans auparavant, son doyen pouvait le faire
jeter en prison sans motif, à condition de payer sa
nourriture au geôlier. En même temps que sa liberté
individuelle n'est plus menacée, il s'est assuré le pain
quotidien. Son émancipation a été longue, douloureuse,
difficile : il a eu à lutter ; car ses adversaires étaient
puissants et nombreux, jusque La Fontaine qui l'a
persiflé, et Voltaire qui l'a plaint, ironie suprême !

Un soir, à la veillée, allons lui demander la genèse

du tiers-état du clergé ; à l'aide des parchemins qui
reposent dans le coffre de l'église, il nous dira les
misères, les ennuis, les déceptions, les désespoirs de
ses prédécesseurs.

Primitivement les abbayes et communautés religieuses
avaient la direction spirituelle de la plupart des paroisses ; les curés étaient des moines. Les couvents levaient
la dîme qui, en principe, devait servir à approprier
l'église, à assurer la subsistance et l'entretien du prêtre.
Leur personnel étant trop restreint, ou bien, chez les
femmes, inapte à remplir le sacerdoce, ils nommèrent
des prêtres séculiers qui payaient une taxe variable à la
chambre apostolique en prenant possession de leur
poste. Toutefois ils restaient *décimateurs* en devenant
collateurs de la cure ; ils donnaient à ceux qu'ils délé-
guaient une *portion congrue*, traitement qui fut longtemps de trois cents florins, juste de quoi ne pas mourir
de faim, le casuel étant insignifiant. Au lieu de cette
portion, le pasteur pouvait prétendre aux revenus
attachés à la cure : terre, prairies, vignes, rentes
diverses léguées par quelques pieux testateurs en
échange de messes ; c'était encore insuffisant pour vivre.
A qui réclamer sinon au bénéficiaire qui recevait les
dimes ? Il faisait la sourde oreille, car la question était
très complexe et très embrouillée.

Le décimateur avait parfois cédé un tiers, un quart de
ses rentes, ou bien celles qui assujétissaient un terroir ;
il se débarrassait en même temps des charges qui revenaient à cette fraction. Les dimes appartenaient ainsi
à plusieurs propriétaires, notamment à des laïques ;
elles étaient dites *inféodées ;* et qu'importait à un avocat

de Douai ou de Lille, un épicier ou un apothicaire d'Arras ou de Saint-Quentin qui avait acquis ses droits moyennant espèces sonnantes, le dénuement de l'église et du curé d'un village où il n'avait jamais mis les pieds ?

Outre cette distinction entre dîmes ecclésiastiques et dîmes laïques, elles portaient divers noms selon leur nature et leur origine : *grosses* qui frappaient les cultures essentielles, comme le seigle ; *petites* ou *menues* qui se levaient sur les œillettes, les fruits. Les *dîmes de droit* se percevaient partout (blé, avoine) ; les *dîmes d'usage* étaient particulières à chaque endroit ; par exemple celles qui étaient reçues sur les poulets, les canetons, les agneaux, les porcelets, la laine, les fromages, les houblons. En pays d'Avesnes, où les vergers ont toujours été abondants, la dîme *d'enclos* n'était pas la même que la dîme *de campagne.*

Cette contribution ne consistait pas rigoureusement dans la dixième partie de la récolte. Au moyen-âge, dans nos contrées, on a levé jusqu'à seize et même vingt du cent. Les paysans avaient obtenu des *modérations ;* le chiffre le plus élevé ne dépassait pas douze ; l'ordinaire était huit ; sur quelques terroirs on ne prenait que deux centièmes.

La dîme était levée sur le champ avant que le cultivateur pût enlever sa récolte. Le *dîmeur*, qui était chargé de ce soin par son maître ou son bailleur, était la bête noire de l'endroit ; les manants devaient souvent lui donner chevaux et chariots pour l'enlèvement de ses gerbes qui étaient remisées dans la *grange de la dîme ;* elle a subsisté çà et là. Chargé d'une sale besogne, en contestation avec un paysan qui fauchait ses vesces en vert, en querelle avec un autre dont il demandait l'attelage, exigeant par nécessité et par profession, ce gabelou de malheur était haï, souvent victime de vengeances anonymes et féroces : un incendiaire mettait le feu à ses meules, des sacripants l'attendaient le soir dans un endroit écarté et le jetaient à l'eau, une main criminelle distribuait du poison à ses bestiaux ; dans la population de grands villages, le décimateur ne trouvait pas toujours quelqu'un qui voulût être dîmeur et faisait venir un étranger moins délicat.

Le collateur de la cure avait à sa charge l'entretien du presbytère, du chœur, souvent de la toiture et des verrières ; le reste de l'église, parfois encore couverte en chaume, était entretenu aux frais des habitants, y compris les murs du cimetière, ce qui n'était pas une mince obligation ; car beaucoup de nos temples avaient conservé leurs fortifications du moyen-âge : telles sont certaines églises du Cambrésis : Avesnes-lez-Aubert, Saint-Vaast-lez-Solesmes, Bermerain, sans compter Prisches et tant d'autres. C'est ainsi que, lors de la bataille de Malplaquet, un groupe de soldats français égarés se réfugièrent dans le cimetière de l'église de Neuf-Mesnil et infligèrent des pertes sérieuses à l'ennemi avant d'être réduits.

Si le clocher était au-dessus du chœur, le collateur était responsable des accidents qui y survenaient par suite de la chute de la foudre, des tempêtes, etc. S'il était au-dessus du porche ou de la nef, la charge revenait aux habitants. De là cette coutume générale, encore existante, des couvreurs travaillant au clocher

d'enlever le coq et de le présenter dans chaque ménage
pour obtenir une gratification.

Telles étaient les conditions dans lesquelles s'étaient
trouvés les curés vis-à-vis de leurs maîtres d'une part,
de leurs paroissiens de l'autre : pour avoir quelques
livres de supplément, quelque décence dans leur église,
c'était, après les réclamations non acceptées, le gros
décimateur renvoyant au petit, qui se rejetait sur un
copartageant, une suite de procès innombrables, coûteux, scandaleux.

En Hainaut, vers 1685, il y avait eu une levée générale
des curés contre les collateurs et décimateurs. « Je suis
fatigué de demeurer dans une masure qu'on prendrait
pour une *étable à porcs* », écrit énergiquement le curé
de Dourlers. Et celui de Limont-Fontaine répliquait
humoristiquement en s'appliquant la parole du Psalmiste:
Infixus sum in Limo Profundi, et non est substantia.
Traduction libre : Je suis à Limont-Fontaine, et je n'ai
pas de quoi vivre. Deux causes les avaient aidés à
triompher et leur avaient assuré le pain quotidien : la
bienveillance du pouvoir royal hostile aux moines, la
ruine causée par les guerres de Louis XIV.

Les armées avaient dévasté les campagnes ; plus de
dîmes à lever. Dans les villages pauvres, et d'un territoire restreint, les décimateurs renoncèrent à leurs
droits, ne conservant, dans l'accord fait avec le pasteur,
que des rentes insignifiantes ; celui-ci jouit des dîmes,
et sa nomination fut dévolue à l'évêque.

Les cahiers électoraux de 1789 nous renseignent sur
les sentiments du peuple : il réclame un changement
radical dans cet état de choses, ou que les dîmes soient

complètement supprimées, ou qu'elles reviennent à
qui de droit et servent en partie à l'instruction des
pauvres.

Nos paysans ne demandent pas le retour à l'ancien
régime, à en juger par la révolution de village qui s'est
produite il y a une trentaine d'années à Sigogne, près
de Cognac.

Un mauvais plaisant annonce qu'on va rétablir la
dîme, que le curé vient de recevoir le *tableau* où
chacun est inscrit pour sa part.

Les têtes se montent ; la colère emporte les plus
modérés ; on donne la chasse au prêtre, on le somme de
rendre le tableau pour être brûlé. Il répond qu'il n'en a
point, on tente de l'assommer. Le malheureux s'enfuit
dans son église, saute par une fenêtre dans un jardin, se
réfugie dans une cabane à cochons.

Découvert après des heures de recherches, il est condamné à une mort horrible. On couvre de paille la
cahute et les mutins vont y mettre le feu pour punir le
misérable de se préparer à rétablir la dîme.

Heureusement les autorités prévenues parviennent
sur le lieu du supplice. Le procureur impérial arrive avec
les gendarmes et l'arrache des flammes. Les énergu-
mènes les frappent, les assaillent à coups de pierres ;
prêtre et magistrat n'échappent qu'à 'grand'peine. Pour
rétablir l'ordre, on dut cantonner à Sigogne le régiment
de lanciers qui tenait garnison à Libourne. Le fait s'est
passé vers la fin du règne de Napoléon III.

Il est quelques rares localités qui n'ont point connu
les dîmes et où le curé était élu. Axon est de ce nombre.
La plus grande et la plus saine partie de la population

le nommait par voie d'élection, et il était inamovible.
Lors de son décès ou de son départ volontaire, les
candidats ou postulants se présentaient et faisaient valoir
leurs mérites vis-à-vis des habitants qui, leur choix fait,
assuraient un traitement à l'heureux élu, chacun payant
sa part.

Chaque église avait une administration équivalente,
à peu près, au conseil de fabrique d'aujourd'hui ; le
mambour ou trésorier, qui est rétribué, rend ses
comptes chaque année, ils doivent être approuvés par
le conseil de *mambourie* qui comprend les membres
de l'administration communale, mais pas le curé partout.
Au XVIIIe siècle les couvents ne reçoivent presque plus
de legs parce qu'ils ne sont pas populaires. Les donations
vont aux curés, en fondations de messes. Aussi à la
Révolution la plupart des églises paroissiales sont riches:
terres, rentes assises sur des immeubles, etc.

Elles ont une ressource qui leur manque aujourd'hui :
la vente des produits du cimetière. Le champ du repos
n'a pas l'aspect propre, presque coquet que nous lui
donnons maintenant ; point de fleurs ni de cyprès, mais
des arbres fruitiers, noyers, pommiers et poiriers. Sur
les tombes, dans les allées croît une herbe drue ;
l'engrais ne manque pas, car le lieu n'a pas changé
de destination depuis dix ou douze siècles ; dans tel
cimetière, le fossoyeur trouve pêle-mêle l'urne funéraire
franque, des monnaies du moyen-âge et des ossements
contemporains (1).

Chaque année, un dimanche à l'issue de la messe,

(1) L'exemple le plus typique de notre région est à Quartes (Pont-sur-
Sambre). Nous citerons aussi Guise (Aisne) et Agnez (Pas-de-Calais).

fruits et herbages sont vendus à l'enchère, et adjugés pour quelques livres.

Pourtant il y a déjà dans la population rurale une visible ostentation dans le culte des morts ; les pierres tombales offrent un certain luxe et étalent avec fracas les qualités et titres des défunts. L'orgueil des familles se lit entre les lignes de l'inscription ; ailleurs des sentiments naïfs paraissent. Telle cette pierre tombale de l'église de Bersillies-France, du xviie siècle, il est vrai, qui représente un ménage devant le Père Éternel, les conjoints assistés de leurs saints patrons et accompagnés de toute leur progéniture décédée, enfants au maillot, jeunes gens, adultes qui implorent pour leur père et leur mère ou attendent leur tour d'être passés en jugement.

Telles étaient la ferveur et la vénération qu'inspirait la religion au xviiie siècle que, malgré des tracas et des humiliations fréquents, les fonctions sacerdotales attiraient quantité de jeunes gens. Presque tous les villages avaient un vicaire nommé par le curé et recevant un traitement égal à la moitié du sien. Pour chaque fête, un orateur, souvent un Récollet, assistait les pasteurs ordinaires. D'autres prêtres sans emploi exploitaient un fonds : terres, rentes seigneuriales, troupeaux de moutons, etc.

Comment nos grands-pères étaient-ils religieux ? Leurs pratiques étaient-elles toujours orthodoxes ? Téméraire qui l'affirmerait.

Lorsque le christianisme eut triomphé officiellement avec Constantin, il eut vite fait de renverser les idoles et d'anéantir la mythologie officielle ; mais les paysans conservèrent leurs pratiques, leurs dieux, leurs coutumes, leurs fables, antérieurs sans doute aux druides, nés avec l'humanité ; opposant la résistance passive aux efforts des prédicateurs chrétiens, ils ne laissaient entamer ni leurs idées ni leurs croyances qu'avaient respectées les conquérants romains.

L'Église naissante tourna les difficultés pour les aplanir. Voici ce qu'écrivait le pape Grégoire le Grand donnant ses instructions à Augustin, missionnaire de la Grande-Bretagne : « Après de mûres réflexions, j'ai arrêté dans mon esprit plusieurs points importants. En premier lieu, il faut se garder de détruire les temples des idoles ; il ne faut détruire que les idoles, puis faire de l'eau bénite, en arroser les temples, y construire des autels et y placer des reliques ; si ces bâtiments sont en bon état, c'est une chose bonne et utile qu'ils passent du culte du démon au service du vrai Dieu ; car tant que la nation verra subsister ses anciens lieux de prières, plus elle sera disposée à s'y rendre par un penchant d'habitude pour y adorer le vrai Dieu. »

Ainsi à Wervicq, le temple d'Hésus ou de Mars a été remplacé par l'église de Saint-Martin. Longtemps la statue du dieu de la guerre a été conservée ; au XVIIᵉ siècle, des gens dignes de foi attestent l'avoir vue. L'église de Quartes, hameau de Pont-sur-Sambre, a vraisemblablement une même origine.

L'Église mit des calvaires sur les hauteurs aimées de Camulus et d'Arduina, des chapelles dans les lieux consacrés au culte, remplaça Diane et Junon par la Vierge Marie et les dieux subalternes par les saints qui correspondaient bien à un sentiment intime du peuple.

Quand saint Remacle vint en Ardennes vers 570, les fontaines convenables aux usages humains étaient souillées par les superstitions de la gentilité et passaient même pour être sujettes aux fréquentations des démons. Il n'était guère de localité qui n'eût ses eaux aimées de quelque esprit familier et puissant. Les évêques les bénirent pour les épurer et les vouèrent à un personnage chrétien distingué.

Dans le Boulonnais, la source renommée de Tienbronne est consacrée à saint Liévin ; à Arras, une fontaine limpide, qui passait pour guérir la fièvre, était sous le patronage de saint Thomas ; à Quiéry-la-Motte, arrondissement d'Arras, il existe à fleur de terre un puits merveilleux dit de sainte Berthe ; on prétend, dans son voisinage, que l'incendie qui éclate et qui est combattu par son eau ne brûle jamais plus d'une maison.

A Douai est la fontaine de saint Maurand. Sa réputation au XVIII° siècle s'étendait au loin ; elle attirait des pèlerins. Près de là, dans l'église de saint Amé, un large bassin qui en était rempli, était placé à l'extrémité d'une nef latérale. Une écuelle en bronze, attachée à une chaîne, permettait à tous les fidèles de boire de cette eau. Pour les personnes d'un rang supérieur, une tasse d'argent mise en réserve leur était apportée par un sacristain.

Dans une crypte de l'église de saint Piat à Seclin est une source dont l'eau éteint la fièvre et chasse du corps humain les esprits impurs, disent les traditions. La fontaine dédiée à saint Laurent à Anstaing (arrondissement de Lille) offre aux pèlerins qui viennent s'y désaltérer un remède souverain contre diverses maladies.

A Englefontaine (arrondissement d'Avesnes) est une fontaine dédiée à saint Georges, dont l'eau guérit des dartres, pustules et autres affections cutanées. Un auteur, plutôt sceptique, qui écrivait il y a 80 ans, constatait qu'en effet elle accomplissait des cures miraculeuses. Dans la même région, Maubeuge, La Longueville, Dimechaux, presque toutes les paroisses, avaient des sources dont la réputation de surnaturel s'étendait au loin.

Dans ces nombreux exemples, le paganisme s'est évanoui, car les objets du culte ont été christianisés : telle est la loi générale qui est la résultante d'une évolution de quinze siècles.

Nous ne chercherions pas loin cependant un rite et une coutume non transformés, restés purement païens, datant d'une époque antérieure à la conquête romaine et sans doute à la domination druidique : à la fontaine Guyot où les riverains de la forêt de Mormal puisent quand ils ont mal aux yeux, à la fontaine Hecquet où ils ont recours dans les affections de poitrine. Elles sont des restes intacts de mythes antiques sur lesquels ni les hommes ni le temps n'ont eu prise et que le christianisme ne s'est pas appropriés.

Les arbres sacrés, *arbores sacricæ*, subirent semblable métamorphose. Ils furent décorés de châsses en l'honneur de la Vierge et des saints, qui, avec l'héritage des nymphes, recueillirent celui des anciennes divinités forestières.

Les évêques rejetèrent des coutumes, qu'ils proscrivirent. En dépit des lois religieuses, des menaces et des punitions de l'autorité civile, l'usage de pendre des rubans et des fleurs aux arbres, et spécialement aux

chênes, était encore général au xviiie siècle. Fénelon le
constatait dans une tournée pastorale; il exhortait ses
prêtres à combattre cette coutume barbare, mais c'était
en vain. Les curés plaçaient une statue sainte dans
l'arbre vénéré, ou bien ils l'abattaient et le remplaçaient
par une chapelle; mais leurs paroissiens en replantaient
un autre, souvent deux : un chêne et un hêtre distants
de quelques mètres et bien isolés du reste de la forêt;
et ils n'en continuaient pas moins à lier cordons, rubans
et morceaux d'étoffe, jusqu'à la grille ou à la porte du
modeste tabernacle.

Un de ces arbres sacrés était le Cron-Quesne, renversé il y a quelque trente ans, vers la limite de Neuf-
Mesnil et d'Hautmont; sa parure de chiffons multicolores
ne manquait pas de pittoresque, bien qu'elle fût clair-
semée dans son extrême vieillesse.

En forêt de Mormal, parmi les chasses que l'on rencontre aujourd'hui, l'une des plus fréquentées est celle
qui se trouve à peu de distance du Carrefour du Camp.
Désignée sous le nom de chapelle des Trois-Frères,
parce qu'elle était jadis fixée à un hêtre qui se divisait
dès la base en trois tiges énormes, elle est, depuis la
disparition de cet arbre, attachée à un hêtre du voisinage
qui n'offre rien de remarquable, mais qui se distingue
facilement par les nombreux ex-voto et les cierges
déposés à la base par les fidèles. On y vient en pèlerinage toute l'année, mais, comme aux époques anciennes,
pendant la nuit seulement.

Un autre lieu de pèlerinage très fréquenté est Notre-
Dame-de-la-Flaquette, construite sur l'emplacement d'un
antique *arbor sacrica*; elle est située à mi-chemin,

entre Jolimetz et Locquignol, près de la mare dite La Flaquette et en face du Trou d'Enfer.

On s'y porte en tout temps, mais l'affluence des dévots est surtout considérable dans la nuit du 14 au 15 août, entre minuit et cinq heures du matin. Les personnes atteintes de rhumatismes, qui la visitent plus particulièrement, ont la singulière habitude, après avoir suffisamment prié, de frotter leurs membres malades avec un lambeau de flanelle qu'elles lient ensuite à une branche d'arbre. A les entendre, le principe qui altère leur santé s'attache à ce chiffon, et malheur à l'audacieux qui le déroberait, car les douleurs l'envahiraient aussitôt.

A côté des saints reconnus par l'Église après de longues et minutieuses recherches, des instructions sévères, des examens de titres sérieux, étaient les SAINTS LOCAUX, inconnus des évêques et des docteurs, extraordinaires autant par leur nom que par leurs mérites : personnages fabuleux et légendaires contre lesquels les ecclésiastiques s'élevaient sans succès, et qui conservaient une clientèle régionale. En Fagne, on vénérait *saint Main*, que les trayeuses invoquaient contre les dartres des mains, fréquentes chez elles.

Deux saints se disputaient la clientèle des paysannes qui les *serraient* pour les maladies des poules. L'un était à Maubeuge, à l'hospice Gippus, l'autre à Sivry, sur la frontière belge. Ils n'ont disparu que dans le cours de ce siècle.

Un cas fort ahurissant est celui que présente Louis Ladran de Guevara, général espagnol, qui fut enterré près d'Avelin (arrondissement de Lille), en 1639, âgé de

80 ans. A la Révolution un maître ouvrier des environs acheta l'église où se trouvait la sépulture de ce compatriote du Cid et, dans l'espoir de découvrir un trésor, viola la tombe. Il ne trouva qu'un guerrier armé de toutes pièces que la mort n'avait pas défiguré et qui semblait plongé dans un sommeil de plus d'un siècle et demi. A cette vue les bonnes gens crièrent au miracle; tous arrivèrent en foule pour vénérer ce nouveau saint que la voix populaire avait béatifié sur sa mine.

Les paysans furent fort scandalisés de voir les précieux restes de l'hidalgo sur le bord d'un fossé où ils furent gisants huit jours. On s'arrachait les morceaux de linceul. Le corps fut enfin mis en terre; mais la ferveur des gens qui venaient de Flandre et des provinces voisines fut telle qu'on l'exhuma *trente et une* fois. En dernier lieu, il fut enterré à Avelin et, à cause de la tourmente révolutionnaire, ce saint étrange tomba dans l'oubli.

Nous insisterons peu sur saint Brayou, qui avait conservé des fidèles il y a soixante ans et qui empêchait les enfants de pleurer. Les convenances nous empêchent de signaler la vénération que les paysannes d'Hargnies et des environs témoignaient à un champignon vénéneux assez rare, le *phallus impudicus*.

Le patron de la paroisse était l'objet d'un culte tout spécial. Le jour de sa fête, souvent l'occasion de la visite de pèlerins du dehors, il était promené solennellement dans les rues de l'endroit. A chaque carrefour, la procession s'arrêtait, et au son d'un orchestre rustique, les braves gens dansaient joyeusement un quadrille autour de la statue vénérée, enjolivée de rubans et de fleurs. Cette coutume n'était pas complètement perdue en Hainaut au commencement de ce siècle.

Les hommages populaires allaient parfois moins au saint ou à la Vierge qu'à la grossière image de plâtre ou de bois qui les représentait. Les innovations dans le personnel d'une église ou d'une chapelle étaient très mal vues de nos paysans qui tenaient à conserver les statues, même vieilles, démodées, en pièces, comme on aime à voir des connaissances de longue date. « Mettre au rancart le saint de l'église, c'est s'exposer à la perte de la jeunesse », tel était l'axiome encore généralement admis dans nos campagnes il y a cinquante ans.

Le curé Dereine de Recquignies, qui administrait aussi Rocq (1842-1847), remplaça dans la chapelle de Rocq la Vierge et le saint Martin qui s'y trouvaient par deux statues toutes neuves. Les *Rocquions* protestèrent et le curé, pour les apaiser, conserva les anciennes sur l'autel.

Au bout de quelques semaines, il crut pouvoir les enlever sans danger et il les relégua dans le clocher. Le quinze août suivant, les paysans virent non sans surprise un autel dressé sur la place de Rocq et, au milieu des cierges, les deux protecteurs du village qui, s'ennuyant sans doute en la compagnie des hiboux, étaient venus voir leurs bons amis.

Ce fut une accusation unanime contre le curé : la Vierge et saint Martin eux-mêmes s'en mêlaient! L'abbé Dereine ne s'y trompa pas; sans mot dire, il replaça les deux statues sur l'autel. Un beau soir, il arrivait chez une de mes grand'tantes et, les lui présentant, il disait : « Tenez, cachez-les à votre grenier. On ne pensera jamais à venir les chercher ici. Si je les mets encore au clocher, elles descendront plus d'une fois. »

Lorsque le curé Herbage fut nommé à Colleret en 1812, il y avait tant de vieilleries dans son église qu'il dut la débarrasser d'une foule d'objets qui l'encombraient et l'enlaidissaient. Diverses statues furent enlevées, et il les fit brûler par un maréchal voisin. Onze années plus tard il devenait fou. Tous ses paroissiens virent là une juste punition du Ciel, parce qu'il avait détruit leurs saints.

Qu'était-ce donc cent ans plus tôt !

En dehors de l'église paroissiale, chaque village avait ses sanctuaires, chapelles modestes et nombreuses, construites par des particuliers à la suite d'un vœu, d'une maladie, dotées de quelques rasières de terres ou de prés, ou bien de rentes ordinairement minimes ; beaucoup étaient des lieux de pèlerinage. Nos aïeux priaient beaucoup ; toutes leurs pensées se tournaient vers la mort et ses suites ; leurs testaments le prouvent surabondamment. Une personne mourait-elle subitement ou fortuitement, loin de sa demeure, on érigeait à l'endroit de l'accident une croix de pierre, parfois un petit oratoire.

De là de nombreuses confréries, des associations religieuses qui étaient encore puissantes au XVIIIe siècle, des fondations diverses que des souverains ou des princes avaient prises à l'origine sous leur patronage, des dévotions particulières presque ignorées, même complètement perdues. Nous citerons les associations de sainte Anne, de saint Martin, des Innocents, du Vénérable saint Sacrement, et d'autres placées sous la protection de la Vierge Marie à qui, surtout après la Réforme, tant d'autels furent élevés.

Elle était unanimement honorée ; des sanctuaires, comme Notre-Dame de Bon Secours, Notre-Dame de Liesse, Notre-Dame de Montaigu, conservaient toute la vogue des âges passés.

Les statues ou les images qu'on y vénérait avaient leur histoire : un incendie avait dévoré l'édifice, et dans les décombres incandescents on avait retrouvé Notre-Dame intacte, le visage noirci seulement par la fumée ; un hérétique l'avait frappée, c'est lui qui s'était trouvé mutilé, et les yeux du misérable s'étaient ouverts à la lumière.

Les pèlerins affluaient, toujours à pied ; ils faisaient plusieurs fois le tour de l'oratoire avant de demander des grâces, se livraient à des pénitences et des morti- fications, achetaient les objets de piété pour eux, leurs familles, leurs amis : chapelets, croix, scapulaires qu'ils faisaient bénir.

C'était la façon ordinaire de *servir* Notre-Dame ou le saint à honorer. Les gens d'Avelin avaient une ma- nière plus originale de servir saint Piat : le jour de la Trinité ils avaient la faculté de se rendre à cheval à Seclin, d'entrer dans l'église collégiale, d'en faire le tour, le chœur compris, sans descendre de leur mon- ture. Voilà qui devait être fort agréable à saint Piat !

On me conta, dit un auteur contemporain, la façon dont mon père, dans son enfance, fut guéri de la fièvre. Le matin, avant le jour, il fut conduit à la chapelle du Saint qui en guérissait. Un forgeron vint en même temps avec son attirail. Il alluma son fourneau, rougit ses tenailles et, mettant le fer rouge devant la figure du Saint : « Si tu ne tires pas la fièvre à ce petit, dit-il, je vais te ferrer comme un cheval. »

L'enfance avait ses patrons particuliers ; sainte Grimonie et d'autres les faisaient marcher ; en maints sanctuaires, on emplissait de terre les souliers des marmots, pour qui leurs parents priaient. La jeune mère invoquait Marie sur son lit de douleur. Aux relevailles elle allait la remercier à l'église, elle déposait quelque monnaie sur son autel ; en Flandre et en Artois elle ajoutait à son offrande un gros cristal de sel marin : usage qui subsiste aux environs de Lille (en Pevèle).

Dans tous ces lieux sacrés où nos pères allaient quérir des consolations et des espérances, étaient d'autres objets qui partageaient leur ferveur et avivaient leur foi : c'étaient les RELIQUES. Les églises et les couvents s'enorgueillissaient de la possession des saints corps. Chaque petite église avait ses reliques. La châsse était parfois de cuivre ou de plomb, les parchemins attestant l'authenticité manquaient aussi, mais les paysans n'y regardaient pas de si près ; quand il s'agissait des choses de leur paroisse, l'esprit de clocher ne perdait ses droits nulle part.

Au moment du couronnement des rois de France, c'était un long exode des scrofuleux de nos provinces, vers Reims, la ville du sacre. Nos souverains avaient, dit-on, la faculté de guérir les ÉCROUELLES, les *humeurs froides*, comme on les appelle encore chez nous, et

Dieu sait si cette affection dégoûtante était commune,
surtout en Cambrésis. Il venait des malades, non seulement de France, mais des Pays-Bas, d'Espagne et
d'Italie. Ceux de Hainaut et de Flandre disputèrent
plus d'une fois aux Espagnols le privilège d'être
touchés les premiers par le Roi, parce que leur pays
avait fait autrefois partie de l'empire de Charles-Quint;
et ce n'était pas une petite faveur, car la cérémonie
durait une journée entière.

D'où vient, dira-t-on, cette foi profonde, cette confiance illimitée? Comment se transmettaient toutes ces
croyances? Pourquoi restaient-elles vives, ne soule-
vaient-elles pas les critiques de la masse, l'incrédulité
ou le doute? C'est que les fontaines sacrées, les saints
invoqués, les neuvaines, les pèlerinages guérissaient;
on ne peut le nier, sérieusement et sans parti pris. Les
cures miraculeuses étaient communes dans les sanctuaires, les prodiges inexpliqués sans l'intervention d'un
pouvoir surnaturel étaient des événements ordinaires
les jours de fêtes religieuses.

Les chroniques modernes, le récit de nos annalistes
populaires du siècle dernier sont remplis des miracles
arrivés dans tel oratoire, tel pèlerinage ; ils sont
attestés par des gens instruits, des médecins ; ils sont
relatés par des certificats de mayeurs et échevins qui,
à leurs signatures, joignent celles de la plupart de
leurs administrés ; des incrédules même les signalent
et les maladies guéries ne sont pas imaginaires ; car
si jamais on ne mentionne un mort ressuscité, un
manchot retrouvant ses deux bras, la cure de l'épi-
lepsie, de l'asthme, de la paralysie, des affections de

la peau, de certaines claudications ne peut être mise
en doute. C'est ... la foi soulève les montagnes et
est une puis... essentiellement communicative. Non
pas cette foi · ...'agit point dont parle le personnage
tragique, mais cette émotion qui transporte l'âme, que
le docteur Charcot, sceptique par système, convaincu
devant un miracle de Lourdes, appelle *la foi qui
guérit*.

Cela explique la vogue des grandes manifestations
religieuses, des PROCESSIONS où se pressaient des régions entières. Si nos ancêtres du XVIII° siècle n'ont
guère vu la grande procession de saint Marcel, qui
se déroulait en une quinzaine de kilomètres de longueur, dans cinq villages, durait toute une journée
avec pauses pour permettre à chacun de se restaurer,
et coûtait une somme qui représenterait aujourd'hui
vingt mille francs, il leur restait à contempler des
spectacles bien propres à frapper leur imagination et
à conserver leur foi. Chaque ville avait sa procession
gigantesque, glorification de son patron ou de sa pa-
tronne, de ses reliques, de sa madone miraculeuse. Y
prenaient part le clergé, les magistrats de la cité,
l'armée, les représentants du Roi, les corporations,
les sociétés particulières avec leurs costumes. Chaque
bourgade était fière de cette fête, s'efforçait d'en
rehausser l'éclat, des sommes énormes étaient dépen-
sées à cette occasion. Les paysans accouraient de plusieurs lieues à la ronde, émerveillés de la splendeur
déployée, ravis de voir ceux qui détenaient la puissance
courber la tête devant la chasse dorée ou l'image au
cadre scintillant de pierreries.

Et la cérémonie religieuse achevée, ils se portaient à la fête profane qui succédait, à la foire où s'étaient donné rendez-vous bateleurs et marchands, non sans s'être mis en règle avec leur estomac ; car chez ces rustiques, il n'y avait pas de plaisir sans l'accompagnement d'un bon diner, voire de plusieurs.

En dehors de ces cérémonies religieuses, qui avaient des côtés profanes, nous mentionnerons les MARCHES HIS-TORIQUES, où dominait cependant l'élément religieux (1).

Le XVIIIe siècle a été, dans le nord de la France et dans les Pays-Bas, l'époque des *centenaires* célébrés par des cortèges qui passaient sous de riches arcs-de-triomphe et dans lesquels figuraient un grand nombre d'allégories et de chars symboliques. Nous pouvons mentionner à Cambrai le jubilé de Notre-Dame de Grâce, à Valenciennes celui de Notre-Dame du Saint-Cordon, à Douai celui du Saint-Sacrement de Miracle, à Lille celui de Notre-Dame de la Treille, à Bruges celui de la Procession du Saint-Sang, à Malines celui de mille ans en l'honneur de saint Rombaut, et à Gand celui de sept cents ans en l'honneur de saint Macaire qui s'était offert au ciel en victime et avait ainsi obtenu la cessation de la peste qui désolait la ville.

Ce dernier centenaire fut célébré en deux cérémonies différentes : l'une la procession qui parcourut la ville les dimanches 31 mai et 14 juin 1767, et l'autre la cavalcade qui sortit le 1er, le 9 et le 15 juin de la même année. La procession, avec ses corporations, ses confréries, ses milices communales, et tout le clergé séculier et régu-

(1) Nous empruntons les détails qui suivent à la monographie du savant archiviste du Nord, le regretté Mgr Dehaisnes.

lier, ne diffère guère des cérémonies religieuses ordinaires. Il en est tout autrement de la cavalcade qui eut
son aspect original et présenta le caractère du xviii°
siècle.

Cette marche historique était divisée en quatre parties
et formée de vingt-quatre allégories représentées par
des oiseaux ou des quadrupèdes gigantesques suivis
chacun d'un ou de plusieurs chars de triomphe qu'accompagnait un cortège spécial.

Après les troupes de la garnison qui formaient la tête
de la cavalcade, était représentée l'introduction du christianisme à Gand : un *Paon* gigantesque figurait l'orgueil
des idolâtres, et précédait le premier char sur lequel on
voyait les attributs du paganisme renversés par saint
Amand, qui était debout entre deux génies, portant l'un
la croix et l'autre une ancre, et au-dessous la Religion
triomphante. Derrière, un *Phénix* figurait saint Liévin,
second apôtre de Gand, ressuscitant le christianisme en
cette ville ; il était suivi du deuxième char où le saint
martyr apparaissait élevé en gloire au-dessus des
anges.

Voici maintenant la première partie du cortège dont
les personnages étaient représentés par 243 bourgeois
et bourgeoises notables de la ville de Gand. En tête, la
Renommée entourée de sept anges jouant de la trompette pour proclamer au loin la gloire de saint Macaire ;
elle était suivie du troisième char sur lequel était assise
la *Pucelle de Gand*, défendue par un lion et tenant les
armes de la ville, et par derrière le char marchaient,
avec leurs guerriers, et leur suite, Baudouin IV, comte
de Flandre, et sa femme, Ogive de Luxembourg, qui gou-

vernaient le pays lorsqu'éclata la peste dont saint Macaire délivra la ville. Un *Pélican* figurait ensuite saint Macaire, faisant à Dieu le sacrifice de sa vie pour obtenir la cessation de la peste, et précédait le quatrième char où l'on voyait la Pucelle de Gand pleurant sur le fléau qui décimait la ville, et au-dessus saint Macaire à genoux, arrêtant l'ange exterminateur. Le cortège de ce char était formé de Philippe I⁺ᵉʳ, roi de France, de Baudouin V, tuteur de ce roi, et de Baudouin VI, avec un grand nombre de chevaliers et de dames. La *Licorne,* symbole du secours donné par saint Macaire au moment des maladies contagieuses, était conduite en avant du cinquième char où l'on voyait l'élévation des reliques de saint Macaire et qui était suivi par des personnages représentant les villes où des miracles ont été opérés par l'intercession du Saint, Malines, Cambrai, Mons, Maubeuge, Tournai, Gand, et par les archiducs Albert et Isabelle, souverains des Pays-Bas en 1615, lorsque les reliques de saint Macaire portées à Mons avaient fait cesser la peste qui désolait cette ville ; un nombreux cortège et vingt grands d'Espagne accompagnaient les archiducs. L'énorme *Lion* qui figurait ensuite indiquait le secours accordé par saint Macaire à ceux qui l'invoquent et précédait le sixième char où était représentée la *Ville de Gand,* tendant une main secourable à la ville de Mons, et plus haut, l'archiduchesse Isabelle se faisant inscrire dans la confrérie de Saint-Macaire et lui présentant des offrandes. La reconnaissance envers le Saint était ensuite symbolisée par les villes de la Flandre qui possédaient des reliques de saint Macaire et par divers comtes de ce pays : Thierri d'Alsace, Marguerite de Constantinople,

Louis de Male et Philippe le Bon ; Philippe II et Charles II,
rois d'Espagne, le duc de Lorraine et Madame Royale,
abbesse de Remiremont, et, à la suite d'un *Aigle*, symbole de l'Autriche, par le duc Albert de Saxe, l'archiduc
Léopold, et par le septième char où figuraient l'impératrice alors régnante et les princesses de la maison d'Autriche. Tous ces personnages étaient accompagnés de
leur suite.

Nous ne ferons qu'indiquer sommairement les autres
parties de la cavalcade. La seconde représentait les
quatre *Éléments* rendant honneur à saint Macaire ; elle
était formée de cinq animaux et oiseaux symboliques, de
cinq chars de triomphe et d'un grand vaisseau avec ses
agrès, ses mâts, ses voiles et son équipage faisant la
manœuvre ; 165 personnes de Gand y figuraient. La troisième partie, représentée par 124 Gantois et Gantoises,
montrait les *Quatre Saisons* honorant saint Macaire, et
offrait cinq animaux et oiseaux emblématiques avec cinq
chars de triomphe. Dans la quatrième section du cortège,
c'étaient les *Quatre parties du monde* qui célébraient le
Saint ; on y voyait cinq animaux gigantesques, six chars
de triomphe et des cortèges représentant les peuples de
l'Europe, de l'Asie, de l'Afrique et de l'Amérique : 254 habitants notables de Gand y figuraient, sans y comprendre
les musiciens et la troupe. Que l'on ajoute à tout cela
dix-sept grands arcs de triomphe, ayant de 50 à 80 pieds
de hauteur et de 30 à 40 pieds de largeur, ornés chacun
de bas-reliefs rappelant la vie et les vertus de saint
Macaire, de nombreuses inscriptions en vers et en prose,
en latin, en français et en flamand, avec des étendards
plus nombreux encore, dans le cortège, sur les arcs-de-

triomphe et sur toutes les maisons de la ville, avec des
jeux publics, des représentations théâtrales et des feux
d'artifice, le tout en l'honneur du Saint, et l'on pourra
peut-être se faire une idée de l'une de ces fêtes que nos
temps modernes ne connaissent plus.

CHAPITRE VII
AU COUVENT

~~~~~

**La vie matérielle. — Les funérailles d'un moine. — Correspondance.
— Les châtiments corporels. — La propriété individuelle. — Les
mœurs. — Les moines prêtres. — Réceptions et visites. — Les
chapitres nobles : Maubeuge et Denain.**

Les abbayes avaient de gros revenus, et les moines
vivaient à l'aise. Chaque semaine, les domestiques
tuaient des bestiaux et des volailles de la basse-cour ;
sauf les jours maigres, le menu ordinaire comprenait,
midi et soir, deux plats de viande, des œufs, du laitage,
d'excellents fruits.

En carême et pendant l'hiver, un courrier hebdoma-
daire apportait du poisson des ports de mer, d'Anvers
même ; et « pour remplacer les oignons de l'Égypte par
la manne du désert », comme variantes : des moules,
des écrevisses de mer, du gibier d'eau, du stockfisch.

Les parts de vin étaient mesurées petitement, mais
la qualité en était supérieure ; le Bourgogne alternait
avec le Champagne. Le sommelier avait de quinze à
vingt caveaux, chaque caveau durait un an ; il était vidé
à son tour et immédiatement repeuplé ; de sorte qu'on
buvait le vin après quinze, vingt ans de bouteille.

Une abbaye comprenait de dix-huit à trente moines ; très peu y avaient fait leurs études. Beaucoup avaient commencé leurs humanités dans les collèges et achevé leur théologie à Douai, à Cambrai, à Arras, à Lille ou à Mons. Après quoi ils entraient au couvent comme novices. C'était une cause de faiblesse morale pour les abbayes de ne pas former leurs cadets dès la première heure.

En Hainaut, les noms nobles sont très rares chez les derniers Bénédictins qui presque tous appartiennent à la bourgeoisie riche.

La somme demandée au frère entrant comme novice est élevée : jamais moins de 2.000 livres, auxquelles s'ajoutent les frais de vestiaire pour son habillement, de mobilier, de librairie, etc. Il doit encore payer quand il est admis à faire profession et prend le titre de seigneur (dom).

Aussi les Bénédictins de Cluny, qui n'étaient que 298, avaient 1.800.000 livres de rente ; les Prémontrés, à environ 400, avaient un revenu d'un million ; l'abbé de Clairvaux dépensait 100.000 francs par an.

A côté de cette aristocratie des couvents, étaient les maisons pauvres. Les Récollets de Bavai étaient dans la misère ; employés surtout comme prédicateurs, ils recevaient chez les curés qui demandaient leur concours une hospitalité peu plantureuse et un maigre salaire qui retournait à la communauté. Le vœu de pauvreté ne leur était pas difficile à tenir ; les moines d'Hautmont leur faisaient des aumônes, notamment un mouton par an. Les Sœurs Grises, les Sœurs Noires de Maubeuge vivaient dans un état voisin de l'indigence en face du chapitre

noble des chanoinesses dont les revenus étaient immenses. Et cependant les premières rendaient quelques
services et ne coûtaient rien, tandis que les autres
vivaient dans une complète inaction et s'entouraient
d'un luxe insolent.

Le régime des bénédictins novices était dur ; ils ne
quittaient guère l'église que pour la salle d'étude où ils
apprenaient le droit canon et les commentaires de leurs
règles. Meilleur cependant, le sort des profès n'était pas
enviable. Ils mangeaient au réfectoire, dormaient dans
une salle commune, se levaient et se couchaient à des
heures fixes, assistaient avec une scrupuleuse exactitude
aux exercices religieux quotidiens : messe, vêpres, com-
plies, nones, chapelet, chemin de croix.

En sous-ordre, ils surveillaient les ouvriers, parcouraient les champs et les bois par tous les temps.
Sans honneur et sans gloire, employés subalternes, ils
travaillaient aux comptes avec le procureur, à la bibliothèque avec l'archiviste, dans les dépendances de l'église
avec le sacristain. Ils avaient beaucoup de responsabilité.
Le principal avantage qui leur était concédé était un
congé annuel de douze à trente jours pour visiter leurs
amis et leurs parents.

Bien différente était la situation des dignitaires : l'abbé
et ses officiers capitulaires, qui détenaient la puissance.
Ils logeaient dans leurs appartements particuliers,
avaient leurs équipages et leurs domestiques. Jouissant
d'une liberté complète, ils recevaient qui leur plaisait,
offraient des dîners aux grands personnages de la
région, se rendaient dans leurs familles ou chez leurs
connaissances, acceptaient et envoyaient des invitations

dans tous les coins de la province, déambulaient de
Cambrai à Versailles, à Mons ou à Bruxelles.

Les funérailles d'un moine avaient un caractère ré-
jouissant plutôt que lugubre. Le défunt allait à la félicité
éternelle ; loin de s'attrister de cette séparation pas-
sagère, ses frères s'en divertissaient en attendant leur
tour d'entreprendre le grand voyage. Les cloches du
couvent se mettaient en branle, des courriers portaient
la nouvelle aux monastères avec qui il avait établi des
communautés de prières. Les psaumes succédaient aux
oraisons dans la chapelle abbatiale ; le mort, vêtu de son
plus beau costume, était étendu sur son lit, le visage et
les mains oints d'huiles parfumées. Il était porté à l'église
où une grand'messe solennelle était célébrée à son intention ; un orateur rappelait les vertus et les belles
actions du défunt placé avec des fleurs dans son cercueil
resté ouvert, tenant d'une main un cierge, de l'autre un
exemplaire de la règle de saint Benoît, qui était comme
la sentence de son bonheur éternel, s'il l'avait gardée
fidèlement, ou de sa damnation s'il l'avait mal observée.

Les prières achevées, l'eau bénite répandue abondamment sur le corps, les religieux assistaient à l'inhumation, puis se rendaient au réfectoire et prenaient part
à un repas copieux dans lequel on servait les mets les
plus recherchés, les vins les plus fins en signe de réjouis-
sance. A la fin du banquet un second orateur, prenant
comme thème la devise, les armoiries du mort ou quelque
particularité de sa vie, prononçait en latin son éloge et
décrivait les joies célestes qu'il avait gagnées.

Après les plaisirs de la table venaient des divertissements, car si les dés, les cartes étaient bannis, les moines

se délassaient au colin-maillard, au jeu de boules, aux
quilles, au jeu d'oie qui consistait, les yeux bandés, à
couper le cou d'un volatile de la basse-cour. Un journal
est à leur disposition.

L'esprit du xviiiᵉ siècle soufflait sur les abbayes.
Lorsque, au début de la Révolution, les autorités demandent aux moines quelles sont leurs occupations et leurs
idées, dans leurs réponses ils font intervenir les expressions du temps : tyrannie, esclavage, Être suprême.

Leur correspondance dénote un esprit sinon mondain,
du moins peu religieux. Lisez cette lettre de compliments écrite par le dernier abbé d'Hautmont :

Monsieur,

Je saisis bien volontiers la circonstance de ce changement
d'année pour vous renouveler les vœux et souhaits les plus étendus pour votre conservation et tout ce qui peut concourir à votre
vrai bonheur et contentement. Je désire ardemment qu'ils puissent vous être aussi agréables qu'ils sont sincères.

Ce qu'espérant, j'ai l'honneur d'être, Monsieur,

Votre très humble et très obéissant serviteur.

VULMAIRE.

Hautmont, ce 1ᵉʳ de l'an 1783.

Une autre du même adressée à l'archevêque de Cambrai est de pareil style.

Cette missive de Dom Ghislain du Sart, un des moines
les plus distingués des Pays-Bas en son temps (1788),
n'est pas moins curieuse :

Monsieur,

Quoiqu'il m'eût été fort agréable de dîner jeudi chez vous, je
suis obligé de me priver de cette satisfaction, ayant accepté pour
ce jour l'invitation de M. Hennet de Maubeuge.

Mais lundi prochain je vais à Dourlers pour mettre d'accord deux ou trois mauvais drôles qui veulent plaider et croient que je suis disposé à les écouter. Je m'empresserai d'être à votre table si vous voulez encore me recevoir.

Mille choses respectueuses de ma part à Madame et à Mademoiselle Marguerite.

Tout vôtre.

D. GHISLAIN DU SART, *Rel.*

Ce dernier était un type de moine trop peu commun. Savant, lettré, intelligent, homme aux vues larges, aux idées fécondes et généreuses, il ne se faisait pas d'illusion sur les abus de son temps, sur la nécessité de les réformer et d'arriver par des lois et des coutumes plus libérales à une plus grande somme de justice sociale. « Mon premier mouvement, écrit-il encore au sujet d'un fermier qui l'avait insulté, a été de tirer les oreilles à ce malotru, et il sait lui-même qu'il le méritait pour m'avoir agonisé de sottises, et j'ai eu bonne envie de lui envoyer mon pied... Mais il avait des yeux tellement suppliants que je me suis laissé toucher. Je lui ai remis cinquante livres... Je ne me fie pas beaucoup à cet oiseau-là, et je l'ai prévenu en partant que s'il insulte encore un religieux, je lui romps les côtes. Heureusement qu'on ne fait pas le bien dans l'espoir de recueillir la reconnaissance de ceux qu'on oblige. »

Ce serait une étude bien curieuse que l'histoire des trois vœux sacramentels du clergé régulier à travers les siècles. Le principe suivant a été posé par un auteur dont les conclusions sont habituellement justes :

Quand le pouvoir civil intervient, la règle décline ; quand l'Ordre est libre vis-à-vis de l'État, il prospère et la règle est observée.

Cette appréciation souffre des exceptions ; mais l'intervention de l'Etat fut souvent néfaste (1). Charlemagne défend aux abbés d'infliger à leurs moines des châtiments cruels, de leur crever les yeux ou de leur couper les membres. Il interdit aux religieux, une fois leurs vœux prononcés, de jamais sortir de leurs cloîtres.

Encore au XVIII° siècle, dans presque toute la France, quand un moine s'échappait de son couvent, il y était ramené à la requête du supérieur, par la maréchaussée.

D'anciennes conventions passées au moyen-âge entre monastères prévoyaient cette fuite et réglaient dans quelles conditions était le déserteur vis-à-vis de sa maison et vis-à-vis de ses hôtes. « Si, dit un acte de l'abbaye de Saint-Michel-en-Thiérache, notre supérieur, irrité, venait réclamer brusquement un des siens, le religieux ne lui sera pas rendu avant que sa culpabilité ne soit établie. » Il était resté quelque chose de ces traités dans les coutumes de nos abbayes au XVIII° siècle. Les moines mécontents changeaient de couvent, et quand la maréchaussée les recherchait, elle perdait sa peine ; mais la discipline ne gagnait rien à cet état de choses, et les relations entre communautés voisines manquaient parfois de cordialité.

L'Etat intervenait. En 1763, l'abbaye de Chairvaux fut condamnée à 40.000 écus d'amende pour avoir laissé périr des religieux dans un de ses cachots souterrains. Un droit d'appel au général de l'Ordre fut donné aux moines condamnés à des châtiments corporels.

Ceux-ci n'étaient plus guère usités dans nos couvents.

(1) Voyez Chapitre IX.

Voilà ce qu'un prédicateur disait d'un supérieur au XVII° siècle, qu'on citait encore comme un modèle :

« Hanot, à la face pâle et émaciée par les jeûnes et les privations, de qui on ne put jamais dire : *Gras comme un Abbé,* fut pour ses religieux un maître doux, ennemi des pratiques inutiles et dangereuses. Il ne pensait guère que c'était l'affaire des supérieurs d'inventer de nouvelles rigueurs ou de rappeler celles qui étaient tombées en désuétude. Il n'appartient pas à l'abbé d'abuser du moine comme d'un serf, de lui commander comme à un esclave, de le menacer des étrivières, du fouet, du joug et du cachot comme un pendard. »

Une main très ferme, une personnalité indiscutée, pouvait régenter une communauté d'après ces principes, mais que devenait le vœu d'obéissance quand les rênes du pouvoir étaient aux mains d'un incapable ou d'un indigne ?

Les religieux se chicanaient sans mesure et en appelaient même à la juridiction civile qui ne demandait pas mieux d'intervenir. En 1726, les moines d'Hautmont s'insurgèrent contre l'Archevêque et l'Abbé. Ils les mirent en cause devant le Parlement de Douai qui débouta les demandeurs, les condamna à l'amende et aux dépens et les priva de vin et d'argent jusqu'à ce qu'ils eussent tout réglé de leurs propres deniers.

Auparavant, des religieux plaidaient encore contre leur abbé soutenu par le prieur et se refusaient d'accepter un bailli qui trouvait leurs dépenses exagérées (1697).

A Hasnon, près de Valenciennes, le supérieur Ildephonse Lernould (1758-1786) était en guerre avec ses subalternes, et des scènes très vives se passaient dans l'intérieur du cloître.

Liessies même, l'abbaye modèle, où la règle bénédictine fut observée jusqu'à la dispersion des moines, où ceux-ci ne furent jamais en butte aux médisances et aux calomnies de l'opinion publique, a eu quelques ombres dans l'auréole glorieuse dont l'avaient encadrée Louis de Blois et Antoine de Winghe ; quelques taches dans le respect universel qui l'entourait et devant lequel s'incline l'impartiale histoire.

Un de ses supérieurs, Lambert Bouillon (1677-1708), aimait la dépense, épuisait la caisse du couvent en constructions et pourvoyait ses neveux et nièces sans être trop scrupuleux sur les moyens.

L'archevêque Fénelon s'en émut et, en janvier 1708, avec l'Intendant du Hainaut de Bernières, arrivait à Liessies qu'il inspecta.

Il constata bien des abus qu'il regretta, des irrégularités qu'il signala. Mais, ne voulant saper le principe d'autorité déjà fort ébranlé, il adressa à la communauté un discours où il rappelait aux religieux le respect dû à l'abbé.

Celui-ci se fit un sujet de triomphe des paroles de l'Archevêque, recomposa à sa manière l'exhortation de Fénelon, exagérant et amplifiant tout à son aise son éloge et la censure des moines.

Le discours fut mis sous les yeux de son prétendu auteur, qui se plaignit de l'inexactitude de cette allocution et en contesta le fond et la forme. Néanmoins le célèbre prélat, malgré le rôle quelque peu ridicule qu'on lui faisait jouer, n'en garda pas rancune à Lambert Bouillon.

Sauf à l'abbaye de Liessies et dans quelques autres très rares communautés, la prescription interdisant la propriété individuelle était devenue lettre morte. Depuis l'an 1620 environ, chaque moine avait la faculté d'avoir de l'argent. Sur l'avis de l'abbé, le prieur ou le pitancier en exigeait la garde et le rendait à son possesseur quand celui-ci quittait momentanément le couvent.

C'était l'extension à tous de la liberté dont jouissaient, depuis des siècles, les religieux nommés curés : il est vrai qu'il n'en restait guère à cette époque.

Les bénédictins curés avaient la possession de l'argent qu'ils gagnaient, ils le dépensaient à leur guise, n'avaient aucun compte à rendre à l'abbé ni à leurs frères ; ils avaient la faculté d'acheter et de vendre des immeubles et des rentes comme ils l'entendaient.

Ils avaient le droit de tester au profit d'étrangers à leur communauté, et aujourd'hui le village de Boussières est propriétaire du jardin et du puits du curé Dom Jérôme Joachim, qui le légua à l'église du lieu.

Reste un dernier point à passer en revue, — le plus délicat des trois vœux de ce clergé. Que de sottises n'a-t-on pas dites et écrites à ce sujet ! Que de légendes grotesques et scabreuses ont été forgées de toutes pièces ! On a été jusqu'à affirmer dans nos campagnes que lorsque les Bénédictins confessaient une femme, ils déposaient leurs sandales sur le seuil de la porte, ce qui était pour le mari la plus impérieuse défense d'entrer. On a assuré que chaque couvent d'hommes possédait un sérail à peine déguisé, dont le personnel se recrutait parmi les employés, fermiers et débiteurs de la communauté.

L'origine de ces racontars est connue : tous ceux qui ont pris part aux exploits de la Bande-Noire en 1792-93-94 et qui se sont partagé les dépouilles des moines en volant l'État indignement, avaient intérêt à rendre leurs victimes peu intéressantes. Ils les ont calomniées pour gagner l'indulgence et l'oubli du grand public (1).

Lorsqu'une fille devenait mère, elle indiquait le père de l'enfant ; sur aucun registre de naissances, nous n'avons relevé le nom d'un religieux ; et pourtant dame Justice, imprégnée de l'esprit janséniste vers 1780-1785, n'était pas tendre pour quiconque portait le froc.

Dans les procès du temps, les adversaires des abbayes ont une liberté de langage, une vivacité d'expressions qu'on trouve surprenantes aujourd'hui. Les gens de Saint-Rémy-mal-Bâti disent à peu près nettement aux moines d'Hautmont qu'ils sont des voleurs ; ceux d'Ecuelin (1769) avancent que ce sont des fourbes. Avec quelle satisfaction ils auraient enregistré la constatation de tout acte immoral connu ! A Hautmont même, où les manants étaient divisés en deux camps, l'un hostile aux religieux qu'il malmène jusqu'à l'insulte, chacun se tait sur ce point particulier.

Les doléances des communes pour les États-Généraux de 1789 sont un long réquisitoire contre le château et le couvent. Il n'existe aucune accusation à la charge

(1) Nous sommes en possession de lettres écrites vers 1816-1819 par un certain C., du canton de S.-C., qui craignait une réaction. « Il faut dire et surtout faire dire que les moines étaient des m... et des p... », énonce-t-il nettement.

des moines. — Parce que, dira-t-on, elles n'ont point
abordé ce sujet. — Mais si. Les gens de la Salmagne
(Vieux-Reng) demandent que les filles séduites ne puissent réclamer la paternité qu'avec des lettres ou billets
de leurs suborneurs.

Quant à ces confessions de femmes à huis-clos, entre
une table bien servie et une alcôve discrète, quelle mauvaise plaisanterie! A l'origine les Bénédictins n'étaient
pas prêtres et ne confessaient pas. Il en a été ainsi
pendant très longtemps, et si, au XVIIIᵉ siècle, certains
pouvaient administrer les sacrements, ils formaient la
très infime minorité.

L'Archevêque n'autorisait par communauté qu'une
demi-douzaine de religieux à confesser dans le diocèse,
et cela se conçoit, puisque son autorité sur eux était
légère et contestée; en cas d'abus, il y eût eu conflit
de juridiction.

Sur 23 moines qui occupent l'abbaye de Maroilles
avant sa sécularisation, il y en a 6 qui ont pouvoir de
confesser dans le diocèse, un a la faculté de prêcher.

S'ils avaient laissé un libre cours à leurs passions,
les moines eussent trouvé des censeurs à l'intérieur
même du cloître. Des abbayes comptaient comme pensionnaires des vieillards qui s'y retiraient, vivaient
comme ils l'entendaient. Ils payaient une rente et conservaient la gestion de leurs biens. Ils avaient des
avantages de la vie monacale et n'en avaient pas les
ennuis.

Dans des actes authentiques, ils disent entrer au
couvent pour assurer le salut de leur âme ; et ils ont
pour leurs hôtes une réelle estime puisque, par exemple,

on voit l'un deux, Paschal Longhay, qui, en manifestant des sentiments pieux, affecte par testament une certaine somme pour payer annuellement un banquet aux moines, ses amis, et au curé de Boussières (1706). Des legs pareils sont communs.

D'après le règlement en vigueur, chaque maison religieuse devait être visitée annuellement par l'Archevêque ou un de ses délégués. Mais en fait, cette inspection canonique était fort anodine. Au XVIIIᵉ siècle, les évêques, grands seigneurs, étaient plus souvent à Versailles que dans leur diocèse ; ils se déchargeaient de cette ingrate besogne soit sur leur suffragant, leur assistant ou leur secrétaire à qui les couvents visités offraient même, outre l'hospitalité, des frais de déplacement ; soit sur le supérieur de quelque abbaye voisine à qui l'autorité faisait défaut pour donner à ses observations la portée désirable. Ce qu'on ne manquait jamais de lui faire voir, c'était le trésor de l'abbaye, des reliquaires d'une incalculable valeur, des châsses chatoyantes de pierreries, des statues de saints en argent, grandeur naturelle, comme le saint Georges d'Hautmont.

Qu'elles avaient été belles, un siècle plus tôt, les réceptions faites à l'Evêque ou à l'Archevêque, que l'Abbé traitait comme un grand seigneur en reçoit un autre ! La visite annoncée, les manants imposés d'office, les ouvriers appelés du dehors s'occupaient de la réfection des chemins ; des estrades, des arcs-de-triomphe se dressaient comme par enchantement : l'escorte de Monseigneur était attendue à quelques lieues par la foule des villageois en fête qui faisaient la haie et pous-

saient des acclamations frénétiques. A la limite des
terres des moines, l'Abbé le haranguait en un long discours latin et l'accompagnait dans son carrosse ; l'équipage avançait lentement jusqu'à l'escalier d'honneur au
milieu d'une population aussi naïve qu'enthousiaste qui
consommait avec conscience les jambons, le fromage,
le vin et la bière de ses nobles maîtres.

Le soir, quand dans la salle des réceptions les argen-
teries scintillaient et que les cristaux s'allumaient au
contact des crus célèbres, quand les hautbois et les
violons délassaient l'esprit de Monseigneur, les paysans
entretenaient de gigantesques feux de joie et organi-
saient une fête rustique qui se prolongeait dans la nuit.
Ces manifestations se continuaient pendant tout le séjour
du prélat et saluaient son départ.

Des abbayes éprouvèrent au XVIIIᵉ siècle des transfor-
mations dans leur constitution ; elles furent sécularisées
et devinrent des chapitres de chanoines : celle de Saint-
Claude en Franche-Comté où, pour être admis, il fallait
faire preuve de seize quartiers de noblesse en remontant
jusqu'au trisaïeul dans les deux lignes.

C'étaient surtout les couvents de femmes qui étaient
devenus des *chapitres nobles*. Les *chanoinesses* étaient
affranchies de la clôture, du vœu de pauvreté. Elles
recevaient grande société dans la maison, avaient des
relations mondaines, vivaient même en ville et conservaient le droit de se marier en quittant la communauté.
« Le 22 décembre 1769, écrit la *Gazette des Pays-Bas*,
fête fort brillante chez le Marquis de Gages à Mons.
L'assemblée était composée de Dames du chapitre de
Sainte-Waudru, de la principale noblesse et des officiers

de la garnison. Le souper était somptueux : il y avait
deux tables de 70 couverts. Le bal dura jusqu'à
six heures du matin. »

En passant à Maubeuge en juin 1711, le secrétaire
du duc de Chartres écrit que son maître avait eu l'avantage d'embrasser les chanoinesses du chapitre de Sainte-
Aldegonde, et cela selon un droit qu'elles avaient et
qu'elles n'avaient garde de laisser perdre.

Ces maisons étaient fermées à la roture ; la condition
essentielle pour y être admise était d'exhiber quantité
de quartiers de noblesse ; certains chapitres recevaient
des chanoinesses au maillot.

A Maubeuge l'âge requis était de trois à douze ans.
Le jour de la réception arrivé, la jeune aspirante entendait la messe à l'issue de laquelle elle se tenait à l'entrée
du chœur entourée de ses futures compagnes. L'aînée
s'avançant lui disait solennellement: « Que demandez-
vous, ma fille ? — De posséder dans ce noble chapitre
la nourriture spirituelle et temporelle. » Revêtue de
l'habit de chanoinesse, la récipiendaire était de nouveau
interrogée: « Que demandez-vous ? » Et sur sa même
réponse, elle recevait un livre de prières, symbole des
biens spirituels, et un petit pain, image des biens tem-
porels. Ses sœurs en religion allaient l'embrasser, et la
cérémonie se terminait par une prestation de serment.

L'abbesse était nommée par le Roi sur présentation
d'une liste de trois candidates élues par les chanoinesses.
L'entrée à Maubeuge de l'abbesse, qui arrivait selon la
coutume coucher la veille à l'abbaye d'Hautmont, était
une cérémonie magnifique où la plus grande pompe
était déployée. Les officiers de la garnison, les magis-

trats, les personnages les plus haut placés, des prélats
venaient lui rendre leurs hommages ; les frais de réception atteignaient un chiffre énorme. Après un *Te Deum*
solennel et des salves de mousqueterie, l'abbesse était
entourée de ses compagnes qui lui assuraient *révérence
et honneur* ; elle les embrassait l'une après l'autre en
leur promettant de son côté *paix et amitié*.

Le chapitre des nobles Dames à Denain n'était qu'une
association de demoiselles de haut parage attendant
l'occasion de se marier. En 1773, il écrit à Louis XV :

Les chanoinesses sont décorées d'un cordon noir
bordé en or à l'extrémité duquel est attaché un médaillon
d'or ; elles portent ce cordon en écharpe.

Leur occupation est de célébrer l'office divin, suivant
le rite de Rome.

Elles ont pour assister au chœur un habit d'église
noble et décent, et le service s'y fait avec toute la dignité
qui s'observe dans les cathédrales.

Elles sont gouvernées pour le spirituel par la dame
abbesse qui tient son brevet de nomination du Roi.

L'administration du temporel appartient aussi a l'abbesse, à l'adjonction de quatre chanoinesses anciennes.

Les chanoinesses peuvent quitter leurs prébendes
quand elles le jugent à propos, soit pour se marier, soit
pour retourner chez leurs parents.

Le chapitre n'hérite point de leur succession, qui
appartient à leur famille, comme dans l'ordre civil.

Dans un placet à la reine Antoinette, les nobles filles
comparent les services qu'elles rendent en paradant à
l'église, à ceux des Universités ! Il est vrai qu'elles y
ajoutent aussi le mérite de « reproduire le pur sang

d'une noblesse généreuse, ornement et soutien de la couronne. »

Les chanoinesses de Maubeuge étaient plus riches, plus puissantes que celles de Denain ; elles avaient même battu monnaie autrefois ; leur supérieure appartenait à une famille princière. Mais qu'était-ce que cette gloire comparée à celle du chapitre de Remiremont, en Lorraine, le plus célèbre d'Europe ? L'abbesse était princesse du Saint-Empire, avait pour insigne une crosse d'or, menait un train royal, n'allait qu'en carrosse à six chevaux. Elle percevait à la fois la dîme ecclésiastique et les redevances féodales sur deux cents villages et nommait à près de cent cures en Lorraine, Bourgogne, Alsace, Franche-Comté.

Que conclure de ce qui précède ?

Le principe d'autorité est fortement ébranlé dans les abbayes du xviiie siècle ;

La propriété individuelle n'y est plus un vain mot, elle existe à côté de la propriété collective ;

Les mœurs n'étaient ni dépravées ni dissolues ;

Les chapitres nobles étaient des établissements laïco-religieux, refuges des filles nobles à marier.

CHAPITRE VIII

LES ABBAYES ET LE PEUPLE

Les moines, surtout les riches, avaient d'ardents défenseurs et des ennemis non moins acharnés.

Au nombre de leurs partisans étaient leurs fermiers. Dans les exploitations rurales de notre région, les loyers des biens conventuels n'ont pas augmenté de 1610 à 1780 ; ils eussent été doublés sans injustice, car la propriété foncière a quadruplé de valeur dans le même laps de temps.

Les censiers des abbayes et des chapitres étaient largement secourus dans les années mauvaises ; ils obtenaient des modérations, c'est-à-dire des diminutions ; la protection de leurs propriétaires ne leur faisait pas défaut, elle leur était parfois utile. Ils se succédaient dans leur exploitation de père en fils pendant des siècles, et autant qu'ils le pouvaient ils plaçaient leur famille sur d'autres fermes des moines et des chanoinesses.

Parfois l'Abbé et sa cour allaient en récréation au

dehors chez quelqu'un de leurs locataires. Jour de distraction et amusement pour les moines ; fête pour le fermier qui reçoit ses hôtes avec empressement, leur fait visiter l'exploitation, pendant qu'une ménagère prépare des pâtisseries rustiques : *goyères*, tartes au fromage, que le poète Villon vantait déjà ; *brayards*, qui se préparent avec la petite prune acide et parfumée nommée noberte ou pâté ; *flamiches*, chaussons dont la farce se compose de poireaux et d'oignons coupés en menus morceaux.

La jeunesse du lieu offre au prélat les honneurs en échange desquels boissons et victuailles sont mises à la disposition de tous. La popularité coûte cher.

Le prolétariat de nos campagnes a trouvé aide et assistance dans les couvents dont l'esprit de charité est incontestable. Pendant des hivers pénibles, des établissements, pour ne pas distribuer des aumônes gratuites, ont occupé les paysans à des travaux d'aménagement, de drainage, de défrichement ; le dessèchement des marais de la Sambre était toujours continué par les abbayes d'Hautmont et de Maroilles ; d'autres cédaient des matières premières (laine, chanvre, lin, etc.) que les artisans devaient façonner pour en tirer un profit sérieux.

Des libéralités des abbayes ont été inintelligentes ; elles ont provoqué la paresse et tué la dignité personnelle. Voici ce qu'écrivait vers 1820 un voyageur entrant à Maroilles :

« Je fus extrêmement surpris en voyant déboucher, au claquement du fouet de mon automédon, des *centaines* d'individus couverts de sales livrées de la misère, non pas de celle qui attendrit, mais de celle qui repousse, attendu qu'elle est le résultat de la fainéantise et des mauvaises mœurs. Ces effrontés *lazzaroni* ordonnaient l'aumône plutôt qu'ils ne la demandaient. Ces malheureux, sans foi et sans loi, sont tellement dénués de courage, qu'il est impossible d'en tirer aucun parti. La mendicité est pour eux une habitude, un besoin. Ils s'enorgueillissent de ce qu'ils appellent leur état, qui sert à satisfaire leurs goûts crapuleux ; leur probité n'est même pas à l'abri du soupçon. Ces vagabonds sont les anciens commensaux de l'abbaye joints aux nombreux faux-sauniers devenus sans profession depuis la suppression de la gabelle (1). »

Humbert Sculfort s'était ému des critiques qui s'élevaient de son temps contre les trop grandes facilités de vivre que son couvent d'Hautmont donnait aux indigents des environs ; on lui reprochait de favoriser leur penchant à l'inaction et à la mollesse. Le prélat (1741-1753) recommande d'être très généreux envers les orphelins, les familles chargées d'enfants ; mais il veut que les moines soient sévères à l'égard des fainéants, des contrebandiers et des braconniers qui pullulent dans le pays et ne vivent que de rapines. Il prie ses fermiers de ne pas appeler d'ouvriers étrangers et de confier leurs travaux à des gens du pays, qui se plaignent de ne pas trouver d'ouvrage et usent de ce prétexte pour demander des secours. Sous ce rapport rien n'est changé !

Les efforts d'Humbert Sculfort furent à peu près

(1) Mme Clément-Hémery. Tome I. — Cette tourbe a fait place depuis longtemps à l'une des populations les plus actives et les plus intelligentes de la région.

inutiles, et la population de Boussières, qui s'élevait en 1707 à 174 individus, était tombée à 150 vers 1820.

.·.

Les ennemis et les adversaires du clergé régulier appartenaient surtout à la bourgeoisie ; mais nous signalerons aussi les curés.

Ils n'avaient pas pardonné aux moines leur ancienne tutelle ; ils dépendaient encore de l'abbaye ou du chapitre pour l'augmentation de leur traitement et les réparations de l'église ; ils songeaient toujours, avec l'aide des officiers du Roi, à conquérir plus d'indépendance ; ils étaient enclins à approuver les doctrines de Jansénius alors que les moines, molestés par l'Etat comme les Jésuites, avaient des sympathies pour ceux-ci : Augustin Fourdin, abbé de Liessies, séjournait tous les ans chez les Jésuites de Maubeuge et fit réparer à ses frais le bâtiment de leurs classes.

La guerre aux décimateurs, éteinte dans telle paroisse, se rallumait ailleurs. Les procès se succédaient à la grande joie des gens de robe ; les curés montraient parfois une mauvaise volonté qui était un désir manifeste d'envenimer la situation, de rallumer d'anciennes querelles.

La Corrège, pasteur de Ferrière-la-Grande (1781-1792), se fit édifier, aux frais des moines d'Hautmont, la plus belle maison du village : elle avait un étage, c'était un petit château pour l'époque. Il demande en même temps une clôture pour son jardin : l'abbaye lui donne les pierres et les charrie gratuitement. On n'est pas plus gentil ; c'est encore jugé insuffisant, car le curé s'adresse au prévôt de Maubeuge pour obtenir le remboursement des frais de construction de son mur. C'était pousser les choses à l'extrême.

Besse, curé de Saint-Aubin, qui fut député aux Etats-Généraux, n'était guère plus accommodant à l'égard de ses décimateurs, encore Messieurs d'Hautmont, qui lui servaient son traitement quand il siégeait à l'Assemblée Constituante et votait la suppression de tous les privilèges ; et pourtant, que de cajoleries il recevait avec sa pension !

Les avocats qui n'avaient pas la clientèle des moines n'étaient pas les moins acharnés contre le froc. Instruits, expérimentés, au courant de la science chicanière, grands admirateurs de Voltaire, de Rousseau et des Encyclopédistes, vivant chichement dans les petites villes à côté de confrères qui avaient en justice la représentation des religieux et touchaient de gros honoraires, ils ont été les préparateurs du mouvement de 1789 et les rédacteurs des Cahiers des Communes.

Dans la plupart des paroisses, le tiers-état avait grandi. Il se sentait fort ; il désirait voler de ses propres ailes. Depuis soixante ans et plus, il rompait des lances avec les ordres privilégiés, et le clergé régulier lui servait surtout de cible.

Que de procès pendant tout ce temps ! Battus sur un point, les mayeur et échevins entamaient la lutte sur un autre. Étaient-ils condamnés pour refus de payer le terrage ? ils attaquaient le couvent pour l'obliger à reconstruire un pont, à rééditier une chapelle, à réparer le clocher, à payer une contribution.

En 1758, les Bénédictins de Maroilles durent reconstruire le chœur et la toiture de l'église de Taisnières-en-Thiérache, dont ils avaient la collation. Ce ne fut pas sans réclamations, mais le travail fut très convenablement exécuté. Seulement les habitants de Taisnières les avaient tant aigris par des procès, des chicanes de toute espèce, que les moines, nés malins, trouvèrent un moyen habile d'exhaler leur bile et de publier gratuitement l'humeur tracassière de leurs ennemis. Sur la toiture, en ardoises de couleur différente, ils formèrent en une bordure trois lettres gigantesques V. D. P., ce qui signifiait : *Village de Plaideurs*. Les gens de Taisnières devaient prendre une éclatante revanche.

Les doléances de 1789 nous renseignent sur les sentiments du tiers vis-à-vis des riches communautés religieuses. Dans notre région il n'est guère de municipalité qui ne décèle une hostilité bien prononcée.

A côté de récriminations des gens de Feignies, qui se bornent à signaler aigrement les richesses des abbayes et des chapitres, combien sont plus explicites et plus hardis ! A Obrechies, à Quiévelon, les habitants demandent nettement qu'on puise dans les trésors des couvents.

Les vœux se résument ainsi :

Réduction des ordres réguliers ;

Suppression des chapitres nobles et des prébendes ;

Confiscation au profit de l'Etat du quart, du tiers, de la moitié même des revenus des couvents ;

Confiscation, en totalité ou en partie, des trésors accumulés dans ces couvents ;

Suppression des prieurés, qui étaient des espèces d'annexes des abbayes : ainsi Liessies avait un prieuré à Dompierre, un autre à Wallers; Anchin en avait un à Aymeries.

Quelques-unes enfin, la municipalité de Boussois rentre dans cette catégorie, la moins commune, portent sur d'autres sujets leurs revendications.

.·.

La bourgeoisie était bien préparée à faire aboutir ces réformes. Elle avait pour elle l'administration, car les prévôts, qui sortaient de ses rangs, les demandaient depuis longtemps, et en haut la machine gouvernementale, usée, vermoulée, désagrégée, n'avait ni force, ni autorité, ni opinion.

Elle s'attacha aussi les petits, les manants, ceux qui ne possédaient rien. Ses excitations contre les moines ne furent pas toujours heureuses ni adroites, car les paysans sans sou ni maille ne comprirent guère qu'une chose dans les récriminations qu'ils entendaient : *la guerre aux riches.* Ceux-là se mirent du parti du tiers-état, soit pour avoir l'occasion de voler sans crainte d'être punis, soit parce qu'ils crurent naïvement que, tout étant renversé, ils posséderaient à la place des autres. Voici un discours sommaire d'un orateur du village de Bermerain à l'époque de la Révolution : « On sonnera le tocsin pour appeler les citoyens. Ceux qui ne viendront pas, on les rançonnera. Si les Barbet (les gens riches de l'endroit) ne s'y trouvent pas, on les pillera, on les dénoncera. »

La bourgeoisie paya cette faute, qui était une ruse de

guerre, d'abord par l'exil et la mort de quelques-uns de ses membres, et plus tard par l'avènement d'un César qui la broya sous sa botte avec le reste de la nation française.

Mais cette tactique réussit. La preuve, nous la trouvons dans les manifestations qui éclatèrent en juillet 1789 dans notre région contre les couvents. Ils ne trouvèrent aucun appui chez les bandes d'indigents nourris et hébergés sur leurs terres. Bien plus, ceux-ci firent même cause commune avec les bourgeois, petits et gros.

Le mouvement le plus caractéristique est celui des gens de Taisnières-en-Thiérache à Maroilles ; le plus curieux au point de vue des mœurs, car il revêt un caractère religieux dont les autres ne sont pas d'ailleurs absolument dépourvus, est celui des habitants de Dompierre à Liessies.

Un mot d'abord sur la manifestation d'Hautmont.

Deux semaines après la prise de la Bastille, les paysans de Beaufort, qui, en tête des novateurs réformistes, avaient annoncé la nouvelle, donnaient rendez-vous à ceux de Louvroil, de Saint-Rémy-mal-Bâti, de Limont-Fontaine et de Ferrière-la-Grande. Ils se réunirent le 28 juillet matin à Beaufort où ils entendirent la messe du curé Watteau. Formant une longue bande d'aspect peu rassurant, ils vinrent manifester à Hautmont contre l'abbaye, résolus à la piller et à s'emparer des titres. Ils étaient si nombreux et si menaçants que l'Abbé, Dom Vulmaire, ne se sentit pas de taille à leur tenir tête. Il s'enfuit précipitamment, traversa furtivement la Sambre, gagna Neuf-Mesnil et se réfugia à Mons. Le Procureur lui avança même un louis pour opérer cette retraite, le brave homme étant sans doute à court d'argent.

Ce fut un moine, dont nous avons déjà parlé, D. Ghislain Dusart, qui accueillit les manifestants ; il les connaissait pour la plupart. Ceux-ci protestèrent d'ailleurs de leurs sentiments patriotiques, civiques, religieux ; respect au Roi, à la Nation, à la Religion, toutes ces formules vagues leur nourrissaient l'entendement comme l'air du matin leur creusait l'estomac.

Ghislain Dusart le comprit. Il calma les plus exaltés, pénétra hardiment dans les groupes de manants armés de faux et de bâtons ferrés, trouva des mots aimables ou des plaisanteries pour chacun, sut être énergique à propos et parvint à éviter le pillage.

Avec quelques amis dévoués et restés sympathiques, il ouvrit la grand'porte de la basse-cour, après avoir reçu la promesse des chefs de la bande que leurs gens respecteraient les propriétés où ils entraient. On défonça dans la cour quelques tonnes de bière, on dévora force jambons. Les religieux trinquèrent avec leurs visiteurs, et les paysans regagnèrent leurs villages avec la satisfaction d'avoir manifesté et le plaisir d'avoir pris gratuitement un bon repas. Tous les dégâts se bornèrent à quelques carreaux brisés, à des volailles, des œufs et des fruits enlevés à la vue des moines qui jugèrent prudent de fermer les yeux.

Que faisait l'autorité qui siégeait à Maubeuge et à Valenciennes ? Rien. Avant de se prononcer, elle attendait la tournure des événements.

.·.

Autrement importante fut la manifestation contre l'abbaye de Maroilles qui eut lieu le lendemain, 29 juillet 1789.

Des voituriers du pays allaient régulièrement, une ou deux fois par semaine, à Valenciennes et à Lille, pour y chercher les approvisionnements d'épiceries de la contrée, exporter des fromages et d'autres denrées. Les fraudeurs et les faux-sauniers faisaient la navette entre Guise, Saint-Quentin et la frontière belge. Les uns et les autres recueillaient et rapportaient les nouvelles qui suscitaient une vive curiosité chez les campagnards.

Les moindres faits divers étaient l'objet de commentaires sans fin ; ils étaient grossis et dénaturés à plaisir ; mais les sentiments hostiles dominaient chez ces gens ignorants, grands buveurs, qui entendaient les tribuns et les émissaires prêchant déjà la lutte des classes.

Ce fut une joie sans pareille quand voituriers et fraudeurs annoncèrent que les Parisiens s'étaient emparés de la Bastille, où cependant ce n'étaient pas les pauvres diables qu'on jetait ; que le peuple, désireux de se venger de toutes les injures dont on l'avait sali, de tous les affronts dont il avait été abreuvé, brisait ses fers, allait en masse assaillir châteaux et couvents ; que les autorités provinciales étaient plutôt favorables aux petits et fermaient les yeux sur les excès de cette justice sommaire.

A Taisnières, en racontant cela, les porteurs de nouvelles donnèrent le récit d'une entreprise de cette nature contre une abbaye de Flandre. Cette relation fut lue à haute voix sur la place, en présence d'un public nombreux convoqué en cette occasion.

Ce fut assez pour que toutes les haines accumulées par l'abbaye de Maroilles fissent explosion; une rancune de cinq ou six siècles, transmise de génération en génération comme un bien patrimonial, salua avec joie le triomphe des manants. Le jour de la vengeance avait sonné. Le procès du pont, celui du fromage à la vache, ceux des droits réclamés par le couvent pour les héritages, pour les dîmes, tout cela allait se liquider en une formidable poussée.

L'émeute fut admirablement organisée ; tout fut préparé et prévu. Les chefs firent pendant quelques jours une propagande active, attisant les haines, encourageant les timides, rassurant les poltrons. Ils négocièrent avec les habitants de Maroilles qui, eux, n'avaient pas à se plaindre de l'abbaye et s'assurèrent de leur neutralité, — contrat qui fut rigoureusement tenu. Si l'on songe que le même jour un mouvement pareil se produisait à Dompierre, la veille dans sept ou huit communes du nord de l'arrondissement, on conclura peut-être qu'un mot d'ordre général avait été donné.

Le soir du 28 juillet, le tocsin se fait entendre à Taisnières. Il s'agit de discuter les mesures à adopter dans la marche sur Maroilles.

Le lendemain, le soleil se lève radieux, mais les paysans ont autre chose à faire qu'à couper leurs seigles ou soigner leurs bestiaux. Aux appels lugubres du tocsin qui sonne sans relâche, chacun sort de chez soi ; tous se portent en foule sur la place du rendez-vous, au Quesniau, où les grosses têtes pérorent et demandent instamment l'instant du départ.

Les femmes et les enfants suivent en badauds, toute la population de l'endroit est sur les lieux; un service d'ordre est organisé pour contenir ceux qui ne peuvent prendre part à l'expédition.

Survient, *par hasard*, dit un auteur, le curé Fontaine qui descend du presbytère pour aller à l'église. Il connaissait les sentiments et les projets de ses paroissiens. Ceux-ci lui demandent les prières de l'Eglise pour le succès de leur entreprise. Une messe est aussitôt chantée pour la réussite des démarches qu'ils allaient tenter.

La troupe se mit en marche entre sept et huit heures du matin. C'était une compagnie de 150 à 200 hommes de tout âge, bizarrement accoutrés, armés de vieux fusils, de sabres, de fourches, de coutres de charrue, qui s'acheminait bruyamment vers Maroilles en exhalant en cris et en chansons son hostilité envers les moines.

Quelques-uns firent défection dans le trajet ; mais cette désertion fut largement compensée par les retardataires qui rejoignirent la bande et par quelques passants qui furent rencontrés en route et, de gré ou de force, incorporés au bataillon. Plusieurs femmes sont au nombre des manifestants, qu'elles égayent par des saillies grivoises.

Les meneurs avaient pris de très sages précautions : le peuple faisait la guerre aux moines, pas à la religion. A l'abbaye, on ne devait rien voler; quant au reste... c'était sans doute permis.

On fit une halte près du calvaire de Maroilles. Des

cocardes tricolores (déjà !) furent données à ceux qui n'en étaient pas pourvus ; la distribution se fit sur le piédestal même du calvaire, et on insista pour qu'on respectât l'église et qu'on n'en enlevât rien.

La troupe ainsi stylée traversa Maroilles ; les habitants, prévenus, la regardèrent passer sans mot dire, une partie rangés en armes sur la place de la mairie.

Les chefs de l'émeute avancèrent jusqu'à la grand' porte de l'abbaye qu'ils trouvèrent fermée ; mais le guichet était ouvert. Ils pénétrèrent dans la cour, s'annoncèrent aux gens de la maison et demandèrent une audience à l'Abbé.

Dom Maur Sénépart, qui ne fit pas preuve en l'occurrence de haute diplomatie, tergiversa et, finalement, refusa pour des motifs futiles.

Des moines se montraient aux fenêtres du cloître, ils échangeaient des propos avec les négociateurs qui expliquaient énergiquement leurs prétentions. Il leur fut répondu que le couvent allait délibérer et donnerait une réponse catégorique dans deux heures. Les négociateurs du parti populaire se retirèrent à demi satisfaits et firent part du résultat de leur ambassade au gros de leurs partisans qui campaient sur la route, en face de l'abbaye.

Chacun profita de cette trêve pour déjeuner, les uns demandant l'hospitalité à un parent ou un ami de Maroilles, d'autres cassant une croûte apportée par précaution et se désaltérant dans les cabarets du village.

La première heure passa rapidement, mais la deuxième parut bien longue. On en comptait les minutes lorsque le bruit circule que l'Abbé a demandé à l'autorité militaire de Landrecies de la troupe pour maintenir l'ordre et sauvegarder le monastère, que l'ajournement de la réponse a pour but de permettre aux soldats d'arriver.

C'est suffisant pour rompre la paix. On murmure, on gronde, on menace, tous sont prêts à la bataille.

Le délai convenu est loin d'être écoulé ; mais les députés se présentent quand même à l'abbaye pour avoir la réponse. Elle leur est jetée par une fenêtre. La lecture provoque l'indignation générale.

La grand'porte est ouverte, et la bande fait irruption dans la cour intérieure. L'heure de l'action a sonné. Vitres, verrières, fenêtres volent en éclats sous une grêle de briques, de moellons ; les assaillants ne connaissent plus de frein ; ils font arme de tout ce qui est à portée de leurs mains. Les chefs dirigent la bande. Tandis que l'un, débraillé, le torse à demi nu, attaque la basse-cour et bataille contre les valets avec un énorme gourdin, une mégère, la tête échevelée, le regard en feu, avec des propos cyniques, excite le gros de la troupe du geste et de la voix.

Les fenêtres sont escaladées, les portes enfoncées, les gens de Taisnières se répandent dans les appartements et les dévastent. Rien n'est épargné ; vaisselles, meubles, linge, tout est détruit ; on s'efforce de ne rien laisser intact.

Les cris de détresse des moines, le tocsin se mêlent aux imprécations de cette foule qui brise toujours ; mais les appels des religieux restent sans écho : les gens de Maroilles restent témoins passifs de cette scène barbare.

Le quartier de l'Abbé est attaqué : protégé par une porte d'une solidité extrême, tous les efforts avaient été vains. Un vaste vestibule, orné de terres cuites vernissées, paré d'une superbe mosaïque de marbre, avec un lustre monumental, était forcé, mais les salons semblaient inaccessibles.

Un homme de grand âge et d'expérience fait apporter une poutre. Six compagnons robustes la soulèvent horizontalement et s'en servent comme d'un bélier. La porte ne cède qu'après plusieurs tentatives : les salons sont conquis !

Ces appartements étaient richement meublés ; le luxe raffiné du xviii° siècle y étalait ses magnificences : pendules et candélabres reposant sur de monumentales cheminées de marbre, glaces et peintures de prix, canapés et fauteuils en velours d'Utrecht, lits garnis d'étoffe de soie et de mousseline, bronzes et ivoires d'art : il y avait de quoi monter un grand musée de province.

La foule se précipita dans les salons comme un torrent rompant ses digues : à coups de pioches, elle détruisit les consoles, les sièges, étoila les glaces, éventra les tableaux. Des bibelots, véritables chefs-d'œuvre de patience et d'ingéniosité, qui avaient demandé, pour être achevés, la vie de plusieurs hommes, étaient mis en pièces, détruits en quelques minutes. Les soieries, les dentelles étaient jetées à terre, maculées, arrachées en mille morceaux : ce fut une affreuse scène de vandalisme ; on détruisait par plaisir, sans but et sans raison.

Les moines avaient fui. L'un d'eux, Dom Romain, qui n'était pas parti à temps, fut poursuivi par les forcenés et reçut à la nuque un coup de bâton qui lui fit perdre beaucoup de sang ; Dom Maurice d'Epinoy resta caché dans l'étable des bœufs. Un seul tint tête à l'orage : Dom

Marcel Mériaux, qui imposait à la multitude, autant par sa haute stature que par sa voix de stentor. Impassible au milieu de la foule en délire, il prit une cuvette et se lava les mains, muet et ironique, entouré des paysans qui hurlaient, mais ne le touchaient pas.

Les autres religieux, s'emparant d'une barque, avaient mis la rivière entre eux et leurs agresseurs.

Et l'œuvre de destruction durait toujours. Les bras se fatiguaient, tant il y avait de richesses dans ces vastes constructions.

Quelques traits méritent d'être rapportés.

Un des assaillants, qui démolissait des verrières, aperçoit, à l'extrémité d'un corridor, un petit oratoire où la foule n'avait pas fait irruption. Il y entre, mais à peine avait-il fait quelques pas qu'il se trouve face à face avec un Christ en croix de grandeur naturelle, qu'un pupitre chargé d'un gros in-folio a caché à sa vue. Il pense se trouver devant quelque apparition, une réaction s'opère en son esprit, les bras lui tombent, il lâche son bâton. Selon sa propre expression, *sa journée était finie*.

Ailleurs, l'homme qui avait commandé la manœuvre du bélier dirigeait un bataillon, passant la revue des lieux pour détruire ce qui avait échappé au désastre et, faisant allusion à sa haute stature, disant : « *Passez, moi je repasserai.* » On en fit une locution proverbiale.

A deux heures de l'après-midi, les gens de Taisnières quittaient l'abbaye, et les troupes de Landrecies arrivaient juste à temps pour laisser s'enfuir le dernier de la bande.

Avant le retour au village, il y eut d'ailleurs une autre séance : ils s'arrêtèrent à *Plaisance*, une maison de campagne des moines. Ils cassèrent tout, se livrèrent à une abominable orgie, défoncèrent des pièces de vin, jetèrent dans le puits des débris de toutes sortes.

A cinq heures, les émeutiers étaient réunis sur la place de Taisnières en conciliabule. Le lendemain, ils devaient retourner pour achever leur œuvre ; mais ils se bornèrent à se rendre à Maroilles individuellement et à explorer les cabarets.

Des poursuites judiciaires furent ordonnées ; c'était seulement pour la forme : l'autorité se montra clémente et ne punit guère.

.·.

Les habitants de Dompierre obéissaient à des mobiles bien différents lorsqu'ils manifestaient le même jour.

Depuis 1556, les reliques de saint Etton étaient à l'abbaye de Liessies, ce qu'ils considéraient toujours comme une véritable spoliation, et ils n'avaient pas perdu l'espoir de recouvrer les restes de leur patron, bien que leurs réclamations, leurs suppliques eussent été aussi vaines que le résultat des procès engagés pour rentrer en possession des reliques de saint Etton, objet d'un pèlerinage fréquenté. Car on invoquait le Bienheureux pour les maladies des bestiaux. Les croyants sont actuellement toujours fort nombreux à Dompierre à la fête de l'Ascension. Pour expliquer cette vogue, un historien local a même avancé que saint Etton, qui vivait au VIIe siècle, était probablement spirite, et assez bien doué, psychiquement parlant, pour préserver les bestiaux de tout accident !

Le 29 juillet 1789, après s'être concertés, les habitants

s'armèrent de fusils, de haches, de fléaux, de coutres de charrue et « d'autres instruments nuisibles à l'humanité », et ils marchèrent sur Liessies, village distant de dix-huit kilomètres.

Arrivés devant l'abbaye, une députation élue se présenta ; elle exigea la remise des reliques. Il n'y avait point à parlementer, car la foule était peu rassurante. Toute tergiversation était inutile, et un refus, en exaspérant les paysans, eût pu avoir les conséquences les plus funestes.

Les moines de Liessies, plus prudents que leurs frères de Maroilles, le comprirent et s'inclinèrent devant la force. Ils remirent les reliques avec les titres y relatifs et ceux de la chapelle saint Etton entre les mains des manifestants.

Une heureuse audace avait donné en quelques heures aux gens de Dompierre ce qu'ils n'avaient pu obtenir en plus de deux siècles de plaintes et de procédures onéreuses.

Fiers d'avoir recouvré « leur saint Etton », les paysans, enivrés du succès de leur expédition, retournèrent triomphalement à Dompierre où ils furent reçus au milieu des acclamations et au son des cloches. Ce fut un beau jour dont les procès-verbaux dressés à cette occasion nous ont transmis le récit ; et les vainqueurs oublièrent les fatigues d'une route de trente-six kilomètres pour se livrer à la joie d'avoir reconquis leur bien (1).

(1) Telle était l'affection des gens de Dompierre pour *leur* saint Etton que, quand ils ne disposaient pas de ses reliques, ils en fabriquaient de fausses qu'ils offraient à la vénération des fidèles. Ainsi, en 1559, ils exposent de prétendues reliques qu'ils donnent à baiser aux pèlerins. Les

Nous ne nous étendrons pas ici sur les scènes
analogues qui se présentèrent un peu plus tard : par
exemple, le sac du prieuré de Berlaimont, établi sur les
bords de la forêt de Mormal, pillé par les paysans des
environs le 1er janvier 1792.

Ces vulgaires faits divers ne donnent pas l'état d'âme
de nos populations, les sentiments qui les animaient et
qui font juger l'époque.

moines de Liessies protestent contre cette manifestation qui ne se termine
que par une sentence de l'Official de 1351, ce qui n'empêche pas leurs
adversaires de récidiver en 1668 et les années suivantes jusqu'en 1682.

CHAPITRE IX
L'ÉGLISE ET LE POUVOIR CIVIL

~~~~~~

L'élection de l'abbé. — La mitre abbatiale. — Marchandages royaux. — Abbayes en commende. — Pensions imposées. — État contre Église. — Évêques courtisans. — Le clergé régulier. — Mesures vexatoires et fiscales. — Élimination progressive des moines.

Depuis le xvi° siècle, les abbayes différaient complètement, au point de vue constitutif, de ce qu'étaient les primitives, où l'abbé était nommé par les moines qui étaient sous sa dépendance absolue, une fois leurs vœux prononcés.

Elles étaient devenues *électives-confirmatives* dans les Pays-Bas. Charles-Quint, en 1515, avait obtenu que nul, dans les Pays-Bas, ne pourrait être chargé du gouvernement d'un monastère s'il n'était agréé par le souverain. Puis, un concordat passé le 30 avril 1561 entre Philippe II et les différents Ordres des provinces de Belgique porte qu'en cas de vacance de la dignité abbatiale, le Roi enverra des commissaires pour recevoir les suffrages des moines et pour promettre de faire nommer ensuite un des religieux proposés, engagement qui ne fut pas tenu.

Le vote était *plural*, c'est-à-dire que tous les membres du couvent disposaient de plus ou moins de voix, selon leur importance : c'est le système actuellement suivi chez un peuple voisin pour ses élections.

La confirmation de la nomination de l'abbé devait être faite dans les trois mois par l'Ordinaire ou, en cas de vacance du siège, par le Chapitre de la cathédrale.

La bénédiction, cérémonie qui le rendait auguste et vénérable, mais n'ajoutait rien à son caractère, était généralement donnée par le prélat qui avait confirmé la nomination.

Une taxe était payée en cour de Rome à chaque élection ; d'abord légère, elle augmenta d'importance avec le temps.

Les conditions d'éligibilité étaient les suivantes :

1° Etre âgé de vingt-cinq ans au moins ;

2° Avoir fait profession dans l'Ordre ;

3° Etre prêtre ;

4° Etre né en cas de légitime mariage ; des dispenses pouvaient être accordées aux bâtards, les règles de chaque monastère variant sur ce point ;

5° N'être ni irrégulier, ni infâme, ni indigne.

Enfin, l'élection devait être faite légalement.

Beaucoup d'abbés avaient droit de porter la mitre. Blanche et sans ornement, elle était pourtant rehaussée de pierres précieuses, de broderies qui en faisaient un objet d'art et de valeur.

Ces pauvres mitres ! qui racontera leurs tristes mésaventures à l'époque de la Révolution ! Les supérieurs avaient, autrefois, fait tant de démarches en cour de Rome, dépensé énormément d'argent, usé de toutes les influences pour en orner leur chef, et elles disparurent si lamentablement!

Lorsqu'au moment de la débâcle, Dom Pouré quitta Hautmont et se réfugia à Ferrière-la-Grande, il emporta la sienne qu'on estimait à 15.000 fr. au moins. Il la confia à un ami au moment d'émigrer. A son retour, le dépositaire était mort; Dom Pouré réclama sa mitre aux héritiers qui dirent n'avoir point connaissance du fait.

Celle de l'abbé de Maroilles fut soumise à plus de vicissitudes encore : Dom Maur Sénépart quitta le couvent sans la prendre. Les matières précieuses qui l'enrichissaient tentèrent la cupidité des administrateurs du district et de leurs acolytes; la mitre disparut avec une foule de choses de valeur.

Un jour, au milieu de la tourmente révolutionnaire, ces objets se trouvaient cachés dans une meule de fourrage (hyvernache). Un cavalier du 25ᵉ régiment courut à Avesnes en avertir l'agent national, qui se souciait fort peu de ces vétilles et était tolérant pour les camarades.

Aussi ne s'émut-il point de cette dénonciation qui atteignait un ami; il le laissa en paix avec cette mitre : qui pourrait dire ce qu'elle est devenue?

Lorsque notre contrée fut réunie à la France, les couvents virent restreindre leur liberté. Louis XIV obtint de Clément IX, le 9 août 1668, un Indult par lequel le Pape lui accorde, pour toute sa vie, le droit de nommer aux abbayes. Cette concession, plus tard, fut faite à Louis XV et Louis XVI, et ils en abusèrent souvent.

En cas de vacance, les religieux s'assemblaient en chapitre, avec l'autorisation royale, et, en présence de commissaires, désignaient trois d'entre eux qu'ils considéraient comme les plus capables de diriger la maison. Les délégués du souverain ne se gênaient pas pour faire connaître quel choix serait le plus agréable à Sa Majesté, et celle-ci ne prenait pas toujours le candidat le premier présenté ; des nominations ont donné lieu à des marchandages éhontés. L'abbé était parfois celui qui consentait à abandonner, au profit des créatures de la cour de Versailles, tel privilège, telle propriété du couvent.

En voici un exemple :

En 1758, le supérieur d'Hasnon étant mort, les religieux s'assemblèrent pour élire les candidats susceptibles d'être nommés par le Roi.

Le premier, Thomas de Montfort, dont la majorité distançait de beaucoup ses concurrents, méritait cette distinction. La commune d'Hasnon adressa même une supplique à Sa Majesté pour la prier de porter son choix sur Thomas.

Mais, en ce temps, les Dames de Denain, qui avaient de grands protecteurs à la cour, demandaient la Prévôté de Notre-Dame-la-Grande, propriété superbe des moines, en échange de laquelle elles n'offraient que des compensations insignifiantes. Accepter le marché eût été ridicule et malhonnête.

L'évêque d'Arras, qui joua un rôle louche en cette affaire, en fit cependant la proposition à Thomas de Montfort qui refusa nettement. La réplique ne se fit pas attendre.

Il fut évincé ; à sa place Louis XV choisit un moine,

désigné quatrième par ses frères, de qui on pouvait espérer plus de soumission aux ordres de la cour ; et, en
effet, le chapitre noble de Denain finit par arracher un
lambeau du domaine d'Hasnon qu'il convoitait.

Les abbayes où le supérieur était ainsi choisi et portait
l'habit de l'Ordre, étaient *régulières*. A côté étaient les
abbayes en *commende*.

Les souverains s'arrogèrent le droit d'administrer les
monastères en attendant la nomination d'un titulaire, et,
de fait, ils conférèrent la dignité suprême, avec les avantages pécuniaires et autres qui y étaient attachés.

Il y eut des abbés *commendataires*, qui n'appartenaient
généralement pas à l'Ordre et ne résidaient guère dans
le couvent. Ceux-là pouvaient être nommés sans être
prêtres et sans avoir prononcé de vœux. Il était suffisant
qu'ils eussent pris la tonsure et eussent acquis, par là,
la qualité de clercs. Des enfants en bas-âge étaient
parfois nommés abbés commendataires. Le fils de l'intendant La Galaizière, âgé de sept ans, fut abbé de
Saint-Mihiel.

C'était pour les rois, leurs ministres et leurs favoris
des deux sexes, une façon d'assurer à leurs protégés
des revenus immenses, sans obérer leur cassette personnelle.

Des courtisans, des entremetteurs malpropres, des
poètes, des sycophantes de la domesticité royale, devinrent ainsi abbés, sans même savoir où était situé leur
couvent, et certains en avaient une demi-douzaine et
plus.

Le trop fameux Dubois, précepteur de Philippe d'Orléans et ministre sous la régence de Louis XV, était aussi

un abbé commendataire : d'Airvaux, de Nogent, de Bour-
gueil, de Bergues Saint-Winoc, de Cercamp.

Chacun de ces parasites s'attribuait la majeure partie
des revenus du monastère ; les religieux vivaient du reste,
comme ils pouvaient.

C'est de là qu'est venu l'usage de donner à tout ecclésiastique le titre honorifique d'abbé ; on flattait son amour-
propre en le supposant pourvu d'un bénéfice.

.·.

Les souverains imposèrent de plus aux communautés
religieuses certaines pensions à payer annuellement ;
l'usage en remonte très loin ; on en signale dans les Pays-
Bas dès le gouvernement de Charles le Téméraire. C'était
la faveur royale qui les créait ; souvent avec succès les
religieux implorèrent la même autorité pour s'en débarrasser, tout au moins en partie.

Ces pensions étaient réservées par les brevets de nomination, aussi bien sous la domination espagnole (1565)
qu'après l'annexion à la France.

L'ordonnance de 1629 déclare qu'elles ne seront accordées que pour de grandes considérations et en faveur de
personnes ecclésiastiques seulement. En réalité ces charges augmentèrent toujours, et à la veille de la Révolution
parmi les pensionnés des abbayes se trouvaient quantité
de laïques, parents ou amis des grandes favorites, évêques qui habitaient Paris, Versailles et les châteaux des
environs, bâtards des princes. L'Hôtel des Invalides à
Paris, des universités sont ainsi subventionnés.

En accordant l'abbaye d'Hasnon à son titulaire en 1758,

Louis XV la charge de 20.000 livres de nouvelles pensions, non compris les anciennes qui subsistent ; nous signalerons :

5.000 livres au sieur François Odet, un ancien aumônier de Sa Majesté ;

5.000 livres au vicaire apostolique de la Cochinchine, du Cambodge et Cyampa ;

6.000 à l'Université de Douai.

Aux pensions s'ajoutaient des subsides extraordinaires, les dons soit-disant volontaires imposés par le Roi lorsque l'argent lui manquait, à la veille d'une guerre, par exemple. En 1693, les abbayes du Hainaut français furent invitées à fournir gracieusement des fonds pour subvenir aux dépenses de la guerre. Maroilles fournit 12.000 livres, Liessies 9.000, Hautmont 3.000. C'était le régime de l'arbitraire le plus absolu, du bon plaisir le plus révoltant.

.·.

Avant 1789 la prédominance du pouvoir civil sur l'Eglise et le droit de la réglementer et de la régenter étaient des articles fondamentaux de la constitution absente.

Louis XIV fut sur le point de créer une Eglise française, comme il y a l'Eglise anglicane ; il fallut l'habileté et l'énergie de Bossuet pour empêcher ce nouveau schisme et la rupture de la Papauté avec la Maison de Bourbon.

L'histoire de ces querelles nous aidera à mieux comprendre les rapports de l'Etat avec le clergé régulier.

L'affaire de la régale en est le début. C'était un droit qui donnait aux souverains la libre disposition des revenus des archevêchés et évêchés vacants, et la faculté de conférer les bénéfices qui étaient à leur collation jusqu'à ce que les nouveaux prélats eussent prêté leur serment de fidélité à la couronne.

Deux déclarations royales, l'une de 1673, l'autre de 1675, étendirent ce droit à des diocèses qui, jusque-là, en avaient été exempts. Deux évêques protestèrent, c'étaient des jansénistes. Le Pape les approuva. Louis XIV occupa leurs domaines et toucha leurs revenus. La querelle s'envenima. Moitié par autorité, moitié par séduction, le Roi se ménagea un auxiliaire dans l'épisco- pat contre les prétentions du Saint-Siège. L'Assemblée du clergé de 1680 se prononça en sa faveur : « Nous souffrons avec une peine extraordinaire, disaient les membres dans une lettre adressée au souverain, que l'on menace le fils aîné et le protecteur de l'Église, comme on a fait en d'autres rencontres pour des princes qui ont usurpé ses droits. Nous sommes si étroitement attachés à Votre Majesté que rien n'est capable de nous en séparer. » En 1681, les prélats se montrèrent aussi dociles et l'archevêque de Reims, Le Tellier, soutint que la juridiction ecclésiastique et les libertés gallicanes avaient été violées par la Papauté.

Une manifestation plus imposante eut lieu en 1682, à l'assemblée générale extraordinaire. Rien ne fut négligé pour nommer des députés agréables au Roi, et si Bossuet qui y joua un rôle prépondérant déclara qu'il fallait tout supporter plutôt que de rompre avec l'Église romaine, les députés reconnurent que la déclaration pontificale constituait un excès de pouvoir et, par quatre propositions restées célèbres, proclamaient la supériorité des conciles sur les papes, l'indépendance de

la couronne dans les choses temporelles et une certaine
autonomie de l'Église de France en face de Rome. Mais
cette attitude de l'épiscopat envers le Saint-Siège
assurait sa dépendance absolue, complète à l'égard du
pouvoir royal. L'Église gallicane fut éminemment
royaliste et bourbonnienne ; les souverains prirent la
place des papes. Louis XIV et ses successeurs finirent
par transformer les évêques en courtisans ; tant que les
monarques eurent de la vertu, au moins en apparence,
dans la nomination des prélats ils se préoccupèrent du
mérite ; Bossuet était fils d'un magistrat, Fléchier d'un
notaire, Massillon d'un épicier. Mais quand la corruption
eut gangrené toute la société française, ce fut souvent
un ministre malhonnête ou la favorite du Roi qui dicta les
choix dont plus d'un fut malheureux. En 1789, sur 18
archevêques et 121 évêques, on ne compte que trois
noms roturiers.

Ces prélats ont laissé pour la plupart une triste
réputation. Ils ne considéraient guère leur siège épis-
copal que comme une prébende ou une commende leur
donnant des honneurs et leur rapportant de gros revenus.
Leur procès a été fait par les auteurs de tous les
partis ; jamais personne ne tentera de réhabiliter la
mémoire d'un cardinal Dubois qui ne séjourna pas dans
son diocèse de Cambrai, ni d'un Rohan qui compromit
si légèrement la reine Marie-Antoinette dans l'affaire du
Collier.

Un bon mot courait dans les presbytères du siècle
passé. Un malheureux ecclésiastique, en quête d'une
cure, parvient à relancer son évêque et lui expose sa
demande. « Vous ne savez rien, non, vous ne savez

rien. Combien y a-t-il de péchés capitaux ? — Huit. — Comment huit ? Nommez-les. » Et après l'énumération des sept que tout le monde connaît : « Le huitième ? — C'est le mépris des évêques pour les pauvres prêtres. » Tous n'avaient point cette morgue. Lorsque Charles de Saint-Albin, le bâtard de Philippe d'Orléans, visitait son diocèse de Cambrai, il donnait à ses curés des témoignages d'affection et d'intérêt : en 1727, étant à Forest, près de Landrecies, il assure au pasteur de l'endroit, vieux et fort pauvre, cent livres de pension.

Mais le despotisme royal était toujours plus déprimant et les Jésuites eux-mêmes l'acceptèrent. Ils professaient les maximes de 1682 tout comme le reste du clergé, et élevaient la jeunesse dans le culte de la monarchie. Cela ne leur portait pas bonheur, puisqu'un édit de 1761 abolissait leur société en France, et certains tribunaux subalternes, ceux des mayeurs et échevins, leur enlevaient même le droit de témoigner en justice.

Ainsi, en 1786, les magistrats communaux d'Hautmont avaient à juger un procès civil où intervenaient Antoine Lejeune, avocat à Avesnes, et Jean Lejeune, fermier à Hautmont. Parmi les pièces soumises à leur examen était un acte assez important dans lequel un jésuite figurait comme assistant, ce qui pouvait en entraîner l'annulation.

Le défendeur opposait que le religieux n'avait pas prononcé les derniers vœux et que dès lors il avait le droit d'être témoin. Il y avait de quoi être embarrassé ! Gravement le corps municipal décida qu'il suffisait d'être demi-Jésuite pour être mis au ban de la société.

Les Jansénistes prenaient leur revanche ; ils avaient

été si durement traités, leurs religieuses de Port-Royal malmenées comme des filles, les morts même profanés par les troupes de Louis XIV. Lorsqu'on détruisit le cimetière de cette maison célèbre, des chasseurs de Versailles, se trouvant proche de Port-Royal, eurent la curiosité d'y entrer pour voir ce saint lieu dans sa plus grande désolation, et ce qu'on y faisait. Ils y trouvèrent plusieurs hommes, qu'ils prirent pour des fossoyeurs, qui déterraient les corps des cimetières, et qui, s'étant enivrés ce jour-là (1710), procédaient à cette action avec toutes sortes de paroles libres et malhonnêtes, en arrachant de la terre des corps de religieuses tout entiers, et quelques-unes encore sous leurs habits. Ils en firent réprimande à ces insolents et, voulant savoir ce qu'on faisait de ces corps, ils entrèrent dans l'église, où ils étaient jetés en un monceau, autour duquel ils virent plusieurs chiens qui dévoraient les chairs encore entières et rongeaient les os.

.·.

Le clergé régulier était encore plus maltraité que le clergé séculier; de 1650 à 1789, il a été en butte aux attaques directes ou dissimulées des gouvernements qui ne visaient rien moins que son anéantissement.

Philippe II, dans un placard de 1587, interdit d'aliéner ou de transporter aucuns héritages, terres, maisons, moulins ou autres biens immeubles en Hainaut, à quelque monastère, église, collège, hôpital ou autre établissement de mainmorte, soit par dons, ventes ou legs, ou à tout autre titre que ce fût, sans une autorisation spéciale.

Cette proscription avait déjà été faite précédemment, elle fut renouvelée plus tard ; mais elle resta lettre morte, et les abbayes n'en tinrent aucun compte. Elles ne s'enrichirent plus guère d'ailleurs.

Plus tard Colbert était nettement hostile aux ordres réguliers. Le mémoire au Roi du 22 octobre 1664 est formel :

« Si Votre Majesté, dit-il, peut parvenir à réduire tous ses peuples à ces quatre sortes de professions (qui sont : l'agriculture, la marchandise, la guerre de terre et celle de mer), l'on peut dire qu'elle peut être le maître du monde en travaillant en même temps à diminuer doucement et insensiblement les moines de l'un et de l'autre sexe, qui ne produisent que des gens inutiles dans ce monde, et bien souvent des diables dans l'autre. »

La royauté fit peser son autorité sur les communautés religieuses. Déjà Louis XIII avait interdit aux chefs des ordres mendiants de convoquer leurs chapitres hors de France, menaçant d'extirper, de jeter et de mettre hors du pays tous ceux qui feraient le contraire.

« L'établissement d'un ordre religieux intéressant essentiellement la police du royaume, aucun ne peut s'y introduire sans la permission expresse du Roi, manifestée par des lettres patentes. » Louis XIV confirma ces dispositions. Son successeur alla plus loin encore dans l'édit de 1749, où il déclare son intention de restreindre la multitude des couvents ; les établissements fondés sans autorisation expresse furent fermés, et le Roi disposa de leurs biens.

Lors de la conquête française, les franchises, immunités, droits des couvents avaient été garantis comme les autres. C'est ainsi que les abbés de Liessies, Hautmont, Marchiennes, Cysoing, Saint-Amand, Hasnon, les abbesses et chanoinesses de Denain passaient au-dessus des tribunaux des prévôts et ne plaidaient que devant le Parlement de Tournai.

Ces officiers protestèrent et demandèrent à connaître les procès en première instance : c'était une diminution considérable de puissance et d'influence pour les couvents haut-justiciers, ils invoquèrent la coutume de leurs anciens droits, mais le conseil du Roi anéantit leurs prétentions (1703) comme celle des haut-justiciers laïques qui plaidaient la même cause.

Pendant le courant du xviiie siècle, le gouvernement rendit les religieux en matière civile justiciables de ses tribunaux, supprima des monastères jugés inutiles, il réunit en une seule plusieurs maisons qui n'avaient qu'un petit personnel, infligea à d'autres des amendes formidables à son profit et s'adjugea les propriétés des couvents détruits.

Les biens des abbayes subsistantes furent soumis au contrôle sévère du pouvoir civil. Lorsque l'abbé mourait, conformément à un arrêt du 23 mars 1711, le procureur de Sa Majesté était averti, le prévôt saisissait et mettait sous la main du Roi le temporel du couvent, dressait un inventaire des meubles et effets du défunt, de la trésorerie, de l'église, des archives, etc.

Les moines ne se désarçonnaient pas facilement, montrant au prévôt et au procureur ce qu'ils jugeaient inutile de cacher, disant ce qu'il leur plaisait de laisser perdre. Des inventaires après décès atteignent, par leur inexactitude notoire, les limites de l'invraisemblable.

Cette guerre sournoise faite aux courents, cette confiscation détournée de leurs biens eurent de multiples conséquences :

Sachant bien qu'ils seraient imposés davantage en tentant d'augmenter leurs revenus, ils ne cherchaient plus à améliorer leurs terres, à défricher les landes. Les progrès matériels du pays y perdaient, ceux de la fortune publique étaient ralentis.

Ils se montraient surtout très conservateurs dans l'exploitation de leurs forêts, peut-être parce que les ventes étaient ordinairement publiques, ce qui rendait la fraude plus difficile. A la fin de l'ancien régime, les futaies de nos moines étaient magnifiques ; car ils les ménageaient en attendant des jours meilleurs qui ne vinrent pas, et ils restreignaient la production plutôt que de l'amplifier.

Celles qui n'ont pas été détruites et qui sont devenues des biens domaniaux sont restées les plus belles de France. Actuellement, les bois des religieux, dans la région de Fourmies et Trélon, renferment des chênes de trois et quatre siècles, qui provoquent l'admiration des bûcherons et des forestiers et sont des échantillons à peu près uniques dans notre pays.

L'élimination progressive des communautés religieuses fut continuée par une commission spéciale instituée en 1766. L'édit de 1768 facilita sa tâche ; il élevait à vingt et un ans pour les hommes, à dix-huit pour les femmes l'âge auquel on pouvait prononcer les vœux perpétuels ; il statuait que toute maison qui aurait moins de quinze religieux serait fermée et qu'il ne pourrait y avoir dans chaque bailliage qu'une maison de chaque ordre. Un rapport de 1770 constate que les Capucins, en huit ans, ont perdu 800 membres, les Grands-Augustins 300, les Dominicains autant ; il prévoit que dans douze ou quinze ans la plupart des corps réguliers seront complètement éteints ou réduits à un état de défaillance voisin de la mort.

Cette guerre contre le clergé fut poussée avec vigueur par la Commission de l'Union, qui fut fondée en 1770 et dura jusqu'à la Révolution. Elle fonctionna si bien qu'en 1770 on comptait 26.000 religieux (hommes) dans 3.000 maisons, et qu'en 1789 il n'y en avait plus que 15.000 dans 300 couvents.

Les doléances des communes nous renseignent sur ce que le peuple de nos campagnes désirait :

Suppression des abbés commendataires ;

Obligation aux abbés de demeurer dans leurs couvents ;

Suppression des pensions accordées sur les revenus des abbayes aux archevêques, évêques et autres ;

Réduction des ordres réguliers ;

Obligation aux archevêques et évêques de séjourner dans leur diocèse.

Dans un mémoire adressé en 1781 au Parlement de Flandre, le curé de Louvignies-Bavai passe en revue les abus des siècles passés, signale ceux dont il est témoin avec l'éloquence déclamatoire de l'époque, stigmatise les serviteurs de l'Eglise qui, indignes et simoniaques, vivent pour l'argent et les honneurs et termine sa véhémente philippique par cette pensée :

« Lorsque je vois comment certains ministres de la religion, appelés à prêcher d'exemple, ne cherchent qu'à la déconsidérer, quand je compte les fils de l'Eglise qui agissent en parricides, ma foi s'affermit ; car il n'est aucune institution humaine qui saurait résister à tant d'assauts et de trahisons. Si notre religion catholique, apostolique et romaine n'était point divine, les misérables ci-dessus l'auraient anéantie. »

Amoris, curé de Mairieux, avait exprimé une pensée analogue, en style moins académique, mais plus pittoresque :

« 1559, c'est la date maudite où l'on voit les mauvais prêtres, les prévaricateurs qui, par leurs agissements, ont déchainé le fléau de l'hérésie. C'est la foi, les vertus qui l'ont vaincue, et si elle n'a pas partout disparu, c'est que *le diable loge toujours dans la marmite.* »

CHAPITRE X
LA NOBLESSE

~~~~~~~~~

Au XVIII° siècle, la noblesse agonisait, mais ses privilèges existaient toujours : « Un grand seigneur est un homme qui voit le Roi, qui parle aux ministres, qui a des ancêtres, des dettes et des pensions (1). — Le noblé de province, inutile à sa patrie, à sa famille et à lui-même, répète dix fois le jour qu'il est gentilhomme, traite les fourrures et les mortiers de bourgeoisie, occupé toute sa vie de ses parchemins et de ses titres qu'il ne changerait pas contre les masses d'un chancelier (2). — Les titres de *comtes* et de *marquis* sont tombés dans la poussière par la quantité des gens de rien et même sans terre qui les usurpent, et par là tombés dans le néant, si bien même que les gens de qualité qui sont *marquis* ou *comtes* ont le ridicule d'être blessés qu'on leur donne ce titre en parlant à eux (3). »

(1) Montesquieu.
(2) La Bruyère.
(3) Saint-Simon.

Dans le nord de la France, on n'eût plus trouvé vingt familles d'antique noblesse qui eussent conservé leurs terres, leurs fortune et leur puissance. Dédaignés de la royauté qui leur était antipathique, la plupart des seigneurs de race avaient perdu leurs biens et leurs dignités. Beaucoup étaient criblés de dettes, leurs domaines étaient engagés, leurs châteaux et leurs bâtiments tombaient en ruines. Malgré la meute aboyante de leurs créanciers qui se moquaient des parchemins et des armoiries, quelques-uns trouvant quand même à emprunter, exploitant leurs titres comme un bien-fonds, gaspillaient gaiement les dernières bribes de leur fortune et, trop fiers pour travailler, consentaient néanmoins à redorer leur blason en épousant la fille de quelque riche parvenu.

Si, aux confins de la Thiérache, quittant La Capelle, le duc d'Orléans eût traversé le Hainaut français pour se rendre en Pays-Bas, son intendant eût pu lui dire :

« Nous voici chez vos manants de La Rouillie, sur la voie qu'a parcourue Marie de Médicis, victime de Richelieu, qui se condamnait à l'exil ; aussi appelle-t-on cette route le *chemin de la Reine*. Non loin du pilori où flottent vos armes, s'est faite pour la dernière fois une déclaration de guerre par ministère d'un héraut. Quand Louis XIII rompit avec l'Espagne en 1635, il dépêcha à Bruxelles son héraut d'armes, Gratiolet, accompagné d'un trompette et portant la toque, la cotte d'armes, le bâton de fleurs de lis. Le Cardinal infant hésitant à recevoir le messager, celui-ci s'acquitta du mieux qu'il put de sa mission dans les rues de la ville et, arrivé à la Rouillie, dernier village espagnol sur la frontière française, il

planta un poteau près de l'église, afficha la déclaration
de guerre, aux bruyants éclats de la trompette, qui
sonnait la chamade.

« Avançons sur le bourg d'Étrœungt ; cette baronnie,
dont vous êtes le propriétaire, vous doit beaucoup ; vos
ascendants ont été les bienfaiteurs de la contrée ; ce n'est
que justice, car vos revenus en prairies, terres, cens et
rentes, droits seigneuriaux s'élèvent à plus de seize mille
livres, et je ne compte ni le vieux château ni ses appendices, jardins et parcs.

« Au lieu de visiter vos manants de Féron, continuons
notre route, et vous voici en votre bonne ville d'Avesnes.
Attendez-vous à une réception enthousiaste : les compliments des mayeur et échevins, les hommages du chapitre
de la collégiale, les respects du grand bailli de la pairie,
les acclamations du peuple qui entourera votre hôtel
vous prouveront que vos droits sont respectés et que
votre nom est béni, car les d'Orléans sont de bons
seigneurs.

« En sortant d'Avesnes, vous pourrez vous reposer à
l'ombre de l'antique château féodal d'Eclaibes, visiter
cette terre, celles de Limont et de Saint-Rémy qui sont
aussi à vous. Vous apercevrez Hautmont et Boussières
sur lesquels vous pourriez revendiquer des droits que vos
prédécesseurs ont délaissés non sans esprit de retour.
Vous passerez à Beaufort, où la maison d'Orléans s'est
offert le luxe d'obliger des ennemis, car elle a donné à
l'église des boiseries magnifiques ; or vos vassaux de
Beaufort, s'ils n'osent insulter à vos armes, sont les
esprits les plus pétulants du pays, ils détestent les seigneurs, jouent des tours pendables aux moines d'Haut-

mont et poussent l'insolence jusqu'à déclarer que seul le Roi est leur maître.

« Riant de ces sottes prétentions, vous cheminez toujours sur vos terres, et vous arrivez en votre domaine de Ferrière : une des plus belles habitations du pays, des bois, des landes propices à la chasse, des garennes, des pêches, des droits aussi multiples que fructueux ; tout cela est aux d'Orléans, avec les seigneuries de Dimont, de Dimechaux et d'Ofiles.

« Vous jetterez un regard sur votre terre de Rousies. Pour votre distraction, vous offrirez aux manants de l'endroit quelques sols pour qu'ils courent les œufs, et ils s'inclineront encore devant vos armoiries quand vous serez arrivé à Maubeuge. Là vous avez le devoir de vous laisser embrasser par les vieilles chanoinesses du chapitre (1), le plaisir d'embrasser celles qui sont jeunes et jolies ; après un rapide coup d'œil sur Mairieux et Bersillies où vous pourriez entamer des procès pour la reprise d'anciens droits que les seigneurs d'Avesnes abandonnèrent dans des moments difficiles, vous ferez bon accueil à vos manants de Vieux-Reng saluant leur seigneur et vous serez en Belgique sans guère avoir quitté vos terres. »

Cette énumération eût pu être continuée en Flandre, et pourtant elle ne donnait qu'une faible partie de la fortune du cousin du Roi. Or quand il mourut sous le couperet révolutionnaire, Philippe-Égalité laissait quarante millions de dettes, sa famille renonçait à la succession, comme les simples rejetons d'un épicier acculé à la fail-

(1) Correspondance du duc de Chartres, 17 juin 1741. Voyez ce que nous avons dit plus haut sur le chapitre noble de Maubeuge.

lité, et le domaine immense que nous venons de décrire
avait été vendu en 1792-93 à la requête de créanciers qui
avaient consenti à un concordat.

Lamentable est l'histoire de la baronnie de la Longueville, une des douze pairies du Hainaut. En 1594, Marie
de Lens, baronne de la Longueville, l'avait apportée en
dot, avec beaucoup de dettes, en qualité d'héritière de la
veuve d'Antoine de Croy, à Charles, comte d'Egmont,
chevalier de la Toison d'or.

Successivement, les d'Egmont, pour se débarrasser
de leurs dettes toujours croissantes et apaiser leurs
créanciers las d'attendre, aliénèrent de cette importante
propriété de La Longueville diverses parties de bois, des
fermes, viviers, prés, pâturages et étangs, de sorte que
le revenu ne produisait plus en 1751 qu'une somme de
45,000 livres. Le château démantelé, ruiné comme ses
maîtres, n'avait plus que des murs branlants en 1767 ;
les décombres en étaient vendus, et l'emplacement cédé
par bail moyennant une faible redevance. Ainsi va le
monde !

En 1705, le duc de Croy engageait ses biens pour se
procurer une somme de *deux mille francs*. Il écrivait :
« Comme nous avons reconnu une dette de deux mille
livres de France qu'a faite le comte de Croy, notre fils,
en cette ville de Paris, et que nous sommes fortement
pressé pour la payer, nous avons donné l'ordre de lever
cette somme en cours de rente. Sur l'avis qui nous a été
donné qu'il y avait une somme de mille vingt-huit florins
douze patards provenant du testament de feu le sieur
Meignot vivant lieutenant de la ville de Condé qu'il a
donnée et léguée aux pauvres orphelins de Condé pour

être employée en rente que le magistrat de la dite ville a consenti nous laissé suivre. Nous déclarons avoir constitué pour la même somme que nous avons reçue une rente sur tous nos biens de cinquante-sept florins trois patars, au denier dix-huit, qui commencera à prendre cours aujourd'hui, etc., etc. »

L'argent n'était pas commun à cette époque ; mais le duc de Croy, obligé d'emprunter deux mille francs, à 18 0/0, le croirions-nous, si nous n'avions l'original de la reconnaissance en notre possession ?

Certains membres de la noblesse ont eu une existence singulièrement agitée et qui témoigne d'une inconcevable étroitesse d'esprit ; nous citerons, pour l'exemple, un descendant d'une famille illustre en Pays-Bas, en Bourgogne et en Franche-Comté : François-Louis de Carondelet, seigneur de la Mairie, de Thumeries et du bois de Phalempin.

Né à Thumeries, près de Lille, en 1753, il prend du service dans les gardes wallonnes espagnoles, abandonne ce corps pour entrer dans les chevau-légers de la garde de Louis XVI, quitte la cavalerie pour embrasser l'état ecclésiastique en 1782, est ordonné prêtre en 1784, obtient l'année suivante la prévôté du chapitre de l'église collégiale de Saint-Piat de Seclin. Il est candidat aux Etats-Généraux de 1789, et le clergé du bailliage de Lille l'envoie comme député à Versailles. La Révolution met sa vie en danger ; il est sauvé par la chute de Robespierre. Plus tard il se marie, a des enfants et, oubliant les vicissitudes de son existence passée, il se livre aux soins de sa famille dans son village de Thumeries jusqu'à sa mort survenue en 1833.

Quelques familles avaient des prétentions ridicules. La généalogie du duc de Levis remontait au patriarche Jacob. Dans la chapelle seigneuriale on montrait un tableau d'autel où un peintre naïf du XIIIᵉ siècle avait représenté un seigneur de la lignée à qui la sainte Vierge dit familièrement : « *Couvrez-vous, mon cousin.* »

La famille de Lusignan avait pour souche une fée, Mélusine; quand le vieux castel de Lusignan fut détruit, les vieilles femmes des environs voyaient quelquefois, dit la légende, la fée venir à la fontaine se baigner, *moitié le corps d'une très belle dame, l'autre moitié en serpent.*

A côté de cette noblesse authentique étaient quantité de roturiers, qui, à la fin du règne de Louis XIV, avaient acheté, en beaux écus sonnants, un titre, une charge d'écuyer; c'est contre ces parvenus que clame tant Saint-Simon qui n'est jamais plus mordant que lorsqu'il exhale sa bile sur les robins, les bourgeois, les gens sans naissance qui le coudoient. Pourtant la noblesse de robe tend à supplanter l'autre dans toutes ses fonctions. Louis XIV l'appelle dans ses conseils, lui donne sa confiance, la comble d'emplois et de faveurs.

Ces grands bourgeois, légistes, avocats en Parlement, qui forment une caste à part entre la noblesse et la bourgeoisie des corporations, traitent d'égal à égal avec les gens de race qui les haïssent, mais leur demandent de l'argent ou des services. Le nom et le titre leur manquent, ils l'achèteront, l'anoblissement viendra ensuite, un fabricant de généalogies fera le reste à beaux deniers comptants.

Un descendant de quelque illustre lignée est à court

d'argent. Son voisin *Durand* ou *Leroi* lui achète un fief,
une terre titrée : les *Carains*, la *Motte*, et le bourgeois
devient et signe : *Durand des Carains, Leroi de la
Motte*. Il n'est pas encore noble ; dans les Assemblées
provinciales, il ne s'asseoit qu'au banc du Tiers-Etat.
Ainsi le fameux financier Samuel Bernard, que Louis XIV
promenait à Versailles, fut évincé des États de la noblesse du Languedoc, bien qu'il eût acquis une baronnie
en cette province.

Se trouvait dans le même cas le chef d'une des meilleures familles de robe du Hainaut, Legrand, domicilié
en la terre de Solre-le-Château.

A la veille de la Révolution, ce robin était en possession de la seigneurie de Lez-Fontaine pour un quart,
et de la baronnie de Souvergeaux, terroir alors inculte,
dépendant aujourd'hui de la commune de Choisies.

Le duc de Croy, prince de Solre, ne le considéra
jamais que comme un bourgeois ; qui plus est : dans son
rapport de 1788, Hennet, prévôt de Maubeuge, affecte
de ne pas connaître le baron de Souvergeaux et signale
seulement Legrand, bourgeois.

Celui-ci se consola fort aisément, un peu plus tard, de
la perte de ses privilèges et de ses titres ; mais il resta
intransigeant sur certains points. Ses sentiments philanthropiques lui avaient acquis l'affection de ses vassaux,
chose rare alors, et il n'aurait pas été inquiété sous la
Terreur s'il avait voulu révolutionner son costume.

Il s'y refusa absolument et continua à porter chapeau,
culotte et habit à la française. Arrêté, il fut conduit à
Reims pour être mis en jugement. Il parvint à s'échapper, revint à Solre après la bourrasque et continua

toute sa vie d'être un fervent du costumé et de la coif-
fure du xviiiᵉ siècle.

.*.

Mais ne perdons pas de vue ce type que nous avons
appelé *Durand des Cacains, Leroi de la Molte*. Il
pourra se livrer à des entreprises commerciales, à des
spéculations financières ; il continuera de s'enrichir,
tandis que les grandes familles déclinent, et un jour
viendra où ceux qu'il aura obligés, qui lui doivent beaucoup d'argent, emploieront leur crédit près de Sa
Majesté à procurer à leur bailleur de fonds des lettres
d'anoblissement, un titre nobiliaire, qui donneront à
ses descendants leurs entrées à Versailles ou à Vienne.
« Haut et puissant seigneur », il rend la justice à ses
sujets, érige son pilori en face de l'entrée de son château, jouit des droits féodaux, se pavane à l'église au
banc seigneurial.

En 1670, Pierre Bady était architecte des bâtiments
du Roi et avait l'entreprise générale des fortifications
de Maubeuge où il gagna beaucoup d'argent. La grande
fortune qu'il réalisa lui permit d'acheter les titres d'é-
cuyer, conseiller secrétaire du Roi, maison et couronne
de France et de ses finances, de faire l'acquisition de
la seigneurie d'Aymeries, de la Porquerie et du Sart de
Dourlers. Il n'était pas un véritable gentilhomme ; mais
on admettait que « la troisième génération *purifie* le
sang et la race. » Autrement dit, on était vraiment gentilhomme quand on comptait *quatre quartiers de noblesse*, c'est-à-dire quand les parents et grands-parents

étaient nobles. Montant en grade, son fils Antoine-
François devenait grand bailli de la terre et pairie
d'Avesnes et aux seigneuries de son père ajoutait celles
de Normont, d'Arbre et de Rouville. Il laissa pour
héritier son frère, Bertrand-Joseph Bady *de Normont,*
qui, à peine en possession des biens du défunt, sollicita
l'érection en *comté,* sous la dénomination de *comté de
Normont,* de la terre du Sart de Dourlers ; sa demande
fut admise en avril 1781.

Au xvII⁰ siècle vivait à Mons un apothicaire, du nom
de Grart, qui amassa une belle fortune à débiter ses
clystères. Un de ses descendants acheta le fief de *Floremprel,* qui relevait de l'Empereur, au village de
Boussois-sur-Haisne (Belgique) : ce fut M. Grart de
Floremprel. La prospérité sourit toujours à cette heureuse famille bourgeoise, qui acquit aussi le château du
Blairon à Malplaquet et était au xvIII⁰ siècle en possession de biens-fonds considérables, sur la frontière,
depuis Solre-le-Château jusqu'à Condé. Dès lors, le
descendant de l'apothicaire montois demanda des lettres
d'anoblissement à l'impératrice Marie-Thérèse qui n'eut
point la cruauté de les lui refuser. C'était peut-être
meilleur marché qu'en France ! Une bizarre conséquence
de cet anoblissement fut que les membres de la famille
négligeaient le premier nom et contractaient doucement
et insensiblement l'habitude de signer *de Floremprel,*
de sorte que, sous la Révolution française, quand il
n'était pas prudent de porter particule, ils signaient
simplement *Floremprel.* Voilà comment les états civils
se modifient. On peut apprécier différemment cette soif
d'honneurs des bourgeois que Molière avait déjà raillés ;

mais leur honnêteté dans les exemples que nous venons
de donner n'est pas à soupçonner; d'autres étaient
moins délicats.

Les fiefs d'Harbeuson, entre Maubeuge et la frontière,
qui relevaient de la seigneurie d'Hautmont, furent
constitués ou reconstitués dans les dernières années
de l'abbatiat de Pierre Lejeune (1625-1657).

Descamps, le bailli, qui les avait à sa garde, avait
abusé de la confiance des moines suzerains et leur avait
fait perdre beaucoup d'argent en soutenant en secret
des intérêts contraires aux leurs. « Il mangeait à deux
râteliers », exigeait des censiers une commission pour
leur faire obtenir une diminution de fermage, s'emparait
de pièces importantes qu'il vendait. etc. Bref, c'était un
fripon sans vergogne qui mettait en coupe réglée les
biens des religieux. Au bout de plusieurs années, le
Chapitre s'aperçut que son homme s'enrichissait à l'aide
de moyens immoraux et illicites, et que la fortune du
monastère, par des voies détournées, allait grossir le
mince patrimoine de l'avocat maubeugeois.

Les Bénédictins auraient désiré lui faire rendre gorge;
mais l'autre, retors en science chicanière, avait les
atouts dans son jeu et, en prévision de la découverte
de ses procédés frauduleux, s'était muni de toutes les
autorisations et signatures qui le rendaient indemne
aux yeux de la loi.

L'abbaye l'invita seulement à transporter ailleurs sa
lucrative, mais malhonnête industrie.

Pour satisfaire des créanciers, le prélat, du consentement de ses gens, avait engagé une partie des revenus
de la *Pitance*, et, les rentes rentrant difficilement à

cause des ravages des troupes en campagne, la disette
fut aux portes de l'abbaye.

Les moines crièrent famine, et comme rasières de
blé, moutons, chapons, poules et *cugnoles* avaient
abandonné le chemin du couvent, il était indispensable
de se procurer de l'argent. Vendre était chose malaisée,
et cette solution répugnait à Pierre Lejeune qui était
fier de ses agrandissements. Emprunter n'était pas plus
pratique, car le numéraire était rare et le taux de l'intérêt atteignait un chiffre énorme.

De son domaine, la seigneurie d'Hautmont détacha
Harbenson et le constitua en fiefs. Celui qui offrit la plus
grosse somme du principal fief fut l'impudent bailli qui
était assez riche pour jouer au grand seigneur et joindre
la noblesse du nom à la bassesse du cœur. Contenant
leur indignation et leur rage, les religieux l'acceptèrent
pour leur vassal, non sans lui donner des pouvoirs
étendus, comme le prouve l'acte que nous analysons ci-
dessous.

Le fief cédé à cet avocat effronté, qui devenait *Descamps d'Harbenson*, comprenait deux viviers, relais,
écluse et cours d'eau qui à la fin du XVII° siècle étaient
transformés en prés tenant aux terres de Rotteleux, avec
la haute justice, moyenne et basse sur iceux en la mairie
héréditable d'Harbenson, et la perception des droits
seigneuriaux pour les héritages passant de main à
autre.

Plus d'un de ces bourgeois en quête d'un titre nobiliaire fut victime de sa ridicule ambition, et si les seigneurs
d'Hautmont avaient été dupés avec le fief d'Harbenson,
ils prirent leur revanche avec celui d'*Harmignies*.

Un certain Jacques Lejeune, de Louvroil, qui avait
fait fortune, comme Bady, seigneur de Dourlers, lors de
l'élévation de l'enceinte fortifiée de Maubeuge, voulait
acheter la terre d'Harmignies, ce qui lui aurait permis de
changer son nom par trop plébéien en un autre plus
sonore.

S'étant adressé à l'abbé Pierre Cantineau qui avait
exigé un prix excessif, il rejeta bien loin les chiffres qui
lui furent avancés ; il fut si maladroit dans son marchan-
dage, qu'on le mit à la porte du couvent avec défense
d'y jamais rentrer, et les manants, qui ne demandaient
pas mieux de s'amuser, lui firent une conduite triomphale
avec marmites, chaudrons, cornets et autres instruments
très sonores, mais peu harmonieux.

Lejeune crut plus sage de s'adresser au bailli et de le
corrompre par des présents. Il reçut des assurances
narquoises et peu formelles, mais enfin le représentant
du couvent lui annonça que la susceptibilité des religieux
était calmée et qu'il recevrait les lettres d'adhéritement
pour « son bon an. » En effet, le matin du 1er janvier
(nous n'indiquerons pas l'année et pour cause), un courrier de Maubeuge arriva chez lui et lui remit de la part
du bailli un imposant rouleau soigneusement ficelé et
scellé. Le commissionnaire fut grassement payé et fêté
comme il convient; avec une émotion joyeuse, au milieu
des compliments des voisins et amis, le nouveau seigneur
d'Harmignies déroula les précieux papiers, et, amère
désillusion ! ne trouva que la preuve de la grossièreté
rabelaisienne de Grégoire Depret. Cette plaisanterie, qui
serait aujourd'hui sévèrement appréciée, n'avait alors
rien de déplacé ; tout le monde s'en égaya, et les moines,

qui étaient trop intelligents pour prendre le parti du geai
dupé, rirent à gorge déployée.

Jacques Lejeune, par un gracieux euphémisme, reçut
un surnom horrible qui, par une naturelle association
d'idées, nous reporte à la fin de la bataille de Waterloo.

Beaucoup de personnages, qui prenaient le nom d'une
de leurs terres, firent plus : ils ajoutèrent la particule DE
devant le premier nom quand ils n'abandonnent pas
celui-ci et certains la conservent encore aujourd'hui.
Toutefois, pour beaucoup qui dédaignèrent l'anoblissement ou n'y arrivèrent pas, le nom du fief eut une
durée éphémère et ne survécut pas à la Révolution ;
aujourd'hui leurs descendants ont simplement le nom
véritable de leurs aïeux, et il ne prendra sans doute
jamais fantaisie à la branche des Sculfort du Cateau de
s'appeler *Sculfort de Beaurepas*, à celle de Maubeuge
de s'appeler *Sculfort du Pissotiau* ; ou à une famille
Vautier de Maubeuge de s'intituler *Vautier des Ecrolies* ;
à un rameau des Durand (Ferrière) de signer Durand des
Cruquets ; nous pourrions multiplier ces exemples.

En revanche, combien de familles patriciennes, déjà
descendues avant la Révolution, qui ont aujourd'hui
perdu toute leur gloire passée, jusqu'aux souvenirs
presque ! Sur la route nationale de Mons à Maubeuge,
territoire de Mairieux, est le cabaret des *Trois-Entêtés* ;
le rustique sujet de l'enseigne n'a rien d'héraldique : un
malheureux baudet qui, raide sur les quatre pieds, a la
bride tirée par un homme, tandis que la femme se pend
à la queue pour l'obliger à reculer. Il est tenu par les
derniers descendants des *Bureau*, seigneurs de Grisoelle,
d'assez bonne race pour dédaigner de s'appeler *Bureau*

de la Marpinière et pour porter merlettes. De la seigneurie, ces braves gens n'ont conservé que la pierre tombale d'un ancêtre du siècle dernier; des parchemins poudreux on a confectionné des couvertures de pots au beurre! *Sic transit...*

La famille *de Boucneau* de Ferrière la Petite, qui joua un certain rôle en Hainaut au XVIII° siècle, qui possédait divers fiefs nobles et dont l'auteur de ces lignes descend, a également perdu ses terres et ses titres... Combien d'autres seraient à citer si nous ne craignions de soulever d'inutiles colères!

C'est au XVIII° siècle que s'affirme une grosse hérésie historique, qui est loin d'être détruite : à savoir que la particule DE est une preuve de noblesse.

La particule *de* indique l'origine, la provenance; elle prouve que celui qui la porte a un nom de lieu ou de voisinage, rien de plus. « Il y a peu d'excuse, disait déjà le vieux jurisconsulte Loyseau, dans la vanité de nos modernes porte-épée qui, n'ayant pas de seigneurie dont ils pussent prendre le nom, ajoutent seulement un *du* ou un *de* devant celui de leurs pères, ce qui se fait en guise de seigneurie. »

Les nobles des premiers siècles ignoraient la particule et s'appelaient simplement Bouchard, Foucault, Hugues, Foulques (même sans ajouter un nom de terre), tout comme les roturiers. Le sire d'Estourmel, qui était à la croisade de Pierre l'Ermite et monta un des premiers sur les murs de Jérusalem, s'appelait Raimbaud Creton. Cela existait encore au XVIII° siècle pour les *Bussy-Rabutin*, les *Dumas* dans le Midi, les *Hérault* en Normandie, dont un membre, René Hérault, eut pour fils le conventionnel

Hérault de Séchelles qui partagea le supplice de Danton, de sorte que leurs deux têtes se baisèrent dans le panier de la guillotine. Les seigneurs de Leval s'appelaient *Le Boucq*; ils ont conservé leur nom durant des siècles, et ce n'est que très tard, peu avant la Révolution, qu'ils prirent le titre de comtes d'Epinoy. Un de Lannoy, un de Bousies eût été ridicule s'il eût signé autrement que *Lannoy, Bousies.*

Ce que les grands noms méprisaient faisait le bonheur des faux nobles, et justement parce qu'ils étaient plus nombreux et même plus riches, la légende prit corps, à ce point que dans des actes authentiques, lorsque les porteurs de particule sont pauvres, à tort ou à raison, les scribes des notaires, des baillis et des intendants, les curés dans leurs registres, leur mutilent le nom pour donner à celui-ci un aspect plus roturier : de Lamotte devient Lamotte, de Launaie se simplifie en Launaie, de Nancy, Nancy, etc., etc. En d'autres cas la particule est juxtaposée au nom.

C'étaient les anoblis de la veille, les vilains glorieux bouffis d'un sot orgueil, frères du Jourdain de Molière, qui montraient le plus de morgue et d'insolence, qui étaient les plus âpres à conserver les privilèges de l'ordre. Les gens de race étaient plutôt sceptiques et la plupart eussent applaudi à cette fantaisie du duc de Coislin, usant de son droit de duc et pair pour prendre part aux délibérations du Parlement :

Il s'y rendit un jour où l'on jugeait un procès auquel il ne comprenait pas un mot. Les avis des juges étant différents et les voix à peu près partagées, il porta sa voix à la partie la moins nombreuse, si bien que les

voix se trouvèrent absolument égales. Trois fois on
recommença, et trois fois le résultat fut le même,
Coislin ayant soin de passer d'un parti à l'autre. Pour
en finir, le premier président fut obligé d'abandonner sa
propre opinion, non *sans regarder noir* l'intrus, et le
duc et pair de Coislin eut énormément de plaisir de ce
tour joué au Parlement : le perdant dut trouver la farce
mauvaise.

Au XVIIIᵉ siècle la FRANC-MAÇONNERIE est fille de la
grande noblesse ; si elle se développa si rapidement,
ce fut une question de mode.

La PREMIÈRE LOGE fut établie à Dunkerque en 1721,
et le premier grand-maître fut un Anglais, lord
Derwent-Waters ; la même année la *Parfaite-Union*
était établie à Mons, toujours par les Anglais ; quatre
ans plus tard, Paris avait la sienne, et bientôt la franc-
maçonnerie fit fureur à la cour. « Nos seigneurs, dit
l'avocat Barbier, ont inventé tout nouvellement (1737)
un ordre appelé des *frimassons ;* y étaient enrôlés
quelques-uns de nos secrétaires d'Etat et plusieurs ducs
et seigneurs. On ne sait quoi que ce soit des statuts, des
règles et de l'objet de la société. Ils s'assemblaient,
recevaient les nouveaux chevaliers, et la première
règle est un secret inviolable pour tout ce qui se
passait. Le cardinal Fleury a cru devoir étouffer cet
ordre de chevalerie dans sa naissance, et il a fait
défense à tous ces messieurs de s'assembler et de tenir
pareils chapitres. » Malgré l'interdiction du ministre, en
1740, il y avait 200 loges en France, et de cette multi-
plication sortirent différents rites, y compris le français,
dont le GRAND-ORIENT fondait à Mons en 1748 la *Parfaite-*

Harmonie. Les robins, les riches bourgeois, les membres du clergé imitèrent un exemple qui venait de si haut, et une loge ecclésiastique, dirigée par les Récollets, était fondée à Mons en 1783.

Cette société secrète offrait des délassements aux rois en exil et le Prétendant Charles-Edouard Stuart, dès 1745, accordait des grâces extraordinaires aux francs-maçons de l'Artois.

En sa qualité de Grand-Maitre du Chapitre d'Hérodon et désireux de témoigner aux maçons artésiens combien il leur était reconnaissant des preuves de bienfaisance qu'ils lui avaient prodiguées avec les officiers de la garnison d'Arras et de leur attachement à sa personne pendant le séjour de six mois qu'il a fait en cette ville, le prince prétendant crée et érige en leur faveur un souverain Chapitre primatial et métropolitain de ROSES-CROIX, sous le titre distinctif d'*Ecosse-Jacobite.*

Ce Chapitre, dit la bulle, sera régi et gouverné par les chevaliers Lagneau, de Robespierre (1), tous deux avocats ; Hagard et ses deux fils, tous trois médecins ; J.-B. Lucet, tapissier ; Jérôme Cellier, horlogers, qui ont pouvoir de faire des chevaliers Roses-Croix, de créer un Chapitre dans toutes les villes où ils jugeront à propos de l'établir, mais jamais deux dans la même localité, si peuplée qu'elle puisse être.

(1) Le grand-père de Maximilien, le Conventionnel tristement connu.

. .

Le marquis de Gages, seigneur de Bachant, est le
type du grand seigneur franc-maçon. Non pas qu'il
dédaignât la faveur du gouvernement et les honneurs
nobiliaires ; car, en 1781, il écrit en ces termes pour
demander d'ajouter des ornements à son blason :

« A ces causes, il se prosterne au pied du trône de
Votre Sacrée Majesté, la suppliant...... de lui permettre
l'usage du manteau de gueules fourré d'hermines, sur-
monté d'une couronne ducale, le tout environnant ses
anciennes armoiries pleines, qui sont de gueules au
chevron d'or accompagné de trois trèfles d'argent, deux
en chef et une en pointe. »

En 1770, le marquis de Gages, revêtu des grades de
Parfait-Maçon et de Rose-Croix, était créé Grand-Maître
provincial de toutes les loges des Pays-Bas autrichiens
par le frère Henri de Sommerset, duc de Beaufort,
Grand-Maître général de toutes les loges répandues sur
la surface des terres et des mers. Il obtenait ainsi la
direction de la Franc-Maçonnerie belge. Il approuve,
érige ou crée des loges à Tournay, à Namur, à Bruxelles,
etc., dans des régiments même, toutes en rapport avec
la grande loge d'Angleterre, et concurremment avec le
prince de Bourbon-Condé, comte de Clermont, Grand-
Maître national de France, et le baron de Botzelaer,
Grand-Maître national de Hollande. Lorsqu'en 1786
l'empereur Joseph II entrava le développement de la
maçonnerie, le marquis demanda, mais sans succès,

le maintien des loges existantes, dont le nombre fut très réduit.

Quel esprit régnait dans ces assemblées ? C'étaient des salons pour les gens de bon ton ; il est certain que cette société secrète prit une tendance politique après la Révolution d'Angleterre de 1618 ; en 1717, elle subit une rénovation complète et reçut une vigoureuse impulsion. Mais la doctrine maçonnique, au moins pour les loges du premier degré, n'avait pas de principes bien arrêtés ; on s'y piquait de philosophie, d'incrédulité, de philanthropie, d'un vague libéralisme qui ne se confirmait guère par des actes. Cela d'ailleurs n'infirme nullement que certaines loges, où dominèrent plus tard Camille Desmoulins, Condorcet, Danton, ont joué un rôle considérable pendant la Révolution française.

Princesses, baronnes et marquises françaises, bientôt après des bourgeoises, se faisaient à l'envi initier aux mystères de la franc-maçonnerie, qui comptait au nombre de ses adeptes les plus grands noms de France, et Édouard Hervé, reproduisant le marquis Costa de Beauregard (1), cite cette lettre de la reine Marie-Antoinette à la princesse de Lamballe :

« J'ai lu avec grand intérêt ce qui se fait dans les loges franc-maçonniques que vous avez présidées au commencement de l'année et dont vous m'avez tant amusée. Je vois qu'on n'y fait pas que de jolies chansons et qu'on y fait aussi du bien. Vos loges ont été sur nos brisées en délivrant des prisonniers et en mariant des filles. Cela ne nous empêchera pas de doter les nôtres. »

(1) Séance de l'Académie française du 25 février 1897.

Ces deux Académiciens ont eu la main malheureuse, car le billet est apocryphe, et Marie-Antoinette est une des rares femmes de son temps et de son rang qui aient été hostiles à la maçonnerie ; à ce qui précède on peut opposer cette lettre — bien authentique — adressée en 1790 à son frère Léopold II :

« Prenez bien garde là-bas à toute association de francs-maçons. On doit déjà vous avoir averti ; c'est par cette voie que tous les monstres d'ici comptent arriver dans tous les pays et au même but. Oh ! Dieu garde ma patrie et vous de pareils malheurs ! »

Les sentiments de la reine n'empêchaient point d'ailleurs la princesse de Lamballe et la plupart de ses amies de la cour d'être initiées, car l'aventurier Cagliostro, qui avait importé le rite de Misraïm, remarquable par la longue robe rouge de ses adhérents, avait admis les femmes aux tenues et obtenu un succès prodigieux ; les loges féminines ne sombrèrent pas avec la royauté, puisque l'épouse de Napoléon Ier, l'Impératrice Joséphine, leur donnait une nouvelle vie ; témoin le document suivant, plaquette aussi rare que curieuse :

Loge d'adoption tenue à l'Orient de Strasbourg le 15e J∴ de la 3e lune du 8e mois 1805 (Loge impériale des francs chevaliers, Dieu, l'Empereur, les Dames. (Aigle impériale) Orient de Paris 1805.

Les FF∴ et les SS∴ étant réunis dans les avenues, avant le lever du soleil, etc. L'Impératrice va présider la loge réunie à la maison de campagne du T∴ C∴ F∴ Lausbeck (de Lahr, Baden) à la Robersau, près Strasbourg. Sa Majesté prit place au trône de la G∴ M∴, la baronne de Dietrich, pour présider le banquet suivi d'un bal. Avant le coup de fourchette, la G.·. M.·. assistée de la R.·. S.·. Inspectrice La Vallette et de la S.·. Talouet avaient reçu la S.·. Mathieu Faviers (une Alsacienne) et la S.·. de Canisy, dame d'honneur de l'Impératrice ; elle se nommait Félicité, de l'âge d'Hébé, native d'Amathonte, etc. (en réalité épouse divorcée), etc., etc.

L'Impératrice Joséphine et ses suivantes ne se refusaient rien : elles ne dédaignaient pas le *coup de fourchelle* et elles marivaudaient comme à l'hôtel de Rambouillet.

Ajoutons que la maçonnerie féminine a pris peu de développement dans le Nord de la France, même en ces temps où elle était revêtue d'un caractère officiel. A peine avons-nous relevé une douzaine de noms de grandes dames de nos régions.

CHAPITRE XI

LES DROITS FÉODAUX

LES DROITS FÉODAUX étaient innombrables ; beaucoup étaient onéreux, d'autres révoltants, certains bizarres ou risibles. Nous en passerons une rapide revue.

Une seigneurie convenable comportait nécessairement *toutes justices et hauteurs*. La basse et la moyenne avaient d'ordinaire été concédées aux mayeur et échevins ; nous les étudierons plus loin. Le seigneur restait *haut justicier*. Il avait qualité pour juger et punir les auteurs de tous les délits et crimes commis sur sa terre ; en général la haute justice donnait pouvoir d'emprisonner, de faire pendre, rouer, décapiter, couper les oreilles, le nez, le poing, percer la langue d'un fer rouge, de faire donner la question.

Descendons dans les cachots du château ou du cloître et jetons un coup d'œil sur les instruments du bourreau.

Voici les tréteaux sur lesquels on plaçait le patient quand la question était donnée à *l'eau*. Couché sur le

dos, pieds et poings liés, la tête renversée en arrière,
un entonnoir dans la bouche, il était obligé d'avaler
des pintes d'eau que l'exécuteur lui versait à petits
coups.

Plus loin, le *brodequin* qui consistait à placer les
jambes de la victime entre des planches de chêne
excessivement serrées entre lesquelles le bourreau
enfonçait des coins de bois qui comprimaient et bri-
saient les membres.

Employait-on l'*estrapade ?* on levait l'accusé au
moyen d'un câble passé dans une poulie attachée à
la voûte; on le hissait ainsi à quelques mètres avec
un poids d'environ cent kilos au pied droit, puis on
le laissait retomber brusquement. Les membres étaient
arrachés, les articulations disloquées.

Dans le *chevalet*, le bourreau plaçait le patient à
cheval sur l'arête vive d'une pièce de bois; il suspendait des poids à chacun des pieds, et le corps s'enfonçait dans les arêtes de la poutre.

Si le noble seigneur a quelque gloriole à montrer
les instruments de sa justice, ceux-ci ne sont guère
plus en usage; le pouvoir central seul a conservé le
droit de torturer les accusés et de les condamner à
mort, et si les geôles seigneuriales ont encore des
prisonniers, ceux-ci n'y sont martyrisés qu'en secret;
car le Roi condamne à l'amende, à la confiscation et
même à mort quiconque usurpe l'autorité souveraine
qu'il s'est attribuée. La JUSTICE où l'on pendait et brûlait
les malfaiteurs et les sorciers cent ans plus tôt est
déserte et solitaire. L'herbe pousse drue sur le terre-
plein du bûcher, et les corbeaux prennent leurs ébats

dans les bras de la potence qui tombe en vétusté (1).
Mais le PILORI a toujours ses clients, particulièrement
les jours de marché.

Un madrier de chêne encastré dans une pierre avec
armes seigneuriales portait les chaînes et les carcans
qui servaient à attacher le criminel qui y était *exposé
à la honte*, objet des quolibets des habitants, cible des
polissons qui lui envoyaient de la boue, des ordures
et des trognons de fruits. De temps à autre, un sergent
lui faisait faire le tour du pilori, c'est-à-dire lui tournait
la face dans une autre direction. Tel était au village
le pilori placé ordinairement sur la place en face du
château.

Dans les bourgs et les villes, le pilori était au-dessus
d'une porte cochère, de la prison seigneuriale, ou en
haut d'une tour; mais c'était toujours dans un endroit
très fréquenté.

Dans nos localités du Nord, le souvenir du pilori est
loin d'être éteint; nous avons retrouvé plusieurs socles
et des carcans bien authentiques enlevés par les paysans
pendant la débâcle révolutionnaire; des exploitations
rurales formant seigneuries avaient même leur pilori,
que les manants craignaient et détestaient; ils le firent
voir plus d'une fois.

Quand le pilori du fief de Maubenson, entre Mairieux
et Gognies-Chaussée, fut réédifié vers 1780, comme le
terroir ne comptait qu'une dizaine d'habitants, les gens
du voisinage y virent une menace directe, ils *mirent*

(1) Pas toujours pourtant, car dans mon enfance j'ai vu la potence bien
conservée d'un château de l'Oise qu'habitait alors l'archéologue Peigné-
Delacourt.

à la honte par une belle nuit un veau mort qui y demeura fort longtemps, personne ne voulant l'enlever. Aujourd'hui, si le touriste ne trouve plus la bête, il peut toujours voir le piédestal de la machine.

Comme haut-justiciers, l'abbé et les religieux avaient leur pilori sur la place de la Mairie de Maroilles ; c'était une grosse poutre de chêne de trois à quatre mètres, peinte en rouge, avec les accessoires, et surmontée d'une bannière aux armes de l'abbaye. En 1788, les moines résolurent de le restaurer, le trouvant néces-saire « pour contenir les libertins et arrêter le brigan-dage. » Une pierre énorme, de forme octogone, fut amenée avec ostentation pour servir de base au nou-veau pilori, dont la réédification était vue de mauvais œil par toute la population. Aussi, un soir, de dix heures à minuit, quatre hommes robustes, déguisés, s'attaquèrent à ce bloc qu'ils ébranlèrent et firent rouler l'espace de 200 mètres environ pour le précipiter dans un gouffre de la rivière d'Helpe. Les auteurs de ce coup audacieux ne furent pas découverts.

Certains droits seigneuriaux frappaient la terre ; au premier rang est le TERRAGE ou CHAMPART, qui con-sistait à lever une partie de la récolte, ordinairement huit gerbes du cent. Cette imposition, qui suscitait des procès longs et coûteux et contre lesquels les paysans protestaient énergiquement avant 1789, fut l'objet d'une longue contestation entre les manants de Villers-sire-Nicole et un des écrivains cités parmi les précurseurs de la Révolution : *Pierre-Augustin-Caron* de BEAU-MARCHAIS, le célèbre auteur du *Mariage de Figaro* et du *Barbier de Séville*.

La seigneurie de Villers était possédée par Charles-Henri-Nicolas-Othon, Prince d'Orange et de Nassau-Sieghen, colonel du régiment Royal-Allemand Cavalerie au service du roi de France. Il n'était guère d'accord avec ses vassaux qui ne perdaient pas une occasion de le tracasser. Ils s'étaient refusés à payer divers droits, notamment le terrage, soutenant qu'ils ne devaient rien ; dans la grange seigneuriale des gerbes avaient été soustraites, sans qu'on découvrit les auteurs du vol. Au chargé d'affaires du prince une embuscade avait été tendue ; il en était sorti roué de coups de bâton, et personne dans le village n'était allé à son secours malgré ses cris : preuve de la complicité de la plupart des manants, disait-il. Dans le procès engagé, les *coqs de Villers* ne ménageaient pas leur adversaire. Celui-ci ayant avancé que le maire de l'endroit, Antoine Loiseau, avait offert de prendre le parti du prince à condition qu'on le déchargeât du terrage, fut apostrophé d'une belle façon avec son avocat qui est traité de *proxénète* et de *téméraire infâme*.

Lassé de ces ennuis, Nassau céda sa seigneurie, le 20 décembre 1783, à Beaumarchais qui continua le procès ; il réclamait de plus, comme son contrat le lui permettait, la banalité du moulin, des corvées et des rentes.

La BANALITÉ était un droit d'un seigneur d'avoir un moulin, un pressoir, une brasserie, un four, un taureau banal, et de contraindre ses vassaux moyennant paiement à y moudre leur grain, à y faire leur boisson, à y cuire leur pain, à y amener leurs vaches. Beaumarchais, à propos de son moulin, s'appuyait sur une sentence rendue en 1748 en faveur du seigneur de Saint-Souplet contre ses manants récalcitrants. Mais ceux de Villers répliquaient et distinguaient, rappelant que leurs seigneurs, non contents de prendre une mesure de blé sur vingt-deux, avaient profité des anciennes guerres pour lever au seizième; or, comme « qui dit meunier dit voleur », ils ne voulaient pas être plus longtemps exploités. Sur ce gros procès qui durait, en dépit de trèves passagères, depuis 1682, s'en greffaient d'autres. Un certain Becquet, marchand de grains, qui était l'âme de la résistance, attaqua Beaumarchais devant le prévôt de Maubeuge parce que son terrageur avait levé des gerbes sur un journal de terrain qui était libre de toute redevance, et cela en l'absence du propriétaire, ce qui était contraire à la coutume. Beaumarchais fut condamné aux dépens et à la restitution de la contribution indûment perçue; mais il entama un autre procès à propos de la suppression d'un fossé mitoyen au bois de Samette qui lui appartenait, et, cette fois, il triompha. Becquet *ne l'avait pas porté en Paradis* (mai 1787).

Si les gens de Villers avaient pour eux l'équité et le droit naturel, Beaumarchais avait l'esprit de la loi et de vieux écrits établissant qu'ils avaient toujours payé. Aussi le Parlement de Flandres confirma-t-il le jugement du prévôt de Maubeuge qui mettait à néant les prétentions des manants. Ceux-ci s'en souvenaient quelques mois plus tard, quand, dans la rédaction de leurs vœux pour les Etats généraux de 1789, ils demandaient la suppression de tous les privilèges et réclamaient en faveur du *quatrième Etat*, celui des paysans, le plus utile de tous.

Toutefois Beaumarchais avait apprécié l'humeur batailleuse des habitants de Villers-sire-Nicole ; il se souciait
peu de continuer la lutte sourde qui allait succéder à la
guerre ouverte, et il avait été heureux de se débarrasser
de sa seigneurie en la vendant, en 1788, à Jean-Baptiste-
Dominique de Croizier qui en fut le dernier titulaire.

Le MEILLEUR CATTEL ou MORTE-MAIN était le droit du
seigneur d'enlever un *meuble* de tout défunt décédé
dans sa terre. Rien de plus révoltant que cet usage.
Chez les manants aisés, on prend un cheval, un bœuf,
un meuble de prix ; chez les malheureux dont les minimes ressources sont épuisées par la maladie du père,
on confisque l'unique vache qui reste, le vêtement du
mort, un bois de lit que le représentant du seigneur
abandonne à l'huissier qui l'accompagne. Ce droit sou-
levait aussi d'énergiques protestations. Le Roi y avait
renoncé en 1779, là où il était perçu à son profit ; mais
il a été levé en maints endroits jusqu'à la Révolution. A
Lez-Fontaine, en dernier temps, le seigneur alliait ingé-
nieusement le maintien de ses prérogatives à ses sentiments philanthropiques. Il se rendait à la maison
mortuaire et s'emparait solennellement du balai qu'il
déposait au dehors ; mais combien d'autres étaient moins
humains !

Cet odieux abus n'empêchait point d'ailleurs la levée
des droits de succession et de mutation au profit du
seigneur, de *dix à vingt pour cent*, selon les communes ;
dans les baux, il empoche souvent une somme égale à
la valeur annuelle de la location.

Certains usages locaux étaient con   t   ; c'était u
reste des coutumes du moyen-âge.

A Limont-Fontaine, par exemple, les droits n'étaient payés qu'autant que l'un des deux contractants fût étranger au village ou habitât au dehors, quoique y étant né.

Il arrivait aussi que les limites de deux seigneuries n'étaient pas bien précises ; mais alors même que les nobles hommes fussent en procès, ils étaient néanmoins d'accord pour obliger tous deux les manants à régler, et ceux-ci payaient parfois deux fois, de sorte que les droits montaient jusqu'à *quarante pour cent* (1). Voilà un moyen de se ruiner qui est infaillible.

Le produit des *amendes* infligées pour infraction aux règlements de police était encore pour le château un revenu qui n'était pas à dédaigner.

L'AFFORAGE et le TONLIEU frappaient les boissons qui étaient consommées dans la seigneurie ; c'était un véritable octroi payé à regret, car les paysans ne profitaient en aucune manière de l'argent perçu. Dans les localités où étaient institués une foire, un marché (et il y en avait presque partout), les marchands déboursaient L'ÉTALAGE, véritable droit de place. Pour cheminer sur les routes, passer un pont ou un bac, ils donnaient le droit de VINAGE et celui de PONTENAGE. Et pourtant le seigneur n'avait à sa charge ni l'entretien de ses chemins, d'ailleurs abominables, ni celui de son pont ; car ses manants étaient imposés de plusieurs jours de travail par an, eux et leurs bêtes de somme, et cela quand il plaisait à Monseigneur ou à son bailli. C'était la CORVÉE. De plus, comme les voies publiques lui appar-

(1) Nous en avons trouvé un exemple à Limont en 1761.

tenaient, sauf les grandes artères du royaume, et comme
il n'y a pas de petits bénéfices, il les faisait planter
d'arbres gênants et stérilisants pour les riverains, et les
manants étaient responsables des ormes et des peupliers.

Étaient-ils au moins maîtres dans leurs champs?
D'abord, en beaucoup d'endroits les terres étaient
chargées de TAILLES diverses; là on donnait, outre le
terrage, un setier d'avoine sur vingt; ailleurs, du foin,
des poulés, etc.; ces impôts atteignaient même les bestiaux soumis à la corvée. Mais les privilèges les plus
révoltants étaient le COLOMBIER et la GARENNE.

Dans la ferme dépendant du manoir féodal était une
tour élevée où étaient réunies des centaines de pigeons,
sortant et entrant librement. Leur propriétaire avait le
droit de les laisser picorer tous les champs du voisinage sans payer aucun dommage; les manants qui en
eussent tué un seul, eussent risqué la prison ou pis
encore. C'était un bel ouvrage au moment des semailles
et des moissons!

Le droit de garenne était aussi scandaleux : les
pigeons dévoraient le grain, les lapins et les lièvres
mangeaient la récolte sur pied. Le gibier se réfugiait
dans un bosquet, la *garenne,* et, la nuit comme le jour,
dévastait la campagne sans que les paysans pussent,
non le prendre, ô cas pendable, crime abominable! mais
le troubler dans ses ébats. Dans les endroits boisés, la
culture était parfois impossible.

Nous passons outre de beaucoup d'autres privilèges
féodaux vexatoires, nous signalerons seulement quelques redevances ou coutumes qui égayaient nos pères
et jetaient un rayon de soleil dans leur dure existence.

A Roubaix, était une seigneurie du prince de Soubise. A certains jours de l'année, les vassaux arrivaient, faisa*nt des grimaces, le visage tourné vers les fenêtres du château; ce qui est moins amusant, c'est qu'ils devaient aussi battre les fossés pour empêcher le chant des grenouilles.

A Rouen, jusqu'au XVII° siècle, avait lieu la marche de *l'oison bridé*. C'étaient les moines de Saint-Ouen qui, chaque année, conduisaient en procession une oie bridée et ornée de rubans au grand moulin de la ville. Cela fait, ils étaient exempts du four banal.

Certaines de ces redevances étaient dues à une circonstance fortuite. Un seigneur d'Ardres avait placé dans la cour de son château un ours d'une grandeur extraordinaire. Les habitants, curieux de le voir, s'engagèrent à donner un pain de chaque cuisson pour la nourriture de l'animal. On appela cette rente *la fournée de l'ours*, et elle fut maintenue après la mort de la bête.

Un des usages les plus bizarres de nos contrées était *l'hommage* que le corps municipal de Maubeuge rendait aux moines d'Hautmont à la mairie de Louvroil.

Pendant des siècles, chaque année, le jour de saint Jean-Baptiste, 24 juin, le mayeur et les échevins de cette ville, accompagnés du massard ou d'un valet, s'y transportaient en corps; le prélat, ou son représentant, avec sa suite, les y attendait, annonçait emphatiquement que la terre était à vendre et demandait acquéreur. Les Maubeugeois s'avançaient dans la personne de leur massard, offraient aux religieux une bourse contenant « or, argent, denier et maille », que ces derniers refusaient généralement. Pour leur présenter son sachet, le massard était hissé sur un cheval de pierre placé dans la cour de la ferme. Puis, chaque partie allait copieusement dîner chacun de son côté. Après la destruction des bâtiments, la monture du receveur municipal de Maubeuge resta longtemps gisante au milieu des débris.

La raison de cette redevance était que l'abbaye avait abandonné aux Maubeugeois le droit de *camplage*, qui consistait à faire paître les bestiaux sur les terrains vagues ou incultes.

Cette cérémonie singulière, qui fut cause de procès longs et coûteux, car les Maubeugeois, avec raison, trouvaient leur rôle humiliant, eut lieu pour la dernière fois en 1768.

Au moyen-âge, en pleine civilisation féodale, le seigneur s'était arrogé le droit de marier ses vassaux et ses vassales ; c'est l'origine de redevances scandaleuses dont nous ne parlerons pas ; en Hainaut elles n'ont jamais été levées, car le *gambage* qui figure dans certains titres est un impôt sur les brasseurs. Mais on en trouve trace en Picardie dans le *droit du repas*. Lorsque les manants se mariaient, ils offraient à Monseigneur plusieurs plats, rôti et bouilli, et de la boisson ; ou bien encore l'équivalent en argent. Cet usage n'était déjà plus qu'un souvenir au XVIII⁰ siècle, car les Parlements avaient interdit la perception de cette bizarre imposition. Pourquoi se sont-ils arrêtés en si bonne voie ?

Ils nous reste à parler des FIEFS. D'une manière générale, c'était une terre concédée par un seigneur dominant à un vassal qui lui jurait *fidélité* et *hommage*. Le *fief noble* avait château, justice, girouette, fossés et autres signes d'ancienne noblesse ; le *fief roturier* n'avait pas ces droits.

Les seigneurs à court d'argent constituèrent des fiefs, véritables rentes sans immeubles, avec certains de leurs droits qu'ils abandonnaient : des parties de dime, de terrage, de pontenage, de droits de succession, des charges de mayeur, etc.

Lorsque le possesseur d'un fief mourait, ses héritiers se présentaient devant leur suzerain dans un délai donné, tête nue, sans éperon ni épée, le genou en terre, et prêtaient le serment de fidélité : c'est ainsi qu'ils étaient admis au relief du fief. Les gens de race, peu disposés à se mettre à genoux, se dispensaient de cette formalité en déléguant pour les suppléer un homme d'affaires muni de leurs pouvoirs. Une somme était perçue au profit du seigneur dominant et de *sa cour féodale*, terme pompeux qui comprenait le greffier et trois ou quatre locataires ou fournisseurs du maître qui étaient contents de gagner quelques sous en échange de leur signature au bas du registre des reliefs. Parfois même ils étaient chargés de besognes désagréables et répugnantes.

Les mêmes formalités étaient remplies quand le fief était vendu ; celui-ci ne pouvait être partagé sans le consentement du seigneur autorisant l'*éclissement*.

Le frein que le Roi avait mis à la puissance féodale, les amoindrissements qu'elle avait supportés, se constatent encore plus facilement si on considère les nobles dans les quelques ALLEUX ou ALOIS qui subsistaient sous le nom de FRANCS-ALLEUX, terres que le propriétaire possédait en toute suzeraineté, avec juridiction souveraine : principautés complètement indépendantes au point de vue légal et international, comme aujourd'hui la république d'Andorre ou Monaco.

Le roi d'Yvetot, que la légende représente en bonnet de coton, était un de ces privilégiés. A Maulde, entre Saint-Amand et Tournai, était une terre qui portait le titre de royaume et qui cependant était si petite qu'on aurait pu à peine y trouver le labourage de trois charrues. La terre d'Haubourdin près de Lille était aussi un franc-alleu. Henri de Navarre, à qui elle appartenait, disait qu'il ne la tenait que de Dieu et de son épée. Devenu roi de France, il la vendit avec tous les droits de souveraineté qui y étaient attachés.

La *franche-acouerie* de Vergne, près Mortagne, dont les seigneurs disaient : Nous ne la tenons que de Dieu seul, était également un royaume en miniature.

Au moment de la conquête française, parfois même auparavant, ces principautés perdirent leurs privilèges et peu à peu rentrèrent dans le droit commun des fiefs, sauf quelques terres allodiales ecclésiastiques que le fisc royal trouvait moyen de frapper autrement, comme le Franc-Aloy de Saint-Pierre d'Hautmont.

Le seigneur absent de ses domaines, ou négligeant de les gérer, avait un représentant, son BAILLI, ordinairement un homme de loi. Il rendait la justice en son nom, achetait, vendait pour son maître, le remplaçait pour recevoir les vassaux au relief ; il réglait les comptes, régissait les biens pendant que Monseigneur était à la cour, chassait ou paradait à la tête de son régiment. A côté du bailli en titre était le *bailli portatif* qui faisait la petite besogne et suppléait le premier au besoin. On l'appelait aussi lieutenant-bailli.

Au xvııı° siècle, le Roi avait acquis un droit de contrôle sur la nomination des baillis féodaux. Le seigneur
et son homme se présentaient devant le prévôt royal,
le premier annonçait son intention de prendre l'autre
pour bailli ; le prévôt constatait que le récipiendaire
appartenait à la religion catholique, aspostolique et
romaine, qu'il était de bonnes vie et mœurs ; après quoi
il leur donnait acte de leur démarche, et le bailli avait
alors, en justice et ailleurs, jouissance des pleins pouvoirs à lui concédés. Il en a souvent profité pour voler
son maître ignorant et insoucieux et pour devenir lui-
même une caricature de seigneur.

Les paysans ne devaient pas d'ailleurs badiner avec
ces officiers féodaux ; les gens de Dourlers furent à
même d'apprendre ce qu'ils devaient à leur prévôt, nom
que portait le bailli dans cette seigneurie ; voici en quelle
occasion :

René d'Anjou, le bon Roi René, avait hérité en 1417
des terres de Dourlers et d'Aymeries ; n'en ayant pas
fait hommage à la cour de Hainaut, elles furent saisies
par le duc de Bourgogne, Philippe le Bon, et acquises
peu après par le chancelier Nicolas de Rolin.

Celui-ci cédait en 1452 l'emplacement du château de
Dourlers à un particulier, à charge, entre autres obligations, de défrayer le seigneur et ses agents quand ils
viendraient instrumenter dans le village.

Or, en 1710, le prévôt et ses officiers tinrent à la tour
du lieu « le siège des rentes seigneuriales. » Après avoir
vaqué jusqu'à midi, ils se rendirent chez Maton, l'un
des détenteurs des biens arrentés en 1452, pour y
prendre leur repas. Ils s'attendaient à un festin de

prince et avaient eu soin de prévenir Maton d'avance.
Quelle déconvenue ! on leur servit environ trois livres
de mauvais mouton dans un peu de bouillon ; une petite
épaule de mouton rôtie ou plutôt séchée au feu, grande
comme la largeur de la main ; un fromage de Maroilles.

Les agents déclarèrent qu'il n'y avait même pas de
quoi nourrir les sergents et les valets présents ; ils
goûtèrent néanmoins les mets du bout des dents et
s'assurèrent que le mouton n'était mangeable par d'honnêtes gens (1).

Évidemment le prévôt et les siens ne pouvaient rester
sous le coup d'un tel affront ; dès le lendemain Maton et
consorts recevaient l'ordre de loger et défrayer le seigneur et ses officiers, conformément à leur état et à leur
condition, et à nourrir leurs chevaux pendant le siège
des rentes, sous peine de poursuites judiciaires.

Les doléances des communes rurales de notre région
se résument ainsi au sujet des droits féodaux :

Suppression des garennes et des colombiers ;

La corvée payée en nature et supportée par les trois
ordres ;

Interdiction aux seigneurs de planter les chemins
d'arbres dont ils tirent profit ;

Suppression des sentiers inutiles ;

Abolition des tailles, cens et rentes seigneuriaux qui
sont les restes de l'ancien esclavage ;

Le tonlieu, l'afforage et l'étalage supprimés ou perçus
au profit de l'État ou des communautés ;

Le terrage également supprimé, ainsi que les droits de

_____

(1) Le mouton et le lapin étaient des viandes très peu estimées au
XVIIIᵉ siècle.

220 LA VIE DANS LE NORD DE LA FRANCE

succession, de mutation et de relief, c'est-à-dire la vassalité ;

L'extension à toute la France de l'édit de Louis XVI par lequel il renonçait à son droit de morte-main ;

La réglementation équitable de la chasse et de la pêche.

Les plus timorés, à Lameries, demandent à réfléchir sur le terrage, comme sur la dîme. Les plus hardis, à Beaufort, disent qu'ils n'appartiennent qu'au Roi, que seul il a le droit de lever les impôts et qu'ils les paieront avec joie. Que les temps sont changés !

Ces doléances, qui ont été exaucées dans la mémorable nuit du 4 août 1789, étaient déjà plus que des vœux platoniques. Si la mainmorte subsistait encore presque partout, elle perdait son caractère d'atrocité lugubre qui l'a tant fait maudire. Quelques mois avant l'ouverture des Etats-Généraux, l'abbaye d'Hautmont la remplaçait par une faible rente à laquelle elle renonçait d'avance s'il plaisait au Roi de supprimer universellement la mainmorte ; et dans toute la région, les municipalités engageaient des procès, cherchaient des chicanes, employaient tous les moyens pour s'affranchir des droits seigneuriaux.

Les mémoires qu'elles adressent aux juges, les arguments qu'elles mettent en avant montrent un extraordinaire progrès de la démocratie ; quel chemin parcouru depuis l'annexion française ! Sans doute, c'est un robin qui rédige, c'est lui qui met en évidence les arguments de la commune ; mais tout l'honneur de la plaidoirie ne lui revient pas, il a pris conseil et avis de ses clients, modestes cultivateurs, petits marchands qui, malgré le faix de redevances arbitraires, en dépit des coups de massue dont ils sont accablés, comme disent ceux de Beaufort, se redressent et font entendre un accent d'indépendance et de fierté. Ce ne sont déjà plus des vassaux, ce sont presque des citoyens. Ah ! si la royauté avait voulu ! Ecoutez les manants de Villers-sire-Nicole plaidant contre Beaumarchais en 1784 :

La communauté de Villers-sire-Nicole languissait depuis très longtemps sous le joug du plus dur esclavage, accablée d'une infinité de redevances foncières et de prestations personnelles insolites et exorbitantes du droit commun, lorsqu'elle prit la résolution la plus décidée d'exposer aux yeux de la Justice toutes les vexations qu'elle a éprouvées.....

Dans le moment de relâche où chaque particulier, au moyen de l'abandon de la meilleure partie du fruit de ses travaux, pour l'acquit de ses redevances, pouvait réfléchir sur l'énorme différence de ses charges, en comparaison de celles perçues dans les seigneuries voisines, on s'est rappelé une ancienne tradition des vieillards. Elle portait que plusieurs droits successivement accrus étaient l'ouvrage de la violence et de la surprise, qu'ils avaient été imposés sans titre dans des moments désastreux, épiés à dessein pour écarter les protestations. Ils ont été perçus dans la suite, à l'abri des Cartulaires dressés dans le silence et dans l'ombre du mystère. On a profité de ce que les habitants étaient dispersés par les malheurs des guerres qui ravageaient les Pays-Bas.

En réalité, tout cet exposé est faux, fabriqué pour les besoins de la cause, mais cela n'empêche pas que ces

tristes réflexions désolaient les *habitants* de Villers (ils
ne sont plus manants déjà) (1) sans alléger le poids de
leur malheur et de leur captivité ; il leur semblait impossible d'attaquer ces usurpations, ils sentaient toute la
misère de leur état, et n'y voyaient pas de remède. Car
il leur fallait un concours unanime des habitants de la
commune, sans le sou par des vexations sans nombre, et
ils ne pouvaient se résoudre à risquer ce qui leur restait
au hasard d'une procédure, mais enfin ils se décidèrent à
exiger des titres constitutifs des redevances perçues.

Au régisseur du seigneur, rien ne coûtait pour vexer
la communauté ; il se refusait à régulariser la situation
du terrageur, qui devait être élu et assermenté ; il cherchait à diviser les habitants et à jeter parmi eux l'épouvante.

Quant aux vieux écrits établissant des titres, les juges
feront bien de s'en défier ; la plupart sont postérieurs aux
actes qui y sont contenus ; les monastères ont fait quelquefois confirmer leurs titres par les princes et les autres
puissances en leur représentant que leurs anciens titres
étaient si vieux qu'on avait peine à les lire. Alors il est
arrivé que sous ce prétexte on en substituait d'autres à
la place des anciens. Les moines même sont souvent des
faussaires, voilà l'avis des habitants de Villers. On ne
s'attendait guère à voir les moines en cette affaire.

Eh ! oui, Monsieur Caron de Beaumarchais, c'est peut-
être un malheur pour M. le Prince de Nassau que sa
terre de Villers ait été aussi longtemps mise en saisie
réelle ; il a du moins cette consolation, que le seigneur

(1) Officiellement, on ne dit plus *manant* au xviii° siècle ; pourtant nous
relevons encore le mot dans bien des actes.

de Louvroil a éprouvé semblable disgrâce ; mais c'est un
malheur aussi pour les habitants que cette régie ait duré
si longtemps. Exhibez donc vos titres originaires, et l'on
ne vous contestera plus vos droits insolites, odieux et
exorbitants. Or que donnez-vous ? Un acte de 1441, par
lequel le seigneur fait le relief de cette terre au comte de
Namur à qui il paie, en cas de mort, diverses redevances
et notamment le meilleur de ses chevaux. (C'était la mainmorte appliquée à tous les étages du système féodal.)
Mais cela ne nous regarde pas, c'est affaire entre vous et
votre suzerain et non entre vous et vos vassaux.

Où trouvera-t-on dans la province une seule seigneurie
où les gens soient asservis à de pareilles prestations, là
même où les plus hauts et puissants seigneurs sont propriétaires, comme le duc d'Orléans, le duc d'Aremberg
(Glageon), le prince de Ligne (Hestrud, Jeumont), le duc
de Croy (Solre-le-Château, Aibes, Clerfayt, Écoles, Épi-
noy, Lez-Fontaine)? Nulle part on ne rencontrera de
semblables exactions.

Vos cartulaires ne sont que des simulacres, forgés
quand personne n'avait la liberté de suffrage pour voter,
fabriqués par les créatures des seigneurs ; or peut-on se
créer un titre à seule fin d'exercer des exactions contre
les vassaux ?

Voilà pourquoi ces vestiges, on ne peut plus odieux de
l'ancien esclavage dont on a reconnu l'abus depuis des
siècles, doivent être supprimés.

Toutes ces servitudes n'ont pour origine effective que
l'avarice et l'avidité des seigneurs qui, profitant des
temps de trouble et de confusion, se sont insensiblement
rendus despotiques et en ont chargé leurs vassaux ; on

doit démasquer ces stratagèmes, ouvrage de la tyrannie et de la surprise, usurpations indignes.

La thèse des gens de Villers est celle-ci :

Nous ne voulons pas payer parce que les droits féodaux sont le fruit d'une antique tyrannie qui ravalait nos pères au rang des bêtes quand nous nous estimons des hommes.

Les titres que vous montrez sont l'œuvre de l'hypocrisie et de la fourberie, nous les récusons.

Et contre qui plaidaient-ils une cause si juste? Contre un contempteur de l'ancien régime, le cadet de Voltaire et des Encyclopédistes : Beaumarchais.

CHAPITRE XII

EMBARRAS DE PRINCES

Les princes de Nassau. — La branche de Nassau-Sieghen. — Testament et descendance de Jean-François-Désiré. — Le ménage d'Emmanuel et de Charlotte de Mailly. — Le procès. — Énergie de Jeanne-Baptiste. — Les Mérode.

Une grande dame qui avait beaucoup d'ennuis et de gros soucis, il y a un siècle et demi, était Son Altesse Sérénissime Magdelaine Amicie, née comtesse de Monchy, douairière de Maximilien-Guillaume-Adolphe, prince d'Orange et de Nassau-Sieghen, d'Illembourg, Hadamar, etc., baron de Renaix, Villers-sire-Nicole, etc. Sa belle-mère, née Charlotte de Mailly de Néelle, princesse de l'Isle-sous-Montréal, était également bien chagrine. Nous allons exposer la cause de leurs tourments.

La branche catholique des Nassau, famille illustre des Pays-Bas, qui a possédé la couronne impériale, celles d'Angleterre, d'Ecosse et d'Irlande, qui est alliée aux familles royales et aux principales Maisons de l'Europe et règne encore aujourd'hui en Hollande et dans le grand-duché de Luxembourg, possédait des biens et des titres à Renaix et à Villers-sire-Nicole.

En 1669, le 9 février, François-Jean-Désiré de Nassau

15

se mariait à Bruxelles à Isabelle-Claire-Eugénie du Puget de la Serre. Chevalier de la Toison d'or, il était maistre de camp général des armées de Sa Majesté Catholique, gouverneur et capitaine général du duché de Gueldres et comté de Zutphen, etc.

Dans son testament, en date du 24 mai 1698, il règle la destination de sa fortune comme les grands seigneurs de son temps : l'ainé Guillaume a la presque totalité des biens ; il servira une rente à ses trois frères : Alexis-Antoine-Chrétien-Ferdinand, François-Hugues-Gercon, Emmanuel-Ignace ; leurs sœurs, Claire-Gilionie-Albertine, Anne-Louise, Claire-Bernadine, Jeanne-Baptiste sont traitées de la même manière. Les unes, mariées, sont pensionnées, la dernière attend une prébende au chapitre noble de Sainte-Waudru à Mons.

Les legs faits à sa femme par le vieux prince de Nassau sont plus intéressants ; car, outre une rente de 1.100 écus qu'elle prendra où elle voudra sur ses seigneuries, il lui donne tous les linges qu'elle a tissés pendant leur mariage et dont on se servait dans leur maison. Les grandes dames travaillaient encore.

Il meurt le 18 décembre 1699, et son ainé Guillaume-Hyacinthe fait relief, le 9 mars 1700, devant les Présidents et trésoriers de France, Généraux des Finances, Juges des Domaines et grands Voyers de la généralité de Lille, du fief, terre et seigneurie de Villers-sire-Nicole ; la formalité fut remplie par le bailli de Villers.

De son côté la mère des princes demande, par son testament du 11 octobre 1715, que François de Nassau jouisse seul de la terre et baronnie de Renaix. Survient un arrangement ; 20.000 florins d'arrérages sont adjugés à Emmanuel sur la terre de Villers; une rente plus forte est payée aux princesses Claire et Albertine et à une autre sœur, comtesse de Souza de Pacheco.

C'étaient autant de nids à procès et de matières à discussions, car les prévisions du père ne se réalisèrent point. Le cadet refusa d'entrer dans l'ordre de Malte et la somme de ses frais de réception, tant pour le passage de Malte que pour faire les preuves, qui étaient à la charge de l'aîné, Guillaume, lui fut remise.

Renonçant à la vie religieuse, il épousa Charlotte de Mailly de Néelle. Mariage malheureux, car les deux conjoints, après des discussions et des querelles, finirent par se séparer, pour vivre chacun de son côté.

Le prince était jaloux; sa femme, comme beaucoup de son temps, était coquette et peut-être légère. Ses belles-sœurs, et surtout la chanoinesse Jeanne-Baptiste, excitaient leur frère contre elle, la représentant entourée d'un troupeau de soupirants à qui elle n'était pas cruelle. Emmanuel de Nassau s'irritait, s'emportait et maudissait l'infidèle.

Cependant il l'aimait; tout en vivant séparé de Charlotte, il avait, malgré les apparences d'une rupture complète, conservé des relations avec elle; il lui écrivait, lui donnait des rendez-vous en se cachant comme un coupable. Elle acceptait ses hommages furtifs, ses caresses de contrebande, de sorte qu'ils étaient séparés sans l'être.

Le résultat de ces entrevues fut un garçon qui naquit le 1ᵉʳ novembre 1722, chez la marquise de Mailly de Néelle, belle-sœur de la princesse; l'empereur Charles VI devait être son parrain, mais la mort du père fit évanouir ce projet, il fut baptisé à l'âge de 13 ans par l'évêque de Bethléem et nommé Maximilien-Guillaume-Adolphe.

La naissance de ce noble rejeton fit, comme bien l'on pense, jeter les hauts cris à ses tantes, et la chanoinesse Jeanne-Baptiste, encore plus acharnée que les autres, dirigea la vengeance et affecta de ne pas connaître Maximilien, qu'elle considérait comme un bâtard. Elle le poursuit de sa haine, agit avec assez d'habileté pour lui aliéner les cœurs de tous les Nassau.

Deux de ses oncles, Alexis et François, étaient morts sans enfants ; le troisième, Hyacinthe, les suivait de près dans la tombe, toujours sans laisser de postérité. C'était donc au jeune Maximilien que revenait, en vertu du droit d'aînesse, l'héritage de cette maison princière.

Jeanne-Baptiste ne l'entendait pas ainsi : par un testament en bonne et due forme, qu'elle inspire vraisemblablement, le chef des Nassau-Sieghen, Hyacinthe, déshérite complètement son neveu et dispose de tous ses domaines en faveur du prince stathouder de Hollande. Avait-il le droit de le faire d'après les lois qui régissaient cette famille depuis quatre siècles et d'après les coutumes des provinces de Hainaut-Brabant ? C'était cette question qu'avaient à résoudre les tribunaux et les souverains en France, aux Pays-Bas et en Allemagne.

Maximilien appréhende la terre de Villers-sire-Nicole (1713). Jeanne-Baptiste en fait autant. Tous deux nomment un bailli. Un procès surgit devant le prévôt de Maubeuge, et dès le commencement des hostilités, la chanoinesse conteste sa qualité à son neveu, le traitant d'inconnu. Bref, elle a gain de cause, la préférence est donnée à son homme. Simple escarmouche, et quelques semaines plus tard, défense était faite par la justice à ce bailli d'en prendre le titre et d'en exercer les fonctions.

Dès lors elle ne garde plus aucun ménagement, elle prétend que la seigneurie de Villers lui est dévolue aux termes des Chartes du Hainaut, et elle conteste nettement au prince Maximilien sa filiation aux Nassau. Elle pose la question sur un terrain singulièrement délicat :

Maximilien-Guillaume de Nassau n'a droit ni à son nom ni à ses armes. Né en l'absence d'Emmanuel, celui-ci l'a renié.

Maximilien meurt sur ces entrefaites ; mais il laisse une descendance, et c'est sa veuve, née comtesse de Monchy, qui se chargera de réhabiliter sa belle-mère, Charlotte de Mailly de Néelle, et de sauvegarder le patrimoine des Nassau-Sieghen qui est si âprement disputé. Les arguments qu'elle fait valoir ne manquent pas de piquant :

Les gazettes du temps ont annoncé la mort du prince Emmanuel en remarquant qu'il était sans enfants. C'est vrai, mais « si le public est crédule et toujours trop facile à séduire par les apparences, l'industrieuse calomnie ne saurait vaincre les lois de la nature, transformer le sang qui coule dans nos veines. »

La comtesse de Mailly est obligée, dans son Mémoire, d'oublier toute pudeur, de froisser ses sentiments les plus délicats, pour donner la preuve que ses adversaires réclament.

« Si des motifs d'intérêt ont allumé le flambeau de la discorde entre les deux époux, si des soupçons artificieusement filtrés et calomnieusement suggérés ont surpris la trop grande crédulité du prince, qui d'ailleurs était doué de toutes les qualités de l'âme et de l'esprit dignes de son nom; si le poison de la jalousie, que lui firent avaler ceux qui le lui avaient préparé, a su troubler la parfaite intelligence qui avait régné entre eux, la vérité dissipa ces affreux nuages.

« Le prince, éloigné de Paris et moins obsédé, s'aperçut, quoique trop tard, de sa faiblesse. Les lettres fréquentes qu'il écrivit à sa femme, ses expressions vives et tendres marquent son désir de leur réconciliation ; les excuses qu'elles contiennent caractérisent aussi son repentir.

« L'oubli réciproque du passé et la réunion de leurs cœurs et de leurs personnes furent consommés dans le voyage que ce prince fit à Paris incognito au mois de janvier 1722, et à Rethel, en Champagne, où il s'était rendu avec son épouse. »

Et la pauvre femme est contrainte de démontrer qu'en effet Emmanuel de Nassau est bien venu secrètement à Paris, des témoins attestent qu'il a eu des entrevues avec son épouse ; des lettres sont versées au procès, qui donnent raison à celle-ci, une entre autres où il lui sait gré de ne plus monter à cheval, il dit que son état le réjouit, et il ajoute cette phrase : « Ce qui est sûr, c'est que si j'ai un enfant qui me ressemble, vous n'en recevrez que tendresse et satisfaction. »

Cette trêve, d'ailleurs, dans la vie conjugale de Nassau, n'eut qu'une courte durée, et c'est ce qui ébranle l'argumentation de la comtesse de Mailly, car ils continuèrent à vivre séparés. D'abord, de Renaix, le prince Emmanuel donnait quelques marques d'intérêt à l'enfant. Il envoie de l'argent à la mère, s'informe de leur santé, le recommande à un professeur de latin.

Puis les insinuations, les propos diffamatoires tenus sur le compte de sa femme portent effet : il rompt définitivement avec elle et finit par être convaincu qu'elle est indigne de porter son nom ; il renonce à croire que Maximilien de Nassau est son fils, il le renie et le désavoue publiquement.

Mou dans ses affections, cerveau étroit, caractère sans volonté et sans énergie, incapable de prendre une décision et de s'y arrêter, fantasque, brusque et versatile, tel paraît le prince Emmanuel, personnage peu sympathique et peu recommandable.

Jeanne-Baptiste et les siens ne reculent devant aucun argument, font intervenir la Faculté, ergotent sur les dates, sur les espaces et les nuits. C'est répugnant, tout ce linge sale se lave au grand jour devant le Parlement de Flandres ! Si les avocats et les juges aimaient les causes grasses, ils avaient de quoi se délecter.

La vieille Charlotte de Mailly de Néelle, qui vivait encore, et qui, heureusement pour son petit-fils, avait conservé sa correspondance avec son mari, assistait à ce scandale juridique où des ennemis impitoyables la couvraient de fange et la blessaient dans ses affections de mère et d'aïeule. Si, comme tant de grandes dames de son temps, elle s'était trop facilement liée, si elle avait été la *rouée* qui plaisait au Régent de France, la femme aux mœurs faciles qui florissait à la cour de Louis XV, elle payait bien cher ses fautes de jeunesse !

Autour de ce curieux procès, gravite la noblesse la

plus titrée d'Europe, appelée à témoigner par demandeurs et défendeurs :

Maximilien, à seize ans, obtient des Lettres de bénéfice d'âge ; à cet effet, sa famille assemble parents et
amis :

Louis de Lorraine, prince de Lambesc, gouverneur
d'Anjou ;

Melchior, cardinal de Polignac, archevêque d'Auch ;

Christian-Louis de Montmorency-Luxembourg, maréchal de France, lieutenant général de la province de
Flandre ;

Louis-Auguste d'Albert Dailly, duc de Chaulnes ;

Louis, duc de Saint-Simon, pair de France, comte de
Raffe, grand d'Espagne de première classe.

C'est l'auteur des fameux Mémoires dans lesquels,
avec autant d'aisance que d'originalité, il diffame si bien
ses contemporains.

Jacques de Saint Simon, duc de Ruffec, duc et pair de
France ;

Scipion-Sidoine-Apollinaire-Armand-Jaspar de Polignac, lieutenant général des armées du Roi ;

Chilbert de Montmorin de Saint-Heren, évêque, duc
de Langres et pair de France ;

Le cardinal de Polignac ;

Le prince d'Isenghien, maréchal de France ;

Le duc de Biron, premier maréchal de France ;

Le duc de Noailles, maréchal de France, etc., etc.

Emancipé en 1739, Maximilien de Nassau règle tant
bien que mal les dettes de son père ; il se marie en 1743
à la comtesse de Mailly et entretient quelques relations
avec ses tantes, notamment avec la femme d'un sien

oncle, née comtesse de Hohenlohe Barsteinstein : on le
considère donc bien comme de la famille des Nassau.

Ces preuves convainquent le Parlement de Flandres
qui, le 19 juin 1749, déclare Maximilien avoué et reconnu
fils d'Emmanuel-Ignace de Nassau, et, faisant droit
au principal, il adjuge à la princesse douairière, veuve
de Maximilien, en qualité de mère et tutrice des
mineurs, la propriété et la jouissance de la terre de
Villers-sire-Nicole, etc.

Ce n'était que la première passe de ce duel fécond en
surprises.

Mais les années s'écoulaient, la chanoinesse vieillis-
sait et, impitoyable envers ces Nassau qu'elle considérait
comme intrus et étrangers, farouche dans ses rancunes,
elle suivait les phases du procès avec passion. Jamais
lasse, accumulant les amertumes et les dédains, rendant
coup pour coup, vaincue sur un point, triomphant sur un
autre, elle voyait ses cheveux blanchir, les rides dé-
former son visage, toujours aussi vaillante et sans
perdre l'espoir de gagner sa cause : cette femme est
grande dans ses inimitiés par la constance même qu'elle
met à poursuivre de ses rigueurs ceux qui, croit-elle,
portent son nom sans y avoir droit.

En Belgique, les démarches de ceux-ci sont infructueuses et ils finissent par renoncer à exercer toute
revendication; déjà c'était inutilement que Maximilien
était allé à Vienne trouver l'Empereur pour lui demander

justice. De ce côté la partie était bien perdue, l'aveu en sera bientôt fait.

Jeanne avait précédemment fait le relief de la baronnie de Renaix (1738) et la vendait peu après à un ami, le marquis de Westerloo, ce qui était une complication peut-être voulue dans cet inextricable enchaînement de contestations.

Par son testament, enfin, la princesse Jeanne-Baptiste couronne « son œuvre de persécution cruelle et suivie. » Suivant l'exemple de son aîné, elle déshérite la descendance du prince Emmanuel et donne ses biens à trois amies :

Marie-Joseph de Mérode de Westerloo, sa compagne au chapitre de Sainte-Waudru de Mons;

Jeanne-Christine de Mérode de Westerloo;

Marie-Thérèse de Mérode de Pétersheim, sa sœur, toutes deux chanoinesses de l'illustre chapitre de Sainte-Aldegonde à Maubeuge.

Ses dernières volontés sont marquées par une grande habileté juridique. Marie-Joseph est sa légataire universelle, sauf pour la seigneurie de Villers qui sera vendue et partagée également entre les trois sœurs.

Elle trépasse sans voir la fin du procès; l'épouse de Maximilien, comtesse de Monchy, meurt aussi, et ce sont les demoiselles de Mérode qui entrent en lice contre les enfants de Maximilien : Charles-Othon-Henri et Charlotte-Amicie, représentés tant par un parent maternel, Nicolas de Monchy, marquis du bourg de Sénarpont, etc., que par Philippe-Charles, vicomte de Berghes, prince de Rache, premier pair du pays et comté de Namur.

Après bien des remises, des plaidoiries sans nombre,

la cause de la chanoinesse triomphe le 7 avril 1758. Un arrêt ordonne que la seigneurie de Villers sera rendue pour percevoir par les demoiselles de Mérode de Maubeuge les deux tiers du prix d'icelle. Le testament de la princesse Jeanne-Baptiste était donc reconnu valable ; mais ce dont elle disposait lui appartenait-il positivement?

Le principal argument qui avait touché les juges était que cette terre mise en saisie réelle était depuis longtemps le douaire des veuves des chefs de la maison de Nassau-Sieghen : d'abord la femme de Guillaume-Adolphe l'avait désignée telle, puis, après la mort d'Emmanuel, déjà au cours du procès, son épouse, Charlotte de Mailly de Néelle, l'avait aussi choisie.

Les demoiselles de Mérode allaient ainsi entrer en possession d'une fortune princière, due à la munificence de leur vieille amie; quant au stathouder de Hollande, peu soucieux sans doute d'entamer des procès aussi longs que coûteux à propos de propriétés bien éloignées de sa patrie, il ne donnait point signe de vie.

Un mémoire est adressé au Parlement de Flandre en révision de l'arrêt qui donne gain de cause aux Mérode, et c'est contre Jeanne-Christine que les mineurs plaident, car sa sœur Marie-Thérèse lui avait vendu ses droits dès l'année 1757, et quant à Marie-Joseph de Mons, elle avait été déboutée de ses prétentions, ce qui est encore plus bizarre !

C'est cette contradiction que fait remarquer avec raison le défenseur des Nassau-Sieghen, ajoutant d'ailleurs qu'ils ne réclament pas la succession de leur grand'tante décédée à Mons, en pays autrichien, car ils abandonnent leurs prétentions sur la partie de leur patrimoine qui est hors de France.

Pourtant la chanoinesse avait de grandes ressources, outre ce qu'elle avait acquis à la mort de ses frères ; et quant à eux, ils étaient pauvres, car le procès était onéreux, les créanciers de leur père tentaient en même temps de toucher les revenus de la terre de Villers, et les mineurs demandaient à la cour, pour vivre et pour plaider, une provision sur la caisse de saisie réelle. Leurs défenseurs, pour réformer l'arrêt qui achevait leur ruine, rappelaient les *pactes de famille* des maisons souveraines, qui excluent perpétuellement les filles à l'avantage des mâles de degré en degré et de ligne en ligne. Ils en donnaient un curieux exemple historique remontant à Charles-Quint.

René de Nassau, qui avait hérité de son oncle paternel les principautés d'Orange et de Châlons, et d'autres pays, se voyant près de mourir sans enfants à 20 ans, et ne considérant pas assez les biens des pactes de famille, fit un testament par lequel il institua directement pour son héritier Guillaume II, surnommé plus tard le *Taciturne,* qui devait jouer un rôle si important aux Pays-Bas, et qui n'avait alors que onze ans.

Mais son père Guillaume Iᵉʳ s'en plaignit à l'empereur Charles-Quint parce que ce testament blessait les droits de succéder que les lois de sa maison lui donnaient par préférence à son fils. Il ne voulait pas laisser subsister cet exemple d'infraction à ces lois, quoiqu'il fût en faveur de celui de ses enfants à qui tous les biens devaient revenir après lui, et à qui ceux de sa propre succession passèrent, en effet, tous.

Il fallut toute l'autorité de Charles-Quint qui avait confirmé le testament de René avant sa mort et qui l'avait aimé particulièrement, pour décider Guillaume Ier à se désister.

Voilà le droit d'aînesse dans tout son épanouissement, les pactes de famille dans toute leur splendeur. Aujourd'hui les Nassau même les ont oubliés.

Est-il besoin de l'ajouter? la défense des jeunes Nassau-Sieghen est un long réquisitoire contre les demoiselles de Mérode :

« D'abord, c'est un testament mystique ou secret que celui de la princesse Jeanne-Baptiste : c'est-à-dire fait sur le goût des personnes qui en recueillent tout le fruit, et sur l'intérêt qu'elles avaient à ce qu'il ne fût pas connu. C'est la demoiselle de Mérode (la chanoinesse de Mons) et ses sœurs qui sont honorées de toutes ces dispositions ; ce sont ces mêmes demoiselles qui eurent la témérité d'aller jusqu'à contester l'état du prince, père des mineurs, pour les conserver.

« Ne sont-ce pas elles qui avaient porté la princesse Jeanne-Baptiste à cette même extrémité, qui ont nourri dans son sein ses préjugés, sa haine, contre son propre neveu? N'est-ce pas par le même moyen qu'elles lui ont inspiré son testament et qu'elles lui ont fait donner cette forme mystique? La passion y règne sans gêne et sans contradicteur, l'intérêt y préside à l'aise et dicte seul. »

Les enfants d'Emmanuel de Nassau obtinrent enfin gain de cause, et de l'antique patrimoine de leurs aïeux, ils sauraient la terre de Villers-sire-Nicole : Charles-Henri-Nicolas-Othon et sa sœur Charlotte-Amicie restaient

bien princes de Nassau-Sieghen, mais leur situation pécuniaire était loin d'être brillante.

La terre de Villers, qui aurait dû prospérer, avait
surtout fait la fortune de ses baillis ; son château, qui
existait encore en 1717, puisque par ordre du prince on
y fait des réparations qui montent à 200 livres, était à
demi ruiné ; les paysans, volés et pressurés par l'intendant seigneurial, par tous les robins à la solde des
créanciers, devenaient intraitables et étaient mûrs pour
l'émancipation ; ils se réjouissaient de ce procès misérable et étrange, qui empêchait de terminer le leur, mais
leur faisait gagner du temps. Quant à tous ceux qui avaient
fait saisir la terre dans l'espoir d'être payés, ils attendaient toujours, examinant avec inquiétude l'avalanche
grossissante des notes et mémoires des gens de justice.
La seigneurie était un gros gâteau à partager, mais quel
appétit et quel entrain !

Ce procès jette un jour curieux sur les sentiments et
les mœurs de la haute noblesse du temps. L'esprit de
famille, l'honneur du nom, le respect dû aux morts, tout
cela est foulé aux pieds : on étale avec cynisme les
passions les plus basses et les plus haineuses, on
rappelle les souvenirs les plus nauséabonds par plaisir
ou plutôt pour la satisfaction de je ne sais quelle basse
vengeance.

Les demoiselles de Mérode sortaient de cette aventure
à demi vaincues, affaiblies dans leur prestige moral,
blessées dans leur réputation d'intégrité et d'honorabilité
parfaites. « Vous vous êtes livrées à la captation d'un
héritage, vous avez inspiré et dicté le testament, votre
amitié pour notre parente était intéressé, vous avez

soufflé la haine, remué le vieux levain de calomnie et de médisance pour gagner une fortune », leur avait dit en face leur adversaire, et le Parlement de Flandres, en leur donnant tort, semblait approuver ces accusations.

Au point de vue juridique, les résultats ne sont pas moins curieux : battus à l'étranger, les Nassau-Sieghen triomphent en France une première fois. En même instance, sans que d'autres motifs soient invoqués, ils sont déboutés, et, en dernier lieu, ils obtiennent encore satisfaction ; c'est à se demander si les juges qui se démentaient ainsi à des intervalles relativement courts, jouissaient de la plénitude de leurs facultés ; car les raisons qu'ils donnent pour casser un arrêt sont celles sur lesquelles ils se sont appuyés pour le formuler.

C'étaient les gagnants du procès qui sortaient les plus éprouvés. Tous les autres Nassau les reniaient ; leur père avait été insulté par sa tante et ses parents paternels, leur grand'mère avait bu la coupe d'amertume jusqu'à la lie. Si elle avait beaucoup aimé, elle n'avait jamais été pardonnée !

La plupart des contemporains étaient moins exigeants ; car le prince Charles-Henri-Nicolas-Othon, plus tard colonel du régiment Royal-Allemand-Cavalerie, tint une place honorable dans la noblesse de Louis XVI. C'est lui qui vendit Villers-sire-Nicole à Beaumarchais.

Ce scandale n'eut de retentissement qu'aux Pays-Bas, là où vivaient les Nassau, les Mérode, où étaient les biens contestés. Ailleurs on était blasé sur les incidents de cette nature qui se répétaient souvent et jusqu'au pied du trône. La rupture des premières lances a excité la curiosité, provoqué le sourire. Mais on était trop immoral

pour rougir, trop sceptique pour feindre l'indignation,
en ce temps où la reine Marie-Antoinette se laissait sottement diffamer par quelques courtisans, où un monnayeur
malavisé et insolent vouait Louis XVI, dans les pièces à
la corne, au ridicule et aux propos satiriques de la malignité publique.

CHAPITRE XIII
LA COMMUNE

Une réunion d'individus vivant sur un territoire déterminé, soumis aux mêmes coutumes, reconnaissant l'autorité des mêmes mayeur et échevins, voilà ce qu'était la commune au XVIII siècle, presque celle d'aujourd'hui.

Elle serait bien plus difficile à définir si l'on se reportait quelques siècles en arrière : alors étaient des localités, comme Ferrière-la-Grande, qui avaient trois mayeurs et au moins deux corps d'échevins, ce qui n'empêchait pas les manants de ne posséder que fort peu de droits, la qualité ne répondant pas à la quantité ; alors aussi étaient les villes qui avaient conquis leur pleine liberté, cités bourgeoises qui étaient de véritables républiques indépendantes, dont les chefs traitaient de pair avec les évêques, les seigneurs et même le Roi.

Ainsi un individu banni de Laon, qui y rentrait sans

14

autorisation, était, pour la première fois, enfoui jusqu'aux mamelles, pendant trois samedis, sur la place du marché, puis conduit hors de la ville. S'il récidivait, il était enfoui tout vivant, et les maire et jurés de Laon ajoutaient avec autant de fierté que d'énergie : « Quiconque fut ainsi banni pour crime de meurtre, de rapt ou de vol, nous ne le laissâmes jamais entrer, fût-ce avec le Roi, fût-ce avec l'évêque ou avec tout autre. »

Ces villes libres n'ont jamais été bien nombreuses, les villages complètement affranchis de la tutelle seigneuriale sont encore plus rares. Nous n'en connaissons guère dans notre région : *Mairieux*, où les mayeur et échevins, librement élus et créés par la saine population de l'endroit, étaient bas, moyen et haut-justiciers, c'est-à-dire qu'ils avaient le pouvoir, au moyen-âge, de condamner à mort voleurs et meurtriers.

A Basuel, Ors, Catillon, Le Cateau, le corps municipal était également haut-justicier.

Nous ne savons rien de l'établissement de la commune de Mairieux qui possédait trois ou quatre seigneuries : il est présumable que les habitants ont profité de cette division de l'autorité, par cela même affaiblie, pour acheter ou exiger leur indépendance. Elle n'a été acquise que tardivement, car le cartulaire des cens et des rentes dus au comte de Hainaut (1265-1286) mentionne : « Mairieux. — Le comte a toute justice, ost et chevauchie (droits de guerre), mortemain, etc., etc. »

Quant aux communes qui faisaient partie de la châtellenie du Cateau, leurs privilèges étaient plus fictifs que réels, car c'était l'évêque de Cambrai qui nommait les mayeur et échevins.

Au moment de la conquête française, les temps étaient bien changés. Libertés municipales, haute-justice, le Roi avait confisqué tout cela à son profit.

Comme aujourd'hui, la commune avait ses biens : les *tries, aisements, piquiers, warechaix, riez,* terrains vagues, landes où une herbe rare croissait au milieu des genêts, des épines-vinettes et des bruyères ; marécages couverts d'eau l'hiver, qui produisaient surtout des prêles, des joncs et des roseaux.

Chaque villageois avait pour ses bestiaux, vaches et chèvres, le droit de vaine pâture. Une portion du trie était réservée aux cochons qui y étaient conduits et mis en liberté sous la surveillance du porcher communal.

Le matin cet humble fonctionnaire faisait retentir son cornet dans les rues du village. A cet appel, les ménagères ouvraient la porte de la cabane à l'animal qui se rendait au lieu de la réunion. La troupe étant complète, le départ s'effectuait en bon ordre ; les bêtes prenaient leurs ébats et leur nourriture sur le trie. Le soir, leur porcher les réunissait, la trompe annonçait le retour au village, et les cochons, la queue en l'air, regagnaient en trottant le toit où les attendait une copieuse pitance.

Les appointements n'étaient pas lourds : deux sous par mois et par tête et un *pagnon* par-dessus le marché, c'est-à-dire un petit pain qui lui était remis lorsque la ménagère cuisait. Lorsqu'un fermier avait de nombreux pensionnaires, il obtenait une diminution, et il subissait au contraire une augmentation si une truie avec ses petits était à soigner.

Le porcher était quelquefois *linguieux* (langueyeur), métier dangereux, mais plus lucratif. Les cochons

atteints de ladrerie ne pouvaient être vendus, leur chair
n'étant pas mangeable. Pour reconnaître si la bête était
saine, un robuste paysan lui tenait deux pattes et brusquement la jetait sur le flanc. Se couchant sur elle, il lui
ouvrait la gueule, lui passait un bâton au travers et lui
tirait la langue qu'il inspectait. Cette opération plaisait
peu à l'animal qui se débattait de toutes ses forces et
mordait l'homme. Sur les foires et les marchés, se
tenaient quelques linguieux qui offraient leurs services
moyennant trois, quatre, cinq sous.

Une autre profession est à signaler ici, car le type,
qui existe encore dans quelques communes rurales, aura
bientôt disparu : c'est le *cacheu d'fouans*, le taupier. Un
sac sur le dos, une trique en main, il parcourait la
campagne, inspectant terres et prairies, examinant les
monticules et les traînées qui dénotaient la présence des
taupes. Il posait des pièges, examinait ceux qu'il avait
placés précédemment et ramassait les bêtes qui s'étaient
laissé prendre ; il leur coupait la queue qu'il reportait au
tenancier du champ contre une rétribution ordinaire de
deux liards.

.•.

La commune avait la jouissance des regains des
prairies sises sur son territoire. Parfois elle les mettait
en adjudication; ou bien le fermier qui avait enlevé la
première coupe achetait le droit de prendre la seconde
ou de la faire paître exclusivement par ses bestiaux;
ou bien encore les regains étaient à la libre disposition
des habitants qui y envoyaient leurs vaches dès le mois
de juillet.

Cette dernière combinaison, fort en honneur auparavant, tombait déjà en désuétude, et la vente publique
des *royens* était devenue presque générale.

Les regains des pâtures closes appartenaient à leurs
propriétaires. Ceux-ci ne pouvaient planter des haies
vives qu'avec le consentement de leurs concitoyens, et
moyennant une juste indemnité ; car le public ne disposait de l'herbe des clos que la Saint-Martin passée.

Voulait-on mettre une terre « à usance de pâture ? »
on devait prendre des arrangements : avec le décimateur
qui percevait la grosse dîme ; avec le curé qui avait la
petite dîme ; avec le seigneur qui levait le terrage ;
avec les mayeur et échevins d'accord avec leurs administrés qui avaient la jouissance de cette terre pendant
l'hiver quand elle n'était pas ensemencée.

Les accommodements n'étaient pas faciles à obtenir,
car il suffisait de l'opposition de quelque mécontent
pour maintenir le *statu quo*. Ces coutumes, en dépit de
leur esprit philanthropique ou charitable, constituaient
des entraves au droit de propriété et nuisaient aux
progrès de l'agriculture.

Les pauvres gens avaient dans la campagne des
ressources qu'ils chercheraient vainement aujourd'hui.

Les céréales se fauchaient au deuxième ou au troisième nœud, c'est-à-dire qu'on n'enlevait qu'environ la
moitié de la paille. Le reste était consommé par les
bestiaux de tous, selon un usage immémorial : c'était une
forme du droit de *camplage* dont jouissaient les manants.

Ou bien ils enlevaient les chaumes et se les appro-
priaient : c'était le *restellage* (râtelage) qui, dans
maintes localités, ne s'exerçait qu'après la Saint-Rémy.

Les gerbes charriées, femmes et enfants glanaient. Un règlement de police interdisait le *muchenage* avant et après le coucher du soleil.

Il en était de même après la cueillette des fruits, noix, pommes et poires. Les malheureux de la commune avaient ou prenaient la permission de s'approprier ce qui avait été oublié ou dédaigné : ils *robinaient*.

Au printemps, ils cueillaient dans les blés et les seigles les folles plantes qui y poussaient et qui servaient tant à leur nourriture qu'à celle de leurs bestiaux : mâches, sénés, moutardes, liserons, chardons : ils *cruaudaient*.

Ils n'achetaient guère de combustible là où les forêts étaient nombreuses et touffues. Ils ramassaient les branches mortes dont ils avaient besoin. Au moyen-âge il y avait eu ordinairement des conventions entre les seigneurs et leurs sujets à propos du bois concédé à ceux-ci ; quelques-unes ont subsisté jusqu'à nos jours.

Les autorités tentaient de supprimer le *callonage*, imposition en nature ou en argent exigée de tous les étrangers qui venaient dans un endroit pour y prendre femme, y séjourner, etc. : une espèce de *bienvenue* obligatoire.

.•.

Ces coutumes locales offraient des particularités curieuses. Règle générale les habitants jouissaient de ces privilèges sur l'étendue de leur commune.

Or les bourgeois de Maubeuge ont eu longtemps à Louvroil un droit de *campiage*, rappelé dans des pièces de procédure.

Les manants de Boussières disposaient des regains de la partie de Pont-sur-Sambre qui avoisine le lieu-dit *La Fosse*.

Ceux de Hautmont avaient le droit de faire paître leur bestiaux sur les regains de 11 journels et demi de prés gisant à Louvroil, autour de la ferme de la Basse.

Ils pouvaient aussi glaner sur toute l'étendue de cette commune qui, décidément, était mal partagée. Vers 1650, les mayeur, échevins et manants de Louvroil, qui trouvaient exorbitante cette prétention des Hautmontois, leur interdirent l'accès de leurs champs.

Ceux-ci protestèrent et intentèrent à leurs voisins un procès qui dura longtemps et fut jugé conformément au bon sens et à l'équité : les gens de Louvroil glanèrent seuls et à leur aise.

L'inverse se produisait aussi : quelquefois, ce sont les habitants d'un quartier, d'un hameau, qui usent d'une pâture, d'un pré, d'une source, d'un puits, d'un droit quelconque, à l'exclusion de leurs concitoyens mêmes.

Le seigneur, un voisin, l'échevinage apparaissent dans des conventions, actes authentiques où ces avantages particuliers sont bien spécifiés et reconnus. Nous en avons trouvé quelques exemples typiques sur Manissart, hameau de Vieux-Mesnil.

Ils s'expliquent en cette localité qui était encore au xvi⁰ siècle une commune indépendante, avec mayeur et échevins.

La conquête française avait en quelque sorte nivelé les institutions municipales à l'avantage du pouvoir

royal, et elle avait en même temps fait disparaître en
partie des inégalités choquantes dont nous allons donner
une idée :

La seigneurie de Ferrière-la-Grande, qui comportait
droit de nomination du corps municipal, fut longtemps
disputée entre les sires d'Avesnes et leurs successeurs,
les princes de Croy, d'une part ; les moines d'Hautmont,
d'autre part.

Ces derniers succombèrent, mais conservèrent de singuliers privilèges. Ils n'admirent point la juridiction
échevinale des gens de Ferrière sur leurs propriétés ;
notamment au terroir de Rémont, c'était la municipalité d'Hautmont qui opérait dans la plénitude de ses
attributions sans que les autres eussent le droit d'intervenir.

En 1620, elle condamne à l'amende les enfants Martin
Ferré de Ferrière-la-Grande pour avoir coupé du bois à
Rémont. Elle juge des étrangers qui ont chassé sur des
propriétés de l'abbaye, etc. Des manants de l'endroit font
manger les glands des forêts par leurs pourceaux sans
la permission des officiers du monastère. Ce sont les
mayeur et échevins d'Hautmont qui instruisent leurs
procès (1620-1633-1634-1657).

Bien plus : ils protestent parce qu'en 1676, ceux de
Ferrière imposent trop la ferme de Rémont pour les
tailles du Roi ; c'est la source d'un différend dont nous
ignorons l'issue.

Voilà certes une des causes des rivalités de paroisses,
un des brandons de discorde qui avivait l'esprit de clocher « si souvent coiffé d'un éteignoir. » L'inégalité la
plus parfaite et la plus révoltante, des privilèges incom-

préhensibles d'où résultaient des humiliations vexantes étaient l'origine de rancunes séculaires (1).

Les habitants de Boussières avaient une partie du campiage de Pont-sur-Sambre ; la municipalité de Ferrière était dans une demi-dépendance vis-à-vis de celle d'Hautmont qui empiétait sur ses terres ; les gens de Louvroil avaient leurs champs tondus par les bestiaux de leurs voisins ; pour couronner le tout, le corps municipal de Maubeuge devait un hommage ridicule aux moines d'Hautmont chaque année en la mairie de Louvroil ; qu'on s'étonne après cela des provocations que voisins s'adressaient réciproquement, des combats sanglants qui se livraient le soir à la sortie des écriennes en hiver, à l'issue des bals pendant la belle saison !

Les bizarreries que nous venons de signaler ne sont pas les seules : deux communes distinctes éloignées de plusieurs kilomètres, séparées par un cours d'eau souvent infranchissable en hiver, n'ont qu'une seule municipalité, qui opère, tantôt dans l'un, tantôt dans l'autre village. C'est le cas pour Hautmont et Boussières.

L'origine de cet état de choses remonte au moyen-âge, quand le seigneur nommait comme mayeur et échevins qui il voulait ; particulièrement pour les actes d'achats et de ventes, il désignait des individus « pour ce devoir seulement », et ceux-ci pouvaient être étrangers à la localité. Six bourgeois de Maubeuge sont, dans un acte en notre possession, échevins de Colleret, et ces abus étaient fréquents. Au XVIIIᵉ siècle, ils avaient disparu.

(1) Longtemps aussi les gens d'Asserent jouirent du campiage sur Maubeuge, ce qui est rappelé dans le procès qu'ils soutinrent contre les Maubeugeois de la paroisse de Sainte-Croix, qui demandaient sur Asserent des privilèges terriens (1700).

Le corps municipal se réunissait souvent dans une chambre du château ; c'était un droit plutôt qu'une tolérance, car le seigneur ou le couvent et leurs manants ne sont pas toujours d'accord.

Ailleurs c'est la maison du mayeur, du greffier ou d'un échevin qui était transformée en salle de délibérations ; les localités possédant une maison commune ne sont pas nombreuses.

C'est ce qui explique pourquoi les archives de nos villages sont dispersées et trop souvent perdues.

L'endroit où l'on retrouve assez souvent le *ferme* ou l'*arche* où elles étaient déposées est le clocher ; seulement, comme nombre d'églises ont été reconstruites dans le cours de notre siècle, le coffre a été descendu et son contenu dispersé ou brûlé par des gens ignorants ; il en a été ainsi à Dimont, à Mairieux et en bien d'autres localités.

La prison, au contraire, ne faisait pas défaut ; chaque village avait son cachot où malfaiteurs et vagabonds étaient enfermés sans autre forme de procès, en attendant qu'ils eussent comparu devant les magistrats ou qu'ils fussent relâchés.

La liberté individuelle des habitants paroissiens était presque aussi complète qu'aujourd'hui, mais celle des forains, étrangers à l'endroit, voyageurs, était violée sans que personne s'en émût.

.·.

Les mayeur, échevins, jurés étaient ordinairement nommés pour un an ; leur mandat était renouvelable.

Ils tenaient leurs pouvoirs en de rares endroits de leurs concitoyens ; c'était le suffrage encore plus universel qu'aujourd'hui, car les femmes à la tête d'une exploitation votaient aussi parfois. Mais le plus souvent ils étaient désignés par le seigneur, le souverain, le couvent ; quelquefois le Roi nommait la moitié du corps municipal, un seigneur ou une abbaye avait le reste.

A Limont, à Saint-Rémy-mal-Bâti, à la veille de la Révolution, le duc d'Orléans et le monastère d'Hautmont se partageaient ce privilège. A Maubeuge, c'était le Roi et le Chapitre de Sainte-Aldegonde.

Le renouvellement annuel était d'ordinaire l'occasion de réjouissances. Les manants fêtaient les délégués qui désignaient les échevins et les installaient ; la bière coulait à flots dans les cabarets de l'endroit : Monseigneur payait, on profitait de ses largesses.

Les habitants de chaque village avaient la satisfaction d'élire le *sergent* de loi, qui était le garde chargé à la fois de la police du village et de celle des champs ; le *messier*, appelé ailleurs forier, dont les fonctions n'étaient point permanentes, car il surveillait les moissons.

Le poste de greffier-syndic n'était pas laissé à la nomination du mayeur (celui-ci l'eût pris pour lui) ; il était mis en adjudication. Le titulaire fait toutes les écritures concernant la communauté, les recherches dans le coffre municipal quand besoin est. Il fournit le papier, l'encre, les plumes d'oie tant pour le rôle que pour le chiffrage. Il doit se trouver à toutes les assemblées de gens de loi sans pouvoir s'en absenter, sous quelque prétexte que ce soit.

Comme traitement annuel, une cinquantaine de livres ;

il a encore à dédommager les échevins qui le nomment et l'installent. Un de ces fonctionnaires insinue même qu'il est dans l'obligation, pour sa tranquillité, de leur payer à boire.

Dans ces conditions, le greffier ne pouvait être un aigle. Le français est souvent estropié dans nos archives communales, et des scribes sont en délicatesse prononcée avec l'orthographe et la syntaxe.

Le *massard* est le receveur municipal ; sous le contrôle des échevins, il gère les finances de la commune ; il remplit parfois les fonctions de greffier.

Sergent, messier, greffier-syndic étaient des personnages modestes, dont les émoluments n'entamaient que légèrement le budget communal. Aussi, pour peu que le village eût quelques biens-fonds et que les regains fussent bons, le chiffre des recettes surpassait celui des dépenses, et les habitants procédaient à partage de l'excédent.

Le fait s'est souvent présenté dans nos localités du Hainaut sous le règne de Louis XV et de Louis XVI ; chaque chef de famille reçoit plusieurs livres pour sa part, et la répartition du boni est parfois la source de différends qui sont à signaler :

Mayeur et échevins, quand vint cette période de prospérité vers 1740, ne remettaient à une veuve que la moitié de ce qui était donné à chaque représentant du sexe laid à la tête d'une famille. Les veuves protestèrent en maints endroits, à Saint-Rémy-mal-Bâti, Boussières, Neuf-Mesnil, etc., faisant remarquer avec raison que leurs enfants surtout avaient besoin d'aide et d'assistance, que la part de tous devait être égale. Des procès s'ensuivirent, et elles eurent gain de cause devant les prévôts royaux qui tranchèrent la question.

En certaines circonstances solennelles, le corps municipal prenait l'avis de tous les habitants émancipés, y compris les filles et les veuves. Ils avaient à prononcer l'approbation ou le rejet des propositions faites par les mayeur et échevins.

Par exemple, disaient ceux-ci, nous avons négocié avec le seigneur pour obtenir la suppression du droit de forage, moyennant une rente annuelle de dix livres. Nous sommes tous d'accord au conseil. Acceptez-vous notre manière de voir ?

C'était le mayeur qui, le dimanche, au sortir de la messe, se plaçait sous le porche de l'église et tenait ce langage. L'on discutait, les opposants donnaient leurs raisons et l'on passait au vote, le plus souvent, à mains levées. C'était oui ou non.

Quand les circonstances étaient graves, les habitants étaient convoqués ou prévenus individuellement, et le vote de chacun était recueilli par écrit, tantôt à domicile, tantôt à la *chambre des plaids,* c'est-à-dire à la maison ou salle commune.

Il suffisait, en effet, d'un seul électeur jetant une note discordante pour que la proposition faite restât en suspens. Ce droit de *velo* était exorbitant. Les droits de la minorité sont aujourd'hui méconnus et sacrifiés. Dans ces *assemblées de paroisse,* appelées aussi *plaids généraux* ou *aveux de communauté,* ils étaient sans doute trop bien garantis, et, à cause de cet obstacle, le referendum n'était employé que rarement: il est si peu commun que, dans un vote, toutes les opinions soient unanimes!

Lorsqu'une proposition était rejetée par l'assemblée de paroisse, elle était bien enterrée. Acceptée par la majorité, mais avec opposition de quelques-uns, l'autorité supérieure, c'est-à-dire le Roi, tranchait la difficulté. Il en était ainsi théoriquement ; en réalité, un procès s'engageait ou la question restait pendante.

En beaucoup d'endroits, le corps communal trouvait un biais. Les affaires se passaient en famille, chacun des échevins visitait ses parents et ses amis et leur demandait leur approbation des mesures prises. Pour les cas ordinaires, la municipalité se contentait de l'autorisation verbale des principaux habitants.

Même ainsi réduit, le referendum populaire avait le grand avantage d'intéresser à peu près tout le monde à ce qui se passait dans le village, d'empêcher les autorités de commettre des sottises coûteuses ou de lourdes fautes et de donner à chacun une petite part de responsabilité dans les affaires publiques.

L'administration des biens communaux permettait à « chaque résident paroissien » de contrôler l'échevinage, de l'approuver ou de le blâmer. Il avait le droit d'assister aux débats, de protester quand il trouvait la gérance mauvaise, de proposer le rejet total des comptes ou la rature d'un article : les bonnes gens se prononçaient encore le dimanche suivant à la sortie de la messe.

Cette coutume ne se rencontre pas partout, et il va sans dire que l'unanimité n'était pas ici nécessaire : sans quoi c'eût été l'anarchie administrative et le désordre sans remède.

En beaucoup d'endroits, au moins dans le Hainaut français, étaient pour surveiller les comptes des mayeur

et échevins, des censeurs populaires spécialement désignés pour assister aux réunions et, au besoin, demander
des explications. Empêcher le gaspillage, endiguer la
prodigalité des édiles, exiger d'eux une parfaite intégrité : tel était le rôle des *auditeurs* qui recevaient une
rémunération de 10 à 20 sous par an, ou à qui on payait
à boire aux frais de la communauté.

Le même esprit animait les coutumes se rapportant à
la rédaction des registres où étaient consignés les droits
des décimateurs et des seigneurs : les *cartulaires* et les
terriers qui étaient renouvelés au bout de quelques
années.

Non seulement ils étaient rédigés en présence de la
saine population de l'endroit, mais une partie des cultivateurs devaient les reconnaître exacts et les signer en
même temps que le corps municipal. Ces cahiers offraient
ainsi plus de garanties d'authenticité. En cas de procès
ou de réclamation, si le cadastre faisait défaut, la mémoire des anciens y suppléait : ils connaissaient si bien
leur commune, dont chaque terroir portait un nom
depuis des siècles !

Ces appellations sont venues jusqu'à nous à peine
défigurées ; mais aujourd'hui elles sont délaissées, on
les remplace par une lettre de section et un numéro. La
précision y gagne, mais le pittoresque y perd. Citons
quelques lieux-dits très répandus :

Les *Bruilles*, les *Brayelles*, c'est-à-dire les broussailles, landes à demi boisées.

Bral, Brayeux, Brayaux, le marais, l'endroit fangeux.

Crinquet, Criquet, talus, colline escarpée et cail-
louteuse.

Les *Caraius, Caroies, Carées,* vallon encaissé, tranchée.

La *Couture,* la *Couturelle,* terre cultivée depuis longtemps.

C'est le contraire de *Fache, Pache, Fachelle, Fachetle, Prisches, Fressies, Fresche.* Une terre en fache est une terre en friche.

Pour qu'une fache devînt une couture, elle devait être *essartée,* c'est-à-dire défrichée; d'où *Sars,* les *Sarsées,* les *Sartiaux,* c'est-à-dire les défrichements. Le terme entre même dans des noms composés : *Manissart,* c'est-à-dire le sart du Maisnil; *Rainsart,* ou sart d'Hélin ou Herlin, etc.

Les arbres les plus répandus de nos régions, les plus populaires aussi, sont le chêne, le frêne, le hêtre, le tilleul, le saule, l'aulne.

Le chêne a donné son nom à tous les endroits, villes, hameaux, terroirs appelés *Quesnoy, Quesnaie, Chesnaye, Chênée, Quénée,* etc.

Le nom latin du hêtre (*fagus*) se trouve dans *Fayl, Fayel, Faillette, Faillis, Faguelle.*

Frenaie, Frasnée, Fresnoy, Frasnau, Franelle rappellent le frêne, comme *Tillaie, Tillu, Tilloy* nous reportent au tilleul.

La *Soque,* la *Choquée,* la *Saille,* la *Saie, Sailly, Saillaie* sont des endroits où croissaient des saules.

A l'aulne nous devons : Les *Aunées,* les *Aunoises, Aulnoye, Verne, Vergne,* etc.

C'est aussi à leur végétation primitive que les terroirs les *Feulgées,* les *Fouées, Felgée, Fellerie, Fleury, Flesquières* doivent leur nom qui signifie les *Fougères.*

Bussière, Buisselle, Boussois, Boussières sont des sols où abondait le buis.

Les *Eves*, les *Airelles, Aibes, Euwes, Yeuwes,* sont des terres aquifères où les sources sont nombreuses et fortes.

Les *Ecrolies* sont des lieux bourbeux, fangeux, à peu près de la même consistance que les *Owies, Owées, Ouies,* nom également très répandu.

Les *Aris,* les *Laris* ont la même signification : endroit sec et aride.

Grattière, déjà cité dans des comptes de 1265-1286. *Graveliel, Gratliel* veut dire endroit escarpé, difficile à escalader, montée abrupte.

Les *Prayaux,* les *Prayelles,* les *Potilles, Preux, Potelles* viennent du même mot et se traduisent : les pâturages.

Quel est le village qui ne possédait une ferme, un château de la *Motte?* Au début de la féodalité, l'Europe occidentale se couvrit de châteaux-forts, souvent élevés sur des escarpements, des éminences, moins pour protéger les alentours que pour les terroriser et les rançonner. Motte signifie hauteur fortifiée.

Leval, Levau, les *Viaux* sont des vocables qui indiquent une petite vallée, un vallon.

Les exploitations, hameaux et villages du *Mesnil* ou *Maisnil* doivent leur nom à une petite ferme.

Les *Marquées,* les *Marquelles, Marquion, Marconnelle, Marcoing,* etc., donnent une idée de limite, d'extrémité, de frontière.

Nouyelles, Noyelles, Noyelles, Nielle, Nœud, les *Niaies* ont une même signification : pâturages, marécages qui reçoivent les eaux des hauteurs voisines.

Les *Wattennes*, les *Wattines*, les *Wastines*, *Wastinet*, *Wattignies*, c'est toujours le même mot ; étendue de terrain, plaine nue, déserte et inculte.

Cette noménclature est naturellement bien incomplète ; il faudrait y ajouter les lieux-dits qui ont reçu le nom de leur premier habitant ou possesseur : Wargnories (très commun autrefois et signifiant lande de Garin ou Warin), Ropsies (terre d'un certain Robert), etc.

Des appellations paraissent absurdes, et le hasard ou les recherches peuvent en donner l'origine. A Wattignies-la-Victoire, en pleine campagne, est un endroit appelé Sous-la-Ville. Un cultivateur, il y a peu d'années, a trouvé l'explication de ce lieu-dit en découvrant un cimetière franc sur une hauteur limitrophe. Il y avait eu là une agglomération qui n'a laissé aucun souvenir, aucune trace visible.

CHAPITRE XIV

LE MAYEUR

――――

Sous l'ancien régime, la municipalité s'appelait le *Magistrat*, la *Loy*, les *Gens de Loy*, l'*Echevinage*. Elle se composait généralement d'un mayeur et de quelques échevins.

Outre sa gestion des biens communaux, le Magistrat faisait fonction :

1° de *notaire* pour recevoir les contrats de vente, de location, les testaments, etc. ;

2° d'*agent royer*. Il était chargé de l'entretien des chemins et routes traversant la commune ;

3° d'*agent fiscal*. Il répartissait les impôts et, jusqu'à un certain point, était responsable de leur rentrée ;

4° de *juge de paix*. Il punissait les contraventions à la police rurale, les délits et fraudes des commerçants. Son pouvoir était même assez étendu, car il avait pouvoir d'émanciper les enfants, de faire saisir et vendre les propriétés des débiteurs récalcitrants, etc. ;

5° de *bureau de bienfaisance,* de tuteur des orphelins
et des enfants trouvés;

6° d'*inspecteur des cheminées,* des fours et des poids
et mesures.

Nous étudierons la Loy dans chacun de ces points;
auparavant il convient d'indiquer exactement ce qu'était
le MAYEUR, bien différent de notre magistrat contemporain.

Après la conquête franque, les mayeurs étaient des
intendants, des domestiques en chef, serfs comme les
compagnons qu'ils surveillaient.

« Que nos maires, dit Charlemagne, soient probes,
instruits et prudents; qu'ils sachent rendre compte de
leur gestion à nos commissaires; qu'ils veillent à l'entretien des bâtiments; qu'ils nourrissent des cochons; qu'ils
aient soin des chevaux et des autres animaux domestiques, des jardins et des abeilles, des oies et des poules,
des riviers et des poissons, des pêcheries et des
moulins. »

Leurs fonctions s'élèvent peu à peu, leur autorité
grandit, mais leur émancipation est laborieuse et
longue.

Les sires d'Avesnes, au XIIe siècle, avaient leur mayeur
dans toutes les localités où ils possédaient des biens et
des droits, ce qui n'empêchait nullement les autres seigneurs d'avoir le leur. Une charte de 1199 donne des
détails curieux sur la situation de ces officiers :

D'après un ancien usage de la ville d'Hautmont, le
mayeur de l'abbaye s'approprie, à la mort des serfs et
des serves du couvent, leurs vêtements ordinaires, et il
en cède le tiers au mayeur du seigneur d'Avesnes.

A l'égard des habitants non dépendants de l'abbaye, il avait seul droit à tous les vêtements des défunts.

A la demande de l'abbé Robert et de ses religieux, Wautier d'Avesnes fait cession à son mayeur de ce qui lui revenait sur ces dépouilles, de même qu'eux aussi abandonnent ce qu'ils se réservaient sur les vêtements des morts.

Ces mayeurs ruraux, ainsi tenus dans une étroite dépendance, ne ressemblaient guère aux magistrats des communes affranchies, habituellement nommés par leurs pairs ou principaux bourgeois, et jouissant d'immunités et de droits presque souverains.

Dans notre région, le mayeur n'a été souvent qu'un accessoire de la municipalité.

Il faisait fonction de commissaire de police et de procureur de la République. Il était *semonceur*, c'est-à-dire que, dans les procès ayant cours, il requérait l'application de la coutume, demandait que l'accusé fût puni ou acquitté ; concluait, dans les procès civils, en faveur de l'une des parties.

Il y a un subordonné, chargé des vacations concernant la justice : le *sergent d'office*, qui intime aux délinquants et aux plaideurs l'ordre à comparaître qu'a rédigé le greffier ou le mayeur lui-même ; nous le comparerions volontiers à l'huissier actuel.

En beaucoup d'endroits, le maire avait les clefs de la prison ; ceux qu'on y enfermait étaient à sa garde et à sa surveillance. Il leur procurait des vivres, moyennant espèces. Il était donc *geôlier*.

En maintes communes, à Maubeuge, par exemple, avant l'annexion française, il ne prenait pas part aux délibérations du conseil ; il assistait cependant aux réunions, mais ne votait pas, se bornant à notifier la sentence aux intéressés.

Il avait rang après les échevins dont il était le satellite. Ailleurs, et c'est le cas de beaucoup de nos localités rurales, le mayeur, outre les attributions que nous venons de passer en revue, a aussi les droits d'échevin, c'est-à-dire qu'il donne son avis dans les assemblées, discute et vote. Il prend part aux surveillances qu'exercent ses collègues, à leurs inspections. Il est même parfois le véritable premier magistrat de la commune. Presque partout, il a la haute main dans les services de la *moyenne justice.*

La MOYENNE JUSTICE consistait à recevoir les contrats de ventes et d'achat (deshéritements et adhéritements), les donations, les constitutions de rente, les conventions matrimoniales, les partages ; bref, ce qui rentre aujourd'hui dans les attributions des notaires.

Ceux-ci, tabellions et garde-notes, existaient d'ailleurs, même plus nombreux qu'aujourd'hui, et prenant toujours plus d'importance, surtout dans les questions de testaments et de mariages.

Un habitant, vendant une propriété, se présentait devant le mayeur, souvent flanqué de quelques échevins, et déclarait que, moyennant telle somme, rente ou autres avantages, il s'en déshéritait pour en adhériter l'acquéreur. Parfois, l'acte rédigé par le greffier porte que le vendeur se réserve un pied six pouces ; cette bizarre formule signifie qu'il conserve le droit de priorité en cas de seconde cession.

L'opération était consignée dans le registre des

embrefs reposant dans le coffre communal, chaque
partie en avait une copie attestée par la signature des
mayeur et échevins présents.

Pour remplir ces offices, les officiers publics recevaient
une rétribution. Dans le jugement des délits, une partie
des amendes leur était dévolue ; quand ils jugeaient
au civil, c'étaient les plaideurs qui les payaient. Dans
les actes de moyenne justice, ils recevaient une somme
de ceux qui les employaient.

Une place de mayeur n'était donc pas seulement
honorifique ; elle rapportait de l'argent. Dans le cours
des siècles, les seigneurs manquant de ressources,
désireux de battre monnaie sur tous les privilèges,
vendirent les postes de mayeurs dont ils disposaient ; ils
les inféodèrent, c'est-à-dire qu'ils en firent des fiefs que le
titulaire pouvait céder à un tiers ou léguer aux siens en
mourant ; de là les mairies *héritables* ou *héréditaires*.

La mairie héritable comprenait souvent une maison,
avec jardin et appendices ; le seigneur y avait attaché
une partie de ses droits féodaux ; par exemple, les
quatre ou six sous qu'il prenait sur les ventes, achats,
héritages de biens immeubles situés dans la commune ;
une fraction du terrage, etc., de sorte que nombre de
ces mairies, comme celle de Louvroil, étaient pour leur
propriétaire de véritables fromages — ceux dont parle
le poète — leur donnant sans peine ni ennuis le vivre
et le couvert.

Tombaient-elles dans les mains d'une femme ou d'un
enfant en bas âge ? le relief étant fait, un fondé de
pouvoirs agissait au nom du titulaire, enregistrait les
actes, percevait les redevances.

Louis XIV abolit certaines de ces mairies héritables;
il institua des mayeurs qui payaient leur charge et
dédommagea faiblement ceux qu'il dépouillait par simple
nécessité fiscale. Celle de Vieux-Reng est de ce nombre,
comme celles de Maubeuge et d'Harbenson. Au contraire, les mairies héritables de Bavai et de Louvroil
subsistèrent jusqu'à la Révolution.

Des seigneuries conservèrent leurs anciens privilèges.
Les actes d'achat, de vente et de location et legs étaient
rédigés par un officier qui demandait une rémunération
et levait les contributions exigées par ses maîtres.
C'étaient les *mayeurs fonciers*, qui n'avaient rien de
commun avec les municipalités des endroits où ils exerçaient. Ils étaient notaires et percepteurs pour le compte
du seigneur dont ils étaient les agents.

A la fin de l'ancien régime, il en existait encore. Nous
en signalons la présence à Hargnies, à Manissart, à
Saint-Rémy-Chaussée, à Monceau-Saint-Vaast, à Givry.

En cas d'absence, tout mayeur était suppléé ou remplacé par son lieutenant, qui, pour les services qu'il
rendait, avait les mêmes droits et les mêmes avantages
pécuniaires.

.•.

Des localités n'ont pas eu de maire avant la Révolution;
généralement ce sont celles où les libertés étaient le plus
restreintes. Celui qui en remplissait les fonctions était le
prévôt ou le bailli local du seigneur; ce magistrat jouissait généralement de pouvoirs étendus. A Feignies, le
prévôt du chapitre de Sainte-Aldegonde de Maubeuge

avait la direction de l'Echevinage ; il en était l'inspirateur, le président et le véritable chef.

Le bailli ou prévôt assistait et prenait part aux délibérations, à la reddition des comptes. Son approbation était nécessaire pour la nomination définitive des hommes de police, du clerc instituteur. S'il n'est pas d'accord avec ceux dont il a la mission de surveiller les travaux, il oppose son *velo* aux propositions qu'il n'admet pas.

Lorsque la seigneurie est un couvent d'hommes, le prévôt ou bailli local est ordinairement un moine ; mais il a aussi un lieutenant, qui est un laïque.

Tous deux sont payés de la tutelle qu'ils exercent ; dans les comptes municipaux, le montant de leurs honoraires figure avant la somme allouée à l'échevinage.

Après la conquête française, qui modifia beaucoup d'anciens usages administratifs, le bailli ou prévôt perd une partie de ses attributions, qui sont dévolues au mayeur, là où il existe, aux échevins quand il manque. Sa présence aux délibérations, à l'examen des comptes des gens de Loy, n'est plus indispensable.

Un cahier manuscrit d'un bailli de Feignies de la fin du XVIIe siècle renferme d'assez curieux renseignements, moins pourtant sur ses droits et devoirs que sur les coutumes et mœurs du temps ; il mérite de nous arrêter un peu, bien qu'il ne reproduise guère que des documents de l'époque avec des recettes de cuisine et des brouillons de compte :

Il est défendu aux manants de crier par bravade, tant aux ducasses qu'en toute autre occasion : *Vive tel ou tel village!* autre que celui où ils se trouveront, sous peine de cinquante livres d'amende ; tous ceux qui seront assemblés seront solidairement responsables. L'amende sera répartie comme il suit : un tiers au dénonciateur, un autre au profit de Sa Majesté ; le troisième pour celui ou ceux qui en feront l'exécution.

Il est défendu pareillement à tous et un chacun de faire des danses à part ou au milieu des assemblées publiques, sous peine de cinquante livres d'amende à partager comme ci-dessus. *Paix aux riolons de bonne volonté*, tel serait le commentaire de ce règlement.

Les hôteliers, cabaretiers, etc., ne peuvent recevoir ni retenir personne chez eux, après neuf heures du soir, à peine de soixante sous d'amende, tant à leur charge, qu'à celle des consommateurs. Il est interdit de tirer aucun coup d'arme à feu après neuf heures du soir ; les délinquants paieront soixante sous.

Sous aucun prétexte, quand des étrangers viendront se marier dans un village, les gens ne pourront exiger d'eux aucune somme ; il suffira d'une plainte portée par celui qui aura été sollicité pour que ceux qui auront demandé arbitrairement soient condamnés chacun à cinquante livres, ainsi que ceux qui se seront assemblés à cet effet. Cet article ne visait rien moins que la suppression des *honneurs* et des cérémonies qui suivaient ; il n'eut guère d'efficacité.

.˙.

1699. — Sont interdits les jeux de cartes qu'on nomme la *Baselle*, le *Pharaon*, le *Lansquenet*, le *Brelan* et autres de renvie, comme aussi les jeux de dés qu'on nomme *Passedix*, *Pudsept* et semblables, sous peine que ceux qui auront joué seront punis de la manière suivante :

Ceux qui auront gagné ou perdu paieront une amende quadruple de leur gain ou perte, — moitié pour le dénonciateur, moitié pour le juge.

Défendu à tous, bourgeois et non bourgeois, d'admettre en leur logis aucune compagnie et assemblée pour jouer ou boire du café, du thé, des sorbets, du chocolat et pareilles liqueurs, sous peine d'une amende de cinq cents florins.

Les hôteliers, cabaretiers, etc., qui prêteront place, donneront des cartes et des dés seront pareillement punis.

Les obligations et lettres de change résultées des dits jeux sont de nulle valeur et ne peuvent être réclamées, quand bien même elles ne porteraient pas mention de leur origine scandaleuse.

.·.

(1684). Les églises sont devenues des cavernes ou des retraites de voleurs, qui dérobent jusque dans le sanctuaire et au pied des autels les respects et adorations qui sont dus à la Majesté de leur Créateur, pour les transférer à des créatures de plâtre et de poussière.

Nous ne pouvons entendre sans une extrême horreur les plaintes que tous les gens de bien font des irrévérences que commettent tant de personnes de tout âge, sexe et condition.

Au lieu de trembler de respect devant le Dieu vivant, elles entrent dans les églises comme dans des salles de

comédie, des rendez-vous de cajolerie ; plusieurs viennent
chercher des objets criminels qui excitent dans leur
cœur les passions les plus infâmes et les plus déréglées.

C'est dans les lieux sacrés qu'on traite à présent avec
le plus de liberté les affaires les plus profanes ; là se
donnent les assignations les plus honteuses ; là se forment
les parties de débauche les plus criminelles, sans que la
présence du Dieu des armées soit capable de réprimer
les immodesties et les profanations qu'on y commet.

Les femmes même, qui devraient être voilées, comme
l'ordonne saint Paul, paraissent d'une manière toute
dissolue. Elles se font voir découvertes (c'est-à-dire
décolletées), comme si elles n'avaient point d'autre envie
que de corrompre les hommes par leurs postures indécentes, par leurs gestes et par leurs regards pleins d'im-
pudence et d'effronterie.

Leur effronterie les porte même jusqu'à ce point
qu'en cette posture messéante (les épaules à nu), elles
se viennent fourrer dans les balustres et se placer au
pied des autels.

Défense est faite par l'Archevêque de Cambrai, aux
dites femmes et filles, de quelque condition qu'elles
puissent être, d'entrer dans les églises avec la gorge
découverte, ni de se placer dans les balustres ni au
pied des autels.

Les ecclésiastiques avertiront charitablement ces
profanes sacrilèges qui, s'ils persistent dans leur funeste endurcissement, seront chassés des églises et
signalés aux magistrats et juges séculiers qui les
châtieront par de grosses peines et amendes.

En homme pratique, le prévôt de Feignies écrit en

dessous de ce document : *60 livres de loi.* Il est probable qu'il n'a jamais éprouvé beaucoup de fois la satisfaction de prononcer une amende aussi considérable ; car les paysannes de cette modeste bourgade n'imitaient guère les bourgeoises et les nobles dames des villes dans leur ardeur à se découvrir, et elles ne buvaient pas le café, le thé et le chocolat comme en l'an de grâce 1898.

En 1684, Louis XIV prenait de l'âge ; quand le diable devient vieux, il se fait ermite. Madame de Maintenon était toute-puissante, elle le dominait pour le malheur de notre pays qui a tant à reprocher à la dernière Sultane. La société française était moins stricte, mais pas plus débauchée trente ans plus tôt.

∴

En montant en grade avec le gouvernement des Bourbons et empiétant sur « le ressort des baillis », les maires de nos communes, s'ils touchaient de plus forts émoluments et s'ils n'étaient plus soumis aux baillis, n'étaient pas cependant à l'abri des soucis ; leurs fonctions leur attiraient parfois de graves embarras ; car ils encouraient de désagréables responsabilités, surtout qu'alors on aimait tant à plaider. Nous en donnons un exemple :

En 1712 ou 1713, la Loy d'Hautmont renforcée de plusieurs habitants fit une convention verbale avec Ansbert Petit, abbé. Il fut entendu que le couvent céderait à la communauté le droit de trois quarts de terrage sur la rive gauche de la Sambre, et qu'en revanche

les manants abandonneraient la seconde coupe en foin
ou en regain sur dix journels leur appartenant. Ce
contrat fut exécuté jusqu'en 1752 sans réclamation;
alors deux habitants du lieu, Blairon et Mercier, qui
en attirèrent d'autres avec eux, se plaignirent que les
biens de leur massarderie étaient en partie occupés
par les religieux d'Hautmont; ils s'adressèrent à l'Intendant de Hainaut qui enjoignit à son subdélégué de
Maubeuge, M. de Barret, de se rendre à Hautmont,
d'entendre les plaintes et avis et de dresser un rapport.
Les réclamants furent déboutés de leur demande, sauf
à eux de procéder en leur propre et privé nom.

Quelque temps après ils présentèrent requête au juge
royal de Maubeuge contre les abbé et religieux, com-
pliquant avec les dix journels de regain un nouveau
cimetière que le couvent avait fait pour la paroisse,
en disposant de l'ancien, au sujet de l'édification de
leur nouvelle église avec les bâtiments voisins. Il fut
condamné à Maubeuge, mais appela au Parlement de
Flandre, demandant à récupérer ses six gerbes de
terrage si les manants reprenaient les regains.

La réplique de leurs adversaires est curieuse : ils
ne s'en prennent pas au monastère, mais aux gens de
Loy. Ils demandent la production des actes d'échange
faits dans la forme nécessaire, la preuve que l'arrangement a été conclu au plus grand profit de tous. Ils
ajoutent que si la majeure partie des habitants gardent
le silence, c'est que presque tous sont fermiers ou
ouvriers de l'abbaye et n'oseraient pas lui déplaire,
qu'il est certain que la moitié seulement de la communauté est soumise au terrage, tandis que tous ses

membres jouissaient des foins ; ils accusent leurs édiles
de rechercher leur intérêt particulier plutôt que le
bien public.

Le Parlement de Flandre cassa le jugement du prévôt,
ordonna une descente sur les lieux, et deux commissaires se rendirent à Hautmont où ils ouïrent la grande
partie des gens de l'endroit qui leur remirent une
pétition revêtue de plus de soixante signatures et demandant le maintien de l'échange. Mais ce serait bien
mal connaître l'esprit du temps en croyant que le
procès devait ainsi finir : les mécontents poursuivirent
l'instance au Parlement, et les mayeur et échevins
ayant maladroitement insinué que l'affaire était plutôt
de la compétence de l'Intendant que de la Cour de
Flandre, Antoine Lejeune, mayeur, et Antoine Damousé,
échevin, furent condamnés en leur propre et privé nom
à payer la somme de 480 florins 4 patars, non compris
les honoraires de leur procureur ; ils y furent contraints
par gardes et la vente de leurs meubles leur fut signifiée
dans les jours légaux.

Cet arrêt était un défi à l'Intendant qui avait autorisé
les deux condamnés à soutenir le procès aux frais de la
communauté et à prendre sur les recettes de la massarderie. Le collecteur d'Hautmont se refusant à avancer
quoi que ce fût à Lejeune et Damousé, ses comptes
n'étant pas entendus, les deux pauvres diables, toujours
sous la menace d'être dépouillés de leurs biens, s'adressèrent au subdélégué de Maubeuge qui ordonna au
massard de leur remettre le boni de l'exercice et
invita les gens de Loy à imposer la communauté. Ce
n'était pas pourtant la fin de leurs ennuis ; car le parti

adverse n'entendait pas que les manants paieraient pour leurs représentants ; il protesta contre la décision du subdélégué, fit sommer par un huissier le collecteur de ne pas se dégarnir d'aucuns fonds municipaux et prévint la Loy que si elle établissait une taxe pour ce sujet il la poursuivrait en Parlement. En même temps il pressait les formalités pour hâter la vente des meubles et immeubles du mayeur et de son compagnon d'infortune.

Les chefs du mouvement annonçaient ironiquement qu'ils débattraient les *ratons* dans le seau de Lejeune et les cuiraient dans la *payelle* de Damousé, ces ustensiles de ménage étant déjà sous sequestre. Ils seraient parvenus à leurs fins si les échevins en exercice ne s'étaient adressés à l'Intendant, lui demandant avis et conseil : celui-ci était assez puissant pour imposer sa volonté et faire sentir aux favorisés du Parlement de Flandre le poids de son influence.

Mais le fond du procès n'était pas vidé : il le fut seulement le 22 juillet 1758, et l'échange fut annulé en ce qui concernait les regains ; le couvent obtenait l'autorisation de s'emparer du vieux cimetière en compensation d'un nouveau et il était condamné à des dommages et intérêts envers Blairon et Mercier. Il les trouva trop élevés et recommença une nouvelle action qui prit fin le 21 juillet 1759 : il paya 700 florins.

* *

La qualité d'agent des voies de communication était aussi pour le mayeur une source d'ennuis qui, au moins ici, étaient partagés par le corps échevinal et la population entière.

Règle générale : les chemins étaient abominablement mauvais; c'étaient des fondrières bourbeuses et infectes, impraticables après quelques jours de pluie. Les paysans, qui tenaient à faire le moins de corvées possible, ne réclamaient pas sur ce déplorable état des chemins, dont les réparations et l'entretien leur incombaient. Ils y travaillaient quand ils y étaient absolument forcés.

Lors de la construction des grandes artères qui relient les principales villes conquises par Louis XIV, Lille, Valenciennes, Douai, Cambrai Maubeuge, Philippeville, et les mettent en communication avec l'intérieur de la France, les villages furent imposés, surtout ceux qui étaient traversés par ces belles routes. En retour, l'Etat leur donna pendant quelques années un droit de péage sur tous ceux qui passaient ; piétons, cavaliers et voitures, mince ressource dans un pays ruiné.

Les principales difficultés que rencontrait le corps municipal étaient de deux espèces :

1° la multiplicité des piedsentes, sentiers qui sillonnaient la campagne, la morcelaient et favorisaient le maraudage ;

2° le droit qu'avaient les seigneurs d'établir des plantations d'arbres sur les bas-côtés des routes.

Un propriétaire s'avisait-il de détourner de quelques toises un sentier coupant sa terre ? son voisin grincheux portait la question devant le maire qui avisait les échevins. Vite deux clans se formaient dans la localité, les uns blâmant, les autres approuvant le plaignant. Avoir déplacé une piedsente, quelle grave affaire ! Les Gens de Loy avaient à se prononcer ; or, quelle que fût lour sentence, c'était un procès en perspective, soit avec l'un, soit avec l'autre.

La suppression d'un chemin, fût-elle désirable et utile, no pouvait être décidée qu'après : 1° accommodement entre le seigneur et la municipalité ; 2° unanimité dans le conseil communal ; 3° ratification (à l'unanimité aussi) d'une assemblée de paroisse. Toutes ces conditions difficiles à remplir séparément n'étaient jamais réunies, de sorte que, sous le rapport des voies et communications, nos villages, à la veille de la Révolution, en étaient encore à peu près au régime du XIV° ou du XV° siècle.

Seulement on plaidait davantage, et l'on dépensait en frais de justice des sommes qui eussent suffi à faire de beaux et bons chemins. Que de procès ont pris naissance à cause de la dégradation des *plantations* établies par le seigneur ! Il n'est guère d'archives communales qui n'en gardent des pièces.

CHAPITRE XV
LES ÉCHEVINS ET JURÉS

Fonctions. — Attributions. — En Justice. — Les pauvres. — La visite des feux et cheminées. — La houille, la compagnie d'Anzin, recherches diverses.

Les Gens de Loy se nommaient le plus souvent les *échevins*, parfois les *échevins jurés*, ailleurs les *jurés*.

Leur nombre variait par commune de trois à sept. Les chiffres les plus communs sont six et sept.

Lors des guerres, des passages de troupes, quand le village est en procès, les échevins sont souvent en route. Ils courent par monts et vaux, multiplient les démarches, offrent des cadeaux d'argent, des poules, des pots de beurre, des fromages!! aux avocats qu'ils consultent, aux juges qui décident. C'est la commune qui paie et qui rembourse les frais qu'ils font, y compris les journées qu'ils consacrent au service public.

En temps de fête, à l'occasion d'un anniversaire ou d'une visite, reçoivent-ils les manants de leur endroit et les régalent-ils de quelques pots de bière? la note figure aux comptes municipaux : il n'est point difficile d'être généreux en portant la carte à payer chez le massard.

Une fois par semaine, ils se réunissent dans la salle des plaids, pour procéder aux opérations de la basse justice ; ils entendent le sergent qui signale les délits : bestiaux échappés qui ont causé des dégâts dans la campagne, querelles et rixes entre paroissiens, tapage nocturne, etc.

Les coupables sont appelés. A la semonce du mayeur (c'est-à-dire sur son réquisitoire) ils sont condamnés à une amende, qui est partagée entre les juges, le mayeur, le greffier, le seigneur ou l'Etat.

.•.

Un débiteur refusait-il de payer son créancier ? celui-ci, pour faire saisir les biens immeubles du mauvais payeur et les faire vendre, s'adressait aux Gens de Loy.

Dans certaines régions (du côté de Landrecies notamment) la plainte et la suite qu'elle comportait étaient consignées dans le *registre à claims*, c'est-à-dire à réclamations judiciaires.

« 3 janvier 1762. — François Deruelle demeurant dans la banlieue de Boussières remontre qu'il lui est dû une rente annuelle de 6 livres 4 sous hypothéquée sur une maison, grange, etc., sises au dit Boussières, de laquelle rente il lui est dû trois années sans préjudice antérieur.

« Les derniers héritiers sont Jacques Gérin et Jean Godin. Le plaignant demande que la maison soit mise en vente et cédée à un acquéreur solvable. »

A la *semonce* du mayeur, la plainte est acceptée. Le corps municipal en avertit Gérin et Godin. Comme

ce dernier est absent de chez lui, le mayeur ne s'embar-
rasse pas de ce détail ; en homme avisé, il pénètre chez
son client, et dépose les papiers dans une armoire (*sic*).

Godin paie sa part, et Deruelle poursuit Gérin. Les
échevins décident la vente de la moitié de l'immeuble,
et l'acte porte qu'outre la mise à prix, l'acquéreur
prendra à sa charge les frais et droits de justice,
la journée du greffier, les honoraires des gens de loi,
le son de cloche, etc.

La vente est effectuée quelques jours plus tard :
voilà ce qu'était une signification de *plainte de rendue
à nouvelle loi mise outre*, comme on disait dans le
baroque langage judiciaire du temps.

Le décret de non-partable, aussi suivi de mise outre,
était également du ressort des échevins.

« Février 1783. — André Ansiaux de Floursies remontre aux mayeur et échevins d'Hautmont qu'il lui
appartient :

Un juste tiers dans la moitié d'une maison sise au
jugement d'Hautmont avec la moitié du jardin attenant ;

Un juste tiers dans une rasière de terrain au même
endroit.

« Il possède ces biens en communauté avec Alexandre
Ansiaux pour un tiers ; Félicité Michel, veuve d'un autre
Ansiaux, en sa qualité de tutrice naturelle des enfants
du défunt, pour le troisième tiers.

« Le plaignant expose que ces biens ne sont pas
partageables entre les héritiers et conclut à ce qu'ils
soient exposés en arrentement, par recours public, et
laissés au dernier enchérisseur pour que chaque ayant-
droit en prenne sa part. »

Les échevins préviennent les intéressés, et, le décret de non-partable étant *solennisé* à la semonce du mayeur, ce dernier met la propriété en adjudication.

La justice est maintenant gratuite en France, le code le proclame et l'école l'enseigne ; nos ancêtres soldaient les édiles à qui ils demandaient mise outre ; mais, en conscience, nous pensons que les sentences payées aux échevins revenaient encore meilleur marché que la justice gratuite de nos tribunaux actuels.

.·.

Les Gens de Loy étaient chargés de l'administration des biens des pauvres.

Annuellement, les pâtures et terres que ceux-ci possédaient étaient louées, et un receveur, un *mambour*, était chargé de faire entrer les fonds dans la caisse qui n'était guère alimentée que par la générosité des particuliers, car l'Echevinage ne la dotait point.

Dans l'après-midi du Mardi-Gras, quand le soir tombait, les pauvres gens se munissaient d'un sac ou d'un panier et se présentaient chez leurs concitoyens aisés qui les attendaient. Ils entraient sans cérémonie comme sans honte, et les enfants chantaient la complainte de saint Pansau :

> Saint Pansau a-t-i soupé ?
> Si n'a nin soupé, s'i vous plait,
> Vous l'en donnerez.
> Taillez ben, taillez mau
> Des gros morchaux,
> Comme el tête du g'vau,
> Pou mette à l'malette
> Ed saint Pansau.

On leur offrait des restes de viande, des gaufres, des crêpes, des œufs, du lard, les reliefs des festins du Carnaval, et on leur recommandait de consommer dès le soir toutes les victuailles, le carême commençant quelque heures plus tard; aux véritables indigents, on ajoutait du pain.

Saint Sylvestre était l'ami des pauvres comme saint Pansau; car le 31 décembre les malheureux recommençaient leurs visites et leurs quêtes, et le *querlin* (espèce de panier) dont ils étaient pourvus se garnissait d'abondants et appétissants morceaux.

Les indigents de certains villages avaient de beaux revenus; des personnes charitables leur avaient fait des dons par testament. A Neuf-Mesnil, les revenus des pauvres atteignaient 80 livres vers 1750, c'était beaucoup. Dans les villages environnants, ils ne dépassaient guère le dixième de cette somme. Après que le receveur s'était payé, avait régalé les gens de Loy chargés de l'examen et de l'approbation de ses comptes, il ne restait plus rien pour les malheureux.

Alors, quand un paroissien sans ressources était blessé ou dangereusement malade, le mayeur, muni des pouvoirs des échevins, demandait aux principaux chefs de famille l'autorisation de distraire quelques recettes de la massarderie en faveur du pauvre diable. C'était généralement accordé.

Le contrôle des échevins était presque universel. Non seulement ils assistaient au compte rendu financier annuel que donnait le *mambour* de l'église, c'est-à-dire le receveur de la fabrique, et ils l'approuvaient ou le blâmaient de sa gestion, tout en touchant quelques

livres « pour leur présence et audition », mais encore
leurs droits s'exerçaient sur les petites chapelles alors
si communes au carrefour des chemins, au coin des
rues, dans les champs même : et toujours, pour peu qu'il
y eût d'argent disponible, ils avaient leur part.

. ˙.

Le corps échevinal ne faisait pas seulement fonction
de notaire pour les actes d'achat et de vente, mais encore
en d'autres cas et notamment dans *l'avis de père et
mère.*

« 9 juin 1727. — Joseph Mercier, manouvrier demeurant
à Hautmont, et Jeanne Lambert, son épouse, d'un mutuel
accord et consentement, pour nourrir la paix et union
entre leurs enfants, et aussi après avoir pris l'avis, délibération, gré et intervention de leurs parents et amis,
ont fait partage, avis et ordonnance révocable, qu'on dit
avis de père et de mère, des héritages et rentes que le
bon Dieu leur a prêtés et donnés en ce monde :

1° Mercier et sa femme veulent et ordonnent que
tous leurs biens immeubles venus et à venir soient partagés également entre tous les enfants, tant filles que
garçons ;

2° S'il arrivait que l'un ou l'autre des enfants vînt à
mourir sans génération légitime, ils veulent que ses
autres frères et sœurs ou leurs enfants en cas de mort
partagent également la part du défunt ;

3° En se réservant le droit de changer ces dispositions
comme ils l'entendent, les époux Mercier choisissent
deux *mambours,* leur donnant à chacun tout pouvoir,

pour faire exécuter leurs volontés après et avant leur
mort et obliger tous les enfants et petits-enfants à s'y
conformer. »

Les *adcisants* comparaissaient devant les mayeur et
échevins avec leurs *mambours*, qui sont ici des espèces
d'exécuteurs testamentaires. Tous signaient l'avis de
père et mère, acte de partage des biens patrimoniaux.

. .
.

La Loy savait se faire respecter. Au moyen-âge, la
charte communale prévoyait le cas où il serait *dit laid*
aux échevins ; les injurier était un acte grave passible de
fortes peines d'amende et de prison. A la veille de la
Révolution leur autorité était restée à peu près entière,
mais, comme de nos jours, il était de mauvais sujets qui
ne savaient point honorer les magistrats.

En 1781, à Saint-Rémy-mal-Bâti, le sergent arrête un
vagabond « qu'il croit un malfaiteur. » Il l'amène chez le
mayeur, on va quérir quelques échevins pour décider de
ce qu'on fera de cet intrus. Il s'impatiente, menace,
injurie ses juges. Forts de leurs bons droits, ceux-ci
décident qu'il sera envoyé sous bonne garde à Avesnes.
Il ne l'entend pas ainsi, bouscule le sergent et veut
s'échapper.

Une mêlée s'engagea et les édiles de l'endroit, joignant
en cette occasion le pouvoir exécutif au pouvoir judiciaire,
administrèrent au vagabond une telle volée de coups de
bâton qu'ils n'osèrent mettre leur projet à exécution. Il
fut chassé du village à demi mort des horions reçus et
l'œil crevé. Le prétendu malfaiteur était le parent d'un

domestique de l'abbaye d'Hautmont, Aucune suite ne fut donnée à cet incident, malgré les réclamations du blessé.

.˙.

Telle qu'elle était nommée, telle qu'elle fonctionnait, la Loy donnait-elle de suffisantes garanties d'intégrité et d'indépendance ?

Oui, presque toujours, et, à la veille de la Révolution, l'influence du seigneur sur les affaires communales est souvent nulle, même s'il nomme les échevins ; car ceux-ci, si parfois ils n'avaient pas le souci de l'équité, devaient compter avec l'opinion publique, unanime pour affirmer que

« Notre ennemi, c'est notre maitre. »

C'était aussi leur intérêt de faire participer le seigneur aux impôts nouveaux, aux obligations arrêtées par Sa Majesté, ils ne craignaient point de taxer « Monseigneur » pour se décharger le plus possible.

Les exemples de municipalités créées par un seigneur, un couvent, et plaidant avec acharnement contre ce dernier sont très communs ; nous en avons relevé une centaine dans la région de Maubeuge de 1750 à 1788, et la série commence bien plus tôt.

En 1695, le 12 novembre, par devant François Didier, subdélégué de Monseigneur Voysin, intendant de Hainaut à Maubeuge, est comparu Martin Fauveau, mayeur d'Hautmont, lequel a produit une requête par lui présentée audit seigneur Intendant au nom des gens de Loy et communauté d'Hautmont. Le magistrat expose qu'ayant fait une assiette de taille pour les gages de la maréchaussée de Maubeuge, sur le pied des vingtièmes, MM. les abbé et religieux d'Hautmont font refus de payer leur quote-part; et comme il ne serait pas juste que les habitants chargés de tant d'autres impositions payassent pour eux, le mayeur demande à ce que le rôle soit exécuté et que l'abbaye paie sa part.

Le sieur Depret, bailli, présente la défense du couvent. L'abbé fut condamné le 17 juin 1696. On dansa de joie sur la place publique d'Hautmont.

Toutefois le corps municipal ne montra pas toujours cette indépendance. Une plainte de manants mécontents adressée à l'intendant en 1758 nous montre les échevins sous un autre jour.

Plusieurs propriétaires amis de l'abbaye, tenanciers ou fermiers des moines, ne sont pas imposés. « Que doit-on attendre, disent les plaignants, des gens de Loy d'Hautmont? On sait ce dont ils sont capables, et on rougirait pour eux de le leur dire. Tout cela provient de ce qu'un certain nombre de gens soumis au couvent, comme fermiers, maréchaux, ouvriers, etc., se relèvent en loi successivement, les uns les autres, tous gens plus portés pour les intérêts des moines qui les établissent que pour ceux de la communauté. Voilà, Monseigneur, comme tout est dans une espèce de captivité. »

Les auteurs de cette supplique parvinrent à faire taxer les manants qui avaient été volontairement oubliés, mais ils furent déboutés de leurs autres demandes concernant les droits de l'abbaye.

Les échevins étaient agents du fisc. Nous parlons ailleurs des impôts payés à l'État. Chaque village était prévenu de la somme qu'il avait à débourser. Elle était répartie entre les habitants par le soin des gens de Loy.

Pour la faire rentrer, à défaut du percepteur qui n'existait pas, était un receveur, nommé collecteur. Dans des régions, il était choisi parmi les habitants aisés, instruits et honorables, pour une ou plusieurs années, et comme rémunération il touchait 4 livres 4 sous par 100 livres.

Ailleurs, quand le chiffre des impositions par assiette était fixé, la municipalité en donnait connaissance au public un dimanche à la sortie de la messe, et avertissait qu'il serait procédé à l'adjudication du poste : le collecteur était celui qui mettait la plus basse surenchère.

Cette dernière méthode était économique, mais elle offrait des désavantages quand un adjudicataire non solvable ne parvenait pas à faire rentrer les fonds.

Ses écritures étaient très simples : La Loy dressait la liste des contribuables, avec la cote de chacun. Il passait périodiquement au domicile des imposés, qui payaient ; s'ils n'étaient pas en mesure de régler, il se présentait un autre jour.

Les échevins contrôlaient, moyennant honoraires, et donnaient leur approbation et leur signature quand l'argent était en caisse.

.∙.

Annuellement ils visitaient les commerçants de l'endroit et vérifiaient leurs mesures. On sait que celles-ci variaient à l'infini, mais elles se rapportaient toujours à un type connu, ordinairement énoncé dans la charte municipale.

Les marchands trompeurs étaient sévèrement punis.
La sanction était aussi infamante qu'afflictive. Outre une
grosse amende, leurs mesures fausses étaient brisées
publiquement sur leurs portes, eux présents, devant la
population qui était prévenue ou convoquée par le sergent
et qui huait les coupables. Défense à eux d'en ramasser
les débris, qui devaient rester sur le sol comme la preuve
de la malhonnêteté.

Comme aujourd'hui on affichait leur nom et l'indication
de leurs méfaits à la porte de leur demeure.

Boulangers fournissant de trop petits pains, bouchers
ne donnant pas le poids, étaient semblablement condamnés, leur marchandise était confisquée par les échevins qui avaient aussi le droit et le devoir d'examiner et
d'inspecter les denrées mises en vente. S'ils les croyaient
de mauvaise qualité, ils s'en emparaient, faisaient saisir
le délinquant par le sergent, et, s'il était étranger à la
commune, l'emprisonnaient en attendant le jugement.

Alors même qu'ils ne trouvaient rien de répréhensible,
ils étaient payés, car il leur est alloué une petite somme
à cet effet sur les comptes communaux.

Comme chacun sait, la diversité des mesures, en dépit
des surveillances exercées, avait de graves inconvénients.
Les marchands de grains, par exemple, avaient deux
vassaux (mesure ordinaire de capacité) : l'un petit, pour
vendre ; l'autre, très grand, pour acheter ; car ils avaient
la prétention de conclure des marchés aux mesures de
leur endroit.

Nos communes rurales demandent dans leurs cahiers
de 1789 l'uniformité des poids et mesures que nous devons
à la Convention.

.·.

Au commencement de l'hiver, le mayeur, quelques échevins et un maçon muni d'un marteau entraient dans chaque maison. Les ménagères prévenues d'avance avaient ramoné leurs fours et leurs cheminées et enlevé la suie.

Ils visitaient les places à feu, inspectaient les greniers, recherchaient les fissures et examinaient le dessus et le dessous des fours.

Trouvaient-ils une conduite, un pan de mur délabré? un incendie était-il à redouter dans le courant de l'hiver à cause du mauvais état des lieux? le maçon démolissait avec son marteau la cheminée pour supprimer le tirage avant complète réfection, il crevait la voûte du four ou en culbutait les parois lézardées. Comme il était intéressé à se donner de l'ouvrage, il accomplissait sa besogne consciencieusement et péchait plutôt par excès de zèle.

Il était payé par la commune, comme ceux qui l'accompagnaient et le commandaient.

C'est qu'alors les incendies étaient terribles. L'élément destructeur trouvait tant d'aliments dans les fermes mal closes, les toitures de chaume, les lourdes charpentes supportant des tuiles! Un feu insignifiant au début occasionnait parfois un embrasement de tout un quartier. En divers endroits du village, quelques longues perches munies de crochets de fer étaient couchées le long d'un mur. En cas de sinistre, elles servaient à jeter bas les couvertures de paille.

Dans nos campagnes, il existait une coutume touchante,

forme supérieure de fraternité et de solidarité. Lorsqu'un
habitant était incendié, il était secouru de tous, amis et
ennemis. Les uns lui charriaient des pierres tirées des
propriétés communales, du sable, des bois ; d'autres lui
donnaient de la paille, du foin, du grain, de la farine. Pendant qu'il travaillait à reconstruire sa demeure, ses concitoyens se partageaient sa besogne des champs, prenaient
avec les leurs ses moutons et ses vaches.

Être brûlé, comme on disait, était un grand malheur
devant lequel chacun s'inclinait, qui faisait taire les inimitiés, quitte à les ressusciter après réparations des dommages.

Les incendies dus à la malveillance étaient rares, étant
données ces dispositions d'esprit du public ; et cependant
on avait des exemples de ces criminelles monomanies,
qui consistent à mettre le feu à diverses reprises dans un
village, par méchanceté, par envie ou par pure folie.

A la fin du siècle passé, dit une tradition, des sinistres
éclataient constamment à Ferrière-la-Petite. Le tocsin se
faisait entendre plusieurs fois par semaine. Malgré des
rondes, des sentinelles cachées et exerçant une surveillance active, l'incendiaire restait introuvable et l'on ne
savait sur qui porter les soupçons. Le hasard le fit découvrir ; c'était un domestique de ferme. Arrêté séance
tenante, il fut ligotté et jeté vivant dans le brasier qu'il
avait allumé. La justice populaire était dure, mais l'exas-
pération des gens était à son comble, et, sans les approuver, on les comprend.

Dans les vastes cheminées, où toute la famille trouvait
place, brûlaient des troncs énormes qui suffisaient à peine
en hiver à échauffer la salle ; la houille n'était employée

comme combustible que dans les villages frontières de la Sambre à l'Escaut.

En 1771, le bois étant devenu très rare et cher à Paris, on y amena quelques bateaux de charbon de terre qui se débitèrent d'abord assez bien. Le peuple courut aux ports en foule et même plusieurs bonnes maisons voulurent en essayer dans les poêles et cheminées des antichambres ; mais la malignité de ses vapeurs et son odeur de soufre en dégoûtèrent bientôt ; la vente des premiers bateaux n'ayant pas réussi, les marchands cessèrent d'en faire venir pour la consommation de Paris. Ce ne fut guère qu'après 1780, qui marque l'emploi du coke dans les hauts fourneaux, qu'on fabriqua du fer au charbon.

Les fourneaux de Barbençon et de Trélon marchaient au charbon de bois; mais les fonderies de Cousolre et de Jeumont consommaient de la houille, comme les forges du Pont-de-Sains, de Glageon, Fourmies, Anor, Liessies, Cousolre, Villers-sire-Nicole ; les platineries (Cousolre, Villers, Jeumont, Bettrechies) qui fournissaient le fer en feuilles et la tôle, et les clouteries de Maubeuge, Hirson et Valenciennes. Par contre les verreries ne brûlaient que du bois : à Fresnes, à Fourmies, à Anor.

De sérieuses tentatives étaient faites pour extraire la houille du sol français ; les tâtonnements furent longs (de 1697 à 1716) ; car elle n'affleure nulle part, et les recherches n'avaient guère de rigueur scientifique : la disposition des couches du bassin de Mons était le seul guide des opérateurs. Le gouvernement contribua lui-même pour sa part à trouver le prolongement des mines.

C'est à un Belge, Jacques, vicomte Désandrouin, que

revient l'honneur d'avoir organisé une Société qui devait mieux réussir. Possesseur de mines dans le pays de Charleroi, il passait l'été au château de Fresnes près duquel son frère Pierre Désandrouin avait une verrerie, et en juillet 1716, les recherches commençaient à Fresnes, avec l'aide de Jacques Mathieu, ingénieur très expérimenté qui dirigeait déjà ses établissements de Charleroi. Un arrêt du Roi, rendu en Conseil d'État, accordait à la Société formée le privilège exclusif d'extraire le charbon sur le terrain qui s'étend depuis Condé en remontant le Honneau jusqu'à Rombies, de Rombies à Valenciennes et de l'Escaut à la Scarpe : soit quinze lieues carrées pour cette première concession houillère, et la Société recevait en plus une allocation de 6.500 livres remboursable en cas de succès.

Plusieurs fosses ne donnèrent pas de résultat, ce fut seulement en 1720 que la houille fut découverte à Fresnes ; toutefois elle était dure, maigre, sulfureuse et ne pouvait servir qu'à cuire la brique et la chaux. Le Conseil du Roi accorda à Désandrouin et à ses fidèles une indemnité de 3.500 livres. Pierre Mathieu, le fils de l'ingénieur, inventait le cuvelage, ou au moins le picotage, qui est son auxiliaire indispensable ; mais l'invasion des eaux anéantit toutes les espérances, et en 1721, à la suite d'une réunion tenue à Condé, les fosses furent comblées et le matériel vendu.

La grande âme de Désandrouin ne se laissa pas abattre par l'infortune : il forma une autre association et, dès 1724, les mines de Fresnes furent exploitées régulièrement. Dans les *Petites-Fosses* ouvertes en 1730, on plaça, deux ans plus tard, la première machine à vapeur connue en France ; elle coûta 75.000 livres : plus de 100.000 fr. aujourd'hui.

D'autres essais infructueux d'extraction furent tentés à Aubry, à Etreux, à Bruai, à Quarouble, à Crespin. En 1731 on trouva la houille grasse dite maréchale dans la banlieue de Valenciennes ; les couches n'étaient pas exploitables, et les associés se seraient découragés sans l'appui de l'Intendant de Hainaut, M. de Séchelles.

Ils s'établirent à Anzin en 1733, sur la rive gauche de la route de Condé. A cet endroit on avait tiré beaucoup de pierres blanches, ce qui excitait les quolibets du public ignorant, qui s'écriait que la Compagnie allait chercher le noir dans le blanc. Enfin, en juin 1734, la houille maréchale était découverte à Anzin en veines exploitables. Dès lors les travaux se multiplièrent et donnèrent des résultats encourageants.

La première gaillette de charbon gras qui fut trouvée avait coûté quatre millions.

La Compagnie d'Anzin réussissait enfin, mais que de liquidations et de faillites à côté de ce triomphe ! que de tentatives infructueuses !

Celle de Mortagne, fondée en 1749, s'établit à Notre-Dame-au-Bois, à Forest, à Odomez ; après avoir dépensé plus d'un demi-million et ouvert onze puits, elle sombre en 1787. Aussi malheureuses avaient été les recherches faites en 1738 et 1739 aux environs de Lille et de Douai, en 1740 près de Noyon (Oise).

Une autre Société eut le même sort que celle de Mortagne ; elle opéra vainement des fouilles à Saint-Saulve, Marly, Crespin, Quiévrechain, Sepmeries et à Villerspol où on avait déjà fouillé. Les résultats d'Aniche (1773-1778) furent plus encourageants, car le charbon gras y était découvert.

Nos aïeux avaient plus d'audace industrielle et plus d'esprit d'initiative que nous, car bien des exploitations n'eurent aucun succès, beaucoup de forages furent inutiles, sans que la ruine des uns retint les autres.

En 1735 on cherchait la houille à Sassegnies, à Landrecies et à Jeumont où d'autres tentatives étaient faites en 1775 et amenaient la découverte de l'ardoise dans cette dernière commune.

Après Berlaimont (1735), on cherchait en 1775 à Aulnoye-lez-Berlaimont où effectivement existent des veines, malheureusement peu productives, et on reprenait en 1782. Avant 1756, on fouillait à Orsinval et Prémont ; à cette époque et plus tard, en 1771, à Poix-du-Nord ; l'année suivante à Obies.

En 1775, les recherches se multiplient : à Couplevoie, près de Glageon, à Trélon, à Saint-Rémy-Chaussée où des travaux étaient repris en 1783.

En 1770, s'était formée une Compagnie qui comptait Buffon au nombre de ses membres. Elle cherchait à épurer le charbon, c'est-à-dire à en faire du coke, qui, dans l'industrie, était appelé à remplacer avantageusement le charbon de bois.

CHAPITRE XVI

EN FAMILLE

~~~~~~~~

Formorture. — Situation des orphelins. — Receveur des orphes.
— La mise hors de pain. — Les droits du père. — Les vieux.
— La légende du consier de Malmaison.

Les coutumes de chaque province ou de chaque
région réglementaient les devoirs et les droits de tous
les membres de la famille. Nous les passerons en revue.

Que devenaient les biens de la communauté lorsque,
l'un des conjoints étant mort, l'autre convolait en secondes noces? Les enfants issus du premier lit n'avaient
pas à craindre d'être frustrés. Lorsque pareil cas se
produisait, le survivant faisait *formorture*.

Il se présentait devant ses mayeur et échevins, et
remontrait qu'étant marié ou sur le point de se rema-
rier, et qu'ayant retenu des enfants de sa première
union, il était obligé, par la coutume du pays, de faire
formorture à ses dits enfants, conformément à la por-
tance de ses biens.

Le tout bien examiné par les mayeur et échevins,
ceux-ci fixaient la formorture à une somme que le requérant était obligé d'accepter, comme aussi ses enfants,
sans avoir rien à contester ni à débattre.

Lorsqu'une veuve se remariait, les garanties étaient plus fortes, prises avec plus de minuties. Les mayeur et échevins qui, semble-t-il, se défiaient des femmes, se rendaient chez la mère, dressaient l'inventaire et établissaient la formorture.

Ils faisaient l'évaluation du mobilier, défalquaient les dettes sur le serment de l'intéressée, et non seulement ils fixaient la somme à donner aux enfants à leur majorité, mais obligeaient le second mari à s'engager par écrit à nourrir, entretenir les enfants jusqu'à l'âge de leur émancipation.

Pour se décharger, quiconque avait fait formorture se présentait encore devant les magistrats communaux et, après avoir remontré qu'il donnait satisfaction aux enfants du premier lit, demandait à être délié de ses engagements. Ceux-ci étaient entendus, et s'ils étaient d'accord avec le requérant, « se faisant fort l'un pour l'autre et l'un pour tous », les mayeur et échevins leur donnaient acte de leurs déclarations.

En leur qualité de tuteurs légaux des orphelins de leur paroisse, les gens de Loy étaient protecteurs des orphelins mineurs. C'était une noble mission, qu'ils remplissaient sans doute avec conscience; mais pourquoi exigeaient-ils une rétribution des services qu'ils rendaient aux pauvres petits dont ils étaient les défenseurs naturels?

Ils nommaient un *receveur des orphes*, qui conservait ou gérait le bien de ses pupilles, qui administrait leurs propriétés, veillait à ce qu'ils allassent à l'école. Plus tard, il leur faisait apprendre un état.

Ce receveur était naturellement rétribué; mais, au

lieu de choisir le plus digne, les mayeur et échevins
mettaient parfois la place à l'enchère, ce qui n'était
guère convenable.

Lorsqu'un enfant devenait orphelin, les mayeur et
échevins inventoriaient les biens meubles et immeubles
à lui appartenant ; ils dressaient l'état de ses propriétés,
payaient les dettes et demandaient à la sortie de la
messe qui voulait prendre l'orphelin moyennant rétribution. Si les rentes n'étaient pas fortes assez, la commune subventionnait ; les revenus des pauvres étaient
aussi mis à contribution.

Dès ce moment, le receveur des orphes intervenait,
mettait les immeubles en location et rendait ses comptes
chaque année au corps municipal ; quand le pupille
atteignait sa majorité, il lui détaillait toute sa gestion,
dont il était responsable, l'approbation des échevins ne
le couvrant pas toujours. La pratique, au village surtout,
devait être fort éloignée de ces règlements peu com-
modes à être suivis à la lettre.

Les arrêts des Gens de Loy étaient encore souverains
en cas de contestation entre majeurs et mineurs, et
souvent ils jugeaient avec un réel bon sens et un esprit
d'équité rare. En 1786, sur plainte d'un frère émancipé
qui réclame sa portion d'héritage (une maison et quelques terres), les mayeur et échevins d'Hautmont déclarent que les biens des enfants Wairy ne pouvant être
divisés sans perdre beaucoup de leur valeur, seront
mis en vente, et que chacun en prendra sa part pour
en faire son plus grand profit.

∴

Quoique majeurs, tant que le père ou la mère existaient, leurs descendants restaient sous leur tutelle et
dépendance tant qu'ils n'étaient pas émancipés.

L'acte, les formules et les cérémonies d'émancipation
variaient selon les provinces, les régions. Les enfants
s'agenouillaient généralement, le père ou, quand il était
mort, la mère les bénissait et les déclarait libres ; les
autorités communales enregistraient la déclaration.

On choisissait un anniversaire remarquable : le jour
du décès d'un parent aimé, par exemple. Le matin, de
très bonne heure, le chef de famille donnait à chaque
enfant une tâche ingrate ou répugnante que celui-ci
accomplissait ponctuellement et respectueusement. Légalement, il était le maître pour la dernière fois. A l'un,
il commandait de nettoyer le porc ; à un autre de vider
le trou au fumier ; un troisième, laboureur ou bûcheron,
devait laver la maison à grande eau.

Tous se rendaient à l'église où le curé, prévenu, disait
la messe à l'intention de leurs défunts.

Après quoi, ils se présentaient devant les Gens de
Loy qui dressaient un acte comme celui-ci, par
exemple :

« Par devant les mayeur et échevins de Boussières,
comparut personnellement Jeanne Delattre, veuve de
Joseph Forest, demeurant audit Boussières, laquelle a
remontré qu'elle souhaitait pour bonne et suffisante
raison à elle connue, mettre hors de son pain, Jérôme-
Nicolas-Joseph Forest, Marie-Joseph et Marie-Marguerite

Forest, ses enfants. Elle a affirmé que son garçon avait vingt et un ans et que ses filles en avaient dix-huit et plus.

Les dits échevins, à la semonce de leur mayeur, ont dit et déclaré qu'ils étaient suffisamment âgé et âgées, mis hors de pain et de toutes gouvernances de loi, aux fins de par eux pouvoir contracter, louer, consentir et valider tous marchés, de sorte qu'ils peuvent acquérir, vendre, acheter, prendre à bail à leur corps défendant. »

Cette cérémonie achevée et les magistrats payés, ceux dont on avait prononcé la *mise hors de pain* arrosaient de copieuses libations la liberté qu'ils venaient d'acquérir, et la journée se terminait par un joyeux banquet.

En pays d'Avesnes, il était une coutume assez suivie chez les paysans aisés : à l'issue du diner, chacun des enfants avait le droit de choisir une bête chevaline dans l'écurie et de prendre les instruments de culture dont il avait besoin pour s'établir.

Nous sommes loin, on le voit, du droit d'ainesse de l'histoire officielle : c'est que, lorsque notre pays fut réuni à la patrie française, Louis XIV nous laissa nos coutumes, quand elles ne gênaient pas trop la rapacité de ses agents fiscaux, et le droit d'ainesse en Hainaut n'était point en usage dans la roture, nous en avons donné des exemples.

.˙.

L'enfance, qui en est aujourd'hui le souci, la gloire, presque la raison d'être, ne tenait pas une place aussi prédominante au foyer de la famille.

La mort d'un bambin, pourvu qu'il fût baptisé, était un

mince malheur ; dans leur correspondance, les paysans
et les bourgeois ne montrent qu'une douleur bien légère,
fort relative de la disparition de ces petits êtres.

Il y a une vingtaine d'années, un Flamand s'installait
fermier dans un village du canton de Solre-le-Château.
Obéissant à la parole biblique, il agrandissait sa famille
chaque année, et la plupart de ses enfants étaient en
bonne santé. Cependant l'un d'eux, tout jeune, était
indisposé un soir ; les parents ne s'en inquiétèrent pas,
le lendemain ils le trouvèrent mort dans son berceau, et
on l'enterra sans plus de façon.

Le père narrait le malheur en ces termes : « Le soir,
il était malade et, au matin, nous l'avons trouvé crevé »,
sans émotion, les yeux secs, la voix assurée, comme s'il
se fût agi d'un lapin ou d'un poulet. Ce fait est authentique dans ses moindres détails ; toute la population de
l'endroit l'affirmerait au besoin.

Voilà où l'on en était dans nos campagnes il y a cent
cinquante ans. Des décès successifs émouvaient cependant les parents. S'ils se consolaient sans trop de peine
quand la mort leur enlevait un héritier, ils tenaient
beaucoup à ne pas voir le retour fréquent de semblables
accidents. Certains enfants, surtout ceux dont les aînés
étaient morts en bas âge, étaient voués au bleu, couleur
de la Vierge. Jusqu'à l'âge de sept, et même dix et
douze ans, ils étaient vêtus d'étoffes bleues, des pieds à
la tête. La coutume n'est pas complètement perdue.

L'enfance n'était pas respectée à l'école où on la
brutalisait, dans la famille où l'autorité des parents était
sans limite et sans contrôle. Un père maladroit eût-il
cassé le bras de son fils en le corrigeant, qui donc s'en

fût plaint, sinon la victime gémissante ? En cas d'abus,
le pouvoir civil n'intervenait guère. Nous avons cependant un écrit qui provient de Ferrière-la-Grande, et où
il est dit :

Les manants qui blasphèment seront à l'amende, à la
discrétion des juges, et ils seront pilorisés l'espace de
deux heures. Comme l'habitude des jurements provient
de ce que les pères et mères n'ont eu bon soin d'en
imprimer l'horreur à leurs enfants, les parents sont
responsables des blasphèmes, jurements et serments de
leurs enfants, et ils paieront les amendes et le pilori à
leur place, tant que ceux-ci demeureront avec eux. (Pas
de date.) C'était engager un peu loin la responsabilité
du père et de la mère.

La vieillesse non plus n'avait pas tous les égards auxquels elle avait droit. Une habitude trop répandue chez
les grands-pères était de partager leurs biens dès qu'ils
étaient incapables de les gérer ou de les faire valoir, et
de se réserver seulement une allocation annuelle.

Le paiement de cette rente entraînait de graves difficultés ; elle était versée non sans récriminations, l'amour
de la terre et de l'argent avait le pas sur le respect
filial ; la jalousie, les sentiments les plus bas annihilaient
l'esprit de famille, engendraient les rancunes et les
haines. Les jeunes, en possession des biens des anciens,
s'habituaient vite à se considérer comme exploitant leur
propre fonds, la rente n'était plus qu'une contribution
gênante dont ils désiraient être débarrassés. Quant au
fils ou à la fille qui hébergeait les vieux, il était vite
soupçonné par ses frères d'être favorisé et de puiser à
volonté dans la bourse alimentée par tous.

Que de procès, que de querelles, de crimes même dus
à cette déplorable coutume !

Pourtant on racontait l'histoire du fermier de Malmaison, à Saint-Rémy-Chaussée, mais personne ne
profitait de la leçon qu'elle contient :

Baptiste Mandron, le censier de Malmaison, avait
gagné tant d'argent à faire des transports pour les
entrepreneurs des vivres des armées de Louis XIV, qu'à
chacun de ses six enfants en lot de mariage, il leur
donna un vassau d'écus de six livres sans en être
appauvri.

Le seigneur voisin le visitait même, et il l'invitait à sa
table, ce dont Baptiste était fier et content ; car, dit un
dicton de nos provinces, si l'argent ne donne pas le
bonheur, il contribue beaucoup à se le procurer.

Quand il eut touché la septantaine, les rhumatismes
qui le tenaient éveillé chaque nuit et lui faisaient bourrer
sa pipe quand tout dormait en la cense, l'amenèrent à
réfléchir ; il pensa qu'il était temps de céder la place
aux jeunes, à ses garçons et à ses gendres ; il se décida
à prendre du repos.

Vainement son cama..de d'enfance, le grand Joseph
du Courtournant, le déconseillait-il de partager ses
biens, lui montrant ses fils soumis à leurs femmes
désagréables et âpres au gain, ses filles se jalousant et
souvent en désaccord, et cela, en dépit de sa fermeté et
de son autorité de patriarche. Baptiste Mandron passa
outre, et il annonça aux siens la détermination qu'il
avait prise.

Quelles protestations d'affection et de dévouement !
Quels transports d'amitié ! Que de témoignages d'attache-

ment ! Ah ! le vieux censier abdiquait ! Comme il allait
être heureux ! Chacun s'ingénierait à lui rendre la vie
facile ; les soins les plus touchants ne lui manqueraient
pas. Une bru proposait un pèlerinage à Notre-Dame-de-
la-Flaquette ; un gendre lui offrait un quarteron d'excellent tabac de contrebande, qu'il avait acheté à un fraudeur picard, du tabac comme on en fumait à la cour de
Sa Majesté. Du moment où le vieux censier était assez
sage pour se reposer et accepter les amitiés de tous les
siens, comme il allait être dorloté !

Quand il abandonna ses biens, ne se réservant qu'une
rente et deux chambres dans la ferme, ce fut une scène
de délire enthousiaste : tous pleuraient d'émotion, et le
pauvre h mme, secoué par cette scène attendrissante,
pensait que le grand Joseph, son camarade, avait bien
mal jugé sa famille.

Les premières semaines qui suivirent se passèrent
agréablement. Tantôt chez l'un, tantôt chez l'autre, il
mangeait les poulets les plus gras, dégustait le meilleur
hydromel ; il était de toutes les ducasses ; point de fêtes
qu'il ne présidât ; point de convention ou de marché où
il ne donnât son avis.

Mais les invitations s'espacèrent. A Malmaison, son
gendre opérait des changements, renvoyait, engageait
des domestiques, sans lui demander conseil ; ceux-ci
lui manquaient de respect, il s'en indignait, et le nouveau maître feignait de ne rien entendre et de ne rien
voir. Il restait seul des journées entières sans qu'on
s'inquiétât de ses besoins, et les servantes mangeaient
des *riboches* sous ses fenêtres, alors qu'il déjeunait de
pain et de fromage.

Il reconnut son erreur : il avait été dupé par ses enfants qui, n'ayant plus à redouter les surprises d'un testament, dévoilaient cyniquement les côtés bas et hypocrites de leur caractère : le vieux n'avait plus rien, n'était plus qu'une charge sans profit ; ils ne se gênaient pas pour le lui faire comprendre.

Un jour que Baptiste Mandron se promenait sur la Chaussée en ruminant ses pensées mélancoliques, il fut rencontré par Joseph du Courtournant. Il aurait bien voulu l'éviter, car il savait que son ancien était clairvoyant, qu'il serait interrogé et ne saurait rien cacher ; il craignait les reproches de celui qui avait été si bon prophète.

C'est ce qui arriva. Mandron avait le cœur plein, il épancha son chagrin. Il raconta comment il avait été trompé, énuméra les affronts qu'il avait essuyés, les inconvenances qu'il avait supportées, et le grand Joseph écoutait silencieusement, remuant la tête d'un air entendu, et sur son visage impassible on n'eût su dire s'il se moquait du vieux censier ou s'il le plaignait.

Quand Baptiste eut achevé, son camarade lui dit narquoisement : « Eh bien ! était-ce la peine de me manifester tant de froideur, quand je t'annonçais ce qui t'arrive aujourd'hui ? Qui donc avait tort ? Où sont-ils ces gendres si prévenants, si respectueux ? ces belles-filles si empressées, si aimantes ? Voilà où tu en es à ton âge : sans soins et presque sans le sou. — Oui, Joseph, et je n'ai plus qu'à mourir. — Mourir ? Es-tu sot à ce point ! Tu n'as plus que cette folie à commettre. Au contraire, il faut vivre, parce que l'existence est bonne, et parce que tu dois montrer à tes enfants que tu es plus fin qu'eux. Si tu veux m'écouter, tu redeviendras le maître, tes rendages te seront payés même avant la Saint-Martin, et l'agrément ne te manquera pas jusqu'à la fin de tes jours. Tu me remercieras une fois de plus en croquant de belles gaufres beurrées arrosées de vin de miel et en donnant tes ordres à tous comme auparavant. — Tu te gausses, Joseph, ce n'est malheureusement plus possible, car j'ai donné ma signature et comment la reprendre? — Inutile, suis seulement mon conseil. »

Quelques heures plus tard, Baptiste Mandron revenait à Malmaison l'œil brillant, tout guilleret. Il annonçait au censier et à sa femme qu'il leur offrait à dîner à la Pentecôte, qui venait le dimanche suivant, et il mandait à ceux du dehors qu'ils eussent à se rendre à son appel.

Tous y vinrent par curiosité. La surprise fut générale quand les enfants et leur famille virent que le repas était parfait, car rien ne manquait. Le vieux s'était multiplié; il avait acheté des volailles et des poissons sans prévenir personne; l'avant-veille le brasseur avait envoyé une tonne de bière grise que les plus difficiles proclamèrent supérieure. Quand le père Mandron vaquait à ses occupations culinaires, goûtait les sauces, arrosait les rôtis, ses hôtes s'interrogeaient du regard, cherchant vainement la source de toutes ces largesses.

Vers le milieu du repas, quand les têtes commençaient à s'échauffer et que la boisson déliait les langues, un domestique se présenta : « C'est, dit-il, avec une intonation ironique, Joseph du Courtournant, qui vient pour recevoir les deux mille livres que vous lui devez. — Ah! répliqua le vieux censier de l'air le plus naturel du monde, répondez-lui que je reçois aujourd'hui mes enfants, nous sommes en fête; demandez-lui de revenir demain matin. »

Le valet était de retour quelques minutes plus tard : Joseph était à la veille d'un voyage ; il insistait pour être réglé sur-le-champ. « Il le sera, puisqu'il est pressé, ce brave ami; qu'il entre. »

Créancier et débiteur passèrent seuls dans la salle du fond, qui servait de chambre à coucher. Le coffre placé sous le lit, et dans lequel on ne soupçonnait que la présence de hardes et de linge, fut ouvert à grand fracas, et l'ébahissement des dineurs restés dans la première pièce redoubla à l'audition de la chanson des écus, cet aimable refrain commun à toutes les langues et à toutes les époques.

C'était une gaie cascade qui, du coffre, s'engouffrait dans les sacs du grand Joseph, et la voix des jaunets se percevait, claire et grêle, dans le bourdonnement confus des pièces de six livres à l'effigie de notre sire, Louis le quinzième.

Quand les deux compères eurent achevé de compter, la serrure du coffre grinça de nouveau, il glissa sur le pavé avec un bruit d'écus renversés, et tandis que Joseph du Courtournant, ses sacs sur l'épaule, s'excusait de déranger ses bons voisins, Baptiste Mandron reprenait sa place à table sans paraître s'apercevoir de la stupeur qui se lisait sur le visage de ses convives.

Le censier de Malmaison, le plus méchant de tous, fut le premier à recouvrer son sang-froid. Vers la fin du repas, il proposa de boire du plus vieux hydromel de sa cave. « Il en reste si peu ! » objecta Baptiste. « Rien de

trop bon pour vous », répondit ce gendre modèle, et tous
de répéter en chœur : « C'est bien vrai, notre cher père
ne prendra que du meilleur. »

Le vieillard n'avait donc pas tout partagé ; il s'était
réservé une bourse, bien grosse, à en juger par ce qu'ils
avaient entendu. Par bonheur, ils étaient prévenus ;
quelle maladresse ils avaient commise en délaissant un
homme si honnête et surtout si riche encore ! Quelle
catastrophe s'il s'était fâché et s'il s'était réfugié dans un
hospice avec son argent ! Enfin, ils répareraient leur
faute, ils lui feraient oublier ses peines et ses humiliations passagères ! Aussi, pourquoi ne les avait-il pas
prévenus ?

Baptiste Mandron ne semblait pas s'apercevoir du
changement des manières des siens. Pas plus de reproches ni de remerciements qu'auparavant. On se
l'arrachait ; pour lui épargner la fatigue, toutes les
carrioles étaient à sa disposition. Il était à peine depuis
deux jours chez un de ses fils qui était venu le quérir
pour priser son troupeau de moutons, qu'un gendre
accourait lui demander conseil sur le choix d'un domestique. Lui, toujours bonhomme, prodiguait les avis et
les consultations sans réflexion désobligeante. Oh ! il ne
gardait point rancune.

La rente rentrait sans difficulté. Moins d'une semaine
après le fameux dîner, tous avaient payé, s'excusant du
retard par des motifs drôles et risibles, et lui acceptait
l'argent et les paroles, en laissant entendre qu'il n'était
pas pressé !

Le censier avait retrouvé sa gaîté et ses forces. Il
affectionnait surtout la société de son vieil ami du

Courtournant, et le dimanche, à la sortie de la messe,
quand ils se tenaient assis à l'ombre du soleil de midi,
en buvant à petits coups leur pinte de bière de mars, ils
avaient des mots, des clignements d'yeux, des gestes qui
provoquaient chez tous deux de muets éclats de rires.
Leur bouche édentée s'ouvrait jusqu'aux oreilles en une
joie exempte de tout souci, tandis que la mèche de leur
bonnet de coton bleu dansait follement au rythme de
cette gaîté mystérieuse. « Ils racontent leurs fredaines du
temps passé, disaient les joueurs de quilles, et leurs
souvenirs les rajeunissent. »

La mort seule sépara ces deux compagnons. Baptiste
gagna un fort rhume au début d'un hiver rigoureux et
demeura malade quelques mois. Les soins les plus
touchants et les plus empressés lui furent prodigués. Sa
famille entière était à son chevet, épiant son regard,
devinant ses moindres désirs.

Un matin il trépassa en prenant une tasse de tisane.
Ses héritiers, comme il l'avait demandé, lui firent des
obsèques solennelles. Les pauvres reçurent une abondante aumône de pain, de viande et de bois ; des messes
furent dites à profusion pour le repos de l'âme du vieux
censier, et des larmes chaudes et sincères furent versées
sur son épais cercueil en cœur de chêne.

Seulement, quand ses fils et ses gendres ouvrirent le
coffre, ils ne trouvèrent que des ferrailles et des cailloux !
c'est tout ce que leur laissait le vieux censier. Le dépit,
la honte et le ridicule vinrent par surcroît.

CHAPITRE XVII

LA CONQUÊTE FRANÇAISE

~~~~~~~~

Louis XI faisait preuve de sa clairvoyance habituelle quand, à la mort de Charles le Téméraire, il lançait ses troupes à la conquête des Pays-Bas; Richelieu reprenait plus tard cette politique qu'Henri II aurait dû faire triompher et que Coligny avait en vain préconisée sous Charles IX.

La guerre avait alors un caractère atroce, barbare et sauvage que nous allons tenter de retracer :

Les généraux s'enrichissaient, les officiers cherchaient la gloire et la fortune, les soldats couraient où ils espéraient prendre, ravager et assouvir leurs passions. Le paysan, français ou espagnol, ne comptait pas ; ses droits étaient nuls. Après le passage des ennemis qui lui avaient enlevé sa dernière vache, venaient ceux de sa nation qui complétaient l'œuvre de pillage et se montraient également cruels et exigeants.

Le gouvernement français de La Capelle détruit en 1631 les forts de Trou-Féron et de l'Écluse. Ses troupes victorieuses sont décimées par la peste ; les Espagnols pénètrent en Picardie et s'emparent de diverses places. Pour continuer ce mouvement offensif, après avoir réquisitionné les terres de leurs adversaires, ils exigent de l'argent et des soldats de leurs propres villages ; Taisnières-en-Thiérache fournit 37 hommes pour sa part lors de la prise de La Capelle.

Les Français reviennent ; ils brûlent le grand Floyon, dévastent toute la contrée et s'emparent de la Lobiette, Glageon, Trélon, Berlaimont, Solre-le-Château, Maubeuge et Beaumont. Beaucoup de gens abandonnent les frontières, comme les Picards avaient fait eux-mêmes, et se réfugient dans les villes de l'intérieur de la Belgique, jusqu'en Hollande (1637).

C'est au cours de cette campagne que Turenne préluda à sa renommée par un trait qui, au fond, atteste moins sa générosité que la brutalité de son siècle. Au sac de Solre-le-Château, un gros de ses soldats lui amenèrent une très belle femme qu'ils avaient enlevée et dont ils voulaient lui faire présent.

Ce grand capitaine accepta ; mais, devant eux, il la remit à son mari, en lui témoignant que c'était à la retenue et à la discrétion de ses soldats qu'il devait la conservation de l'honneur de sa femme (1).

(1) Cent cinquante-six ans plus tard, les Autrichiens qui envahissaient la France se livraient aux excès les plus abominables dans cette même ville de Solre-le-Château : « Il y avait, dit un émigré, un moulin d'où j'entendis partir des cris de désespoir et des jurements en hongrois. J'y courus. Un spectacle horrible me frappa : tout était cassé, brisé ; des cadavres mutilés d'hommes et de femmes gisaient devant l'âtre et près de la porte. Une quinzaine de hussards de Ferdinand étaient autour d'une fille de dix-sept à

Les Espagnols reprennent le dessus, mais le succès du duc d'Enghien à Rocroy (1613) ramène les Français qui plantent leurs drapeaux sur les châteaux de Berlaimont et d'Aymeries, sur les villes de Maubeuge et de Binche.

Les belligérants restent constamment en mouvement, tantôt vainqueurs, tantôt battus, toujours maraudant, vivant aux dépens du pays où ils séjournent : le général Rose, qui commande les troupes allemandes au service de la France pendant la Fronde, ravage et pille Maroilles, Boulogne, Solre-le-Château, et beaucoup d'autres places ouvertes.

Les habitants de notre malheureuse contrée étaient si saccagés par les Français et par les Espagnols qu'au bout de dix ans de misères ils avaient inventé un moyen ingénieux, mais fort coûteux, d'éviter le pillage. De 1645 à 1659, ils s'assuraient des sauvegardes militaires, prises tantôt dans un parti, tantôt dans l'autre, selon la chance des armes. Ces sauvegardes demandaient un prix très élevé, mais leur protection donnait du moins un peu de sécurité. Les habitants les payaient, et, pour pourvoir à ces dépenses, convenaient d'accepter des taxes supplémentaires; le plus souvent elles frappaient les bestiaux.

Les belligérants se faisaient de sérieux profits de cette guerre désastreuse. Ils exploitaient la contrée sans

dix-huit ans.... J'essayais de les détourner et d'obtenir grâce pour cette malheureuse ; mais ce fut le cas de dire que je perdis mon latin. Ils mirent la main sur leurs sabres, tortèrent leurs moustaches et me dirent de me mêler de mes affaires. La partie n'était pas égale et je jugeai prudent de ne pas les exposer à un nouveau crime. »

Et plus tard en 1815 : à Colleret, où habitaient mes ancêtres maternels, à la suite des excès de l'année précédente, toutes les filles furent cachées dans les hourds à foin, les caves, etc., pendant les six premières semaines de l'occupation prussienne.

pudeur. Aux communes qui étaient ainsi protégées moyennant finances, des cartes de sûreté étaient remises : et quand elles avaient acquis bien cher une tranquillité presque aussi ruineuse que la guerre, survenaient des bandes de brigands, mercenaires déserteurs qui avaient abandonné leurs capitaines pour se livrer plus facilement à la rapine, reîtres sans pitié et sans conscience accourus à la curée du fond du Tyrol ou de la Souabe, encore plus malfaisants que les troupes régulières, malgré les coupes réglées et les impositions systématiques de ces dernières.

Le passage des troupes et des bandits n'était pas encore suffisant. Les pays disputés étaient pressurés par toutes sortes d'exacteurs qui, se relayant, levaient tour à tour des taxes plus ou moins fortes, mais avec une égale rigueur, tantôt au nom d'un prince, à titre d'emprunt, tantôt au nom d'un chef ennemi, comme contribution extraordinaire.

Les denrées, les moissons étaient enlevées ; les meubles emportés ou brisés ; les troupeaux emmenés ou égorgés par les fourrageurs. La disette croissait de jour en jour, les maladies infectieuses fauchaient ceux que la famine épargnait.

Chaque habitation rurale était une petite forteresse, surtout quand elle était isolée. Les murs en étaient épais. Une petite fenêtre carrée, attenante au toit, et que d'épais croisillons partageaient en quatre lucarnes, éclairait parcimonieusement l'intérieur. La porte, garnie de clous à larges pointes, se fermait en dedans avec de gros verrous ; elle se composait de deux parties mobiles et indépendantes d'égale grandeur, tournant sur d'énormes tourillons et au besoin assujetties l'une à l'autre par une forte barre de fer.

En cas d'alerte, le père, qui avait ouvert la partie supérieure de la porte, explorait la campagne du regard et restait en cet endroit le plus périlleux ; ses fils gardaient la fenêtre, la cheminée ; tous munis de faux, d'épieux, approvisionnés de pierres et parfois d'eau bouillante.

Mais ces armes primitives étaient impuissantes à arrêter la furie des envahisseurs. La résistance isolée offrait trop de dangers ; ceux-là seuls s'y risquaient qui étaient réduits au désespoir.

Les paysans se réfugiaient dans les bois et les marais, dans leur église et leur cimetière fortifiés, dans les *blockhaus* qu'ils avaient construits surtout au XVe et au XVIe siècle : c'est l'origine de tous les endroits appelés le BLOCUS, et ils sont nombreux particulièrement aux confins de la Thiérache.

Chaque localité avait au moins un fortin, souvent plusieurs. En 1693, le gouverneur de Hainaut recommande encore aux habitants du pays plat de raccommoder incontinent leur fort, de le faire garder dorénavant, chacun à son tour, tant de jour que de nuit, et de relever les rivières de Sambre et d'Helpe aux endroits désignés par le voyer. En Cambrésis, en Picardie, ailleurs aussi quand la constitution du sous-sol le permettait, les habitants se réfugiaient dans des *boves* ou excavations formant des villages souterrains, véritables catacombes avec leurs rues, leurs places et leurs loges où nul étranger n'eût osé s'aventurer : à Villers-Plouich, à Villers-Guislain, à Houdain, etc. C'étaient les retraites les plus sûres.

Voilà le tableau qu'offrent nos provinces du Nord de 1636 à 1659.

La Thiérache, le Hainaut, l'Artois, le Cambrésis et la Flandre étaient le rendez-vous des soudards de l'Europe occidentale, dont l'épée brutale et la torche incendiaire ramenaient le pays aux pires temps du moyen-âge.

Quelques fragments de manuscrits nous peindront exactement la situation des campagnes aux environs de Maubeuge :

« Le chœur de l'église d'Obrechies a été construit de fond en comble en 1599, sous Dom Pierre Rollier, abbé de Saint Denis en-Broqueroye. Le chœur est fort joliment bâti. Mais les guerres lui ont ravi toute beauté et terni son lustre ; car il a encouru les mêmes malheurs que les autres lieux sacrés du pays, de sorte que, dans l'intérieur, il n'y a plus d'embellissement ni splendeur, non plus que dans la nef.

« Tous les meubles et ornements en vue ont été enlevés. Les saints autels ont été sacrilègement profanés, les images brisés, les vitres rompues pour en avoir les ferrailles, les ancres et les autres fers arrachés, etc. Les bancs, sièges et pupitres ont été emportés et brûlés. Enfin il ne restait que les murs endommagés, les toits étant découverts et délabrés, ce qui faisait un écroulement, ainsi qu'il est arrivé à plusieurs autres églises.

« Bien que l'église d'Obrechies ait été ainsi maltraitée et humiliée par les guerres, il ne lui est cependant pas arrivé d'être la retraite des bêtes et de servir d'étable et d'écurie aux vaches et aux chevaux, comme cela s'est passé presque partout ailleurs.

« La cause est que les manants ont pris la fuite ; ils

ont longtemps abandonné en tout leur désolé village.
Néanmoins l'église a servi de grange pour y mettre à
couvert et pour y battre le peu de grain qu'on recueillait.

« Obrechies a été entièrement déserte, sans aucun
manant, l'espace de huit ans entiers, depuis la prise de
Landrecies par les Français en 1637. Ce n'est qu'en
1646 que ce village commença à recevoir et revoir
quelques-uns de ses habitants, savoir cinq ou six
ménages. »

.•.

Les troupes espagnoles refoulées par les ennemis
avaient apporté la peste qui régnait en Artois et en
Picardie. Les hommes tombaient malades brusquement ;
beaucoup mouraient en moins d'un jour. ils devenaient
noirs et la face tuméfiée, rendant le sang par le nez,
quelquefois avant de succomber. Des familles entières
disparurent. (C'était le choléra asiatique ou la peste
bubonique.) Nos paysans, épuisés par toutes sortes de
privations, de mauvais traitements et des fatigues inouïes,
offraient au fléau une proie facile.

Les villages d'Eclaibes, Limont-Fontaine et les environs payèrent un large tribut à cette épidémie
terrible. Les survivants n'osaient plus toucher les
trépassés ; ils mettaient le feu aux maisons abandonnées ;
ils tiraient les morts hors de leurs demeures avec le croc
dont ils se servaient pour enlever le fumier de l'étable,
et les traînaient misérablement jusqu'aux fours à chaux
où ils étaient jetés sans cercueil, sans linceul.

Lorsque la peste eut cessé, les Français revinrent.

La garnison de Guise, poussant une pointe hardie et

rapide, surprend en 1654 le village de Limont-Fontaine, disperse les habitants, tue ceux qui font résistance, moleste les femmes et les enfants et ne quitte les lieux qu'après avoir enlevé les choses et les animaux les plus précieux.

Les manants qui réussirent à s'échapper se réfugièrent dans les bois voisins, où ils séjournèrent plusieurs années sans oser rentrer dans leurs foyers.

La détresse et l'extrême indigence des gens de Villers-sire-Nicole se reflètent, à cette époque, dans les curieux documents suivants : les malheureux, pour sauver la vie de trois de leurs concitoyens et éviter de nouvelles scènes dont les menace la soldatesque française, en sont réduits à engager leurs cloches paroissiales au Mont-de-Piété de Mons.

Le pasteur, le lieutenant-mayeur, les échevins et les manants de Villers se trouvent en grande nécessité d'argent pour pouvoir subsister en leur lieu et ravoir leur mayeur et deux échevins emmenés prisonniers au Quesnoy par les ennemis. Ils sont encore menacés d'être faits prisonniers eux aussi et d'avoir leurs maisons brûlées. Ils ont fait leur possible pour emprunter de l'argent, mais ils n'ont pu en trouver. Quant à asseoir sur les manants de nouveaux impôts, tailles ou autres, il n'y faut point songer, la ruine étant générale. Invoquer la pauvreté pour ne point payer, cela n'avancerait à rien.

En telles nécessités, on a recours à des remèdes extraordinaires, vu qu'autrement il faut que les habitants de Villers quittent leurs demeures qui vont être incendiées et qu'ils se rendent vagabonds par le pays.

Ne disposant plus rien d'autre, ils ont trouvé bon d'engager les cloches qui appartiennent aux manants, car ceux-ci les ont achetées à leurs frais. Elles seront portées au Mont-de-Piété de Mons et engagées pour douze cents florins, ou la plus grosse somme en approchant en dessous ; plus tard, elles seront retirées pour être replacées au clocher.

Les habitants autorisent le lieutenant-mayeur et deux échevins à conduire les cloches, à recevoir l'argent qui sera délivré, et ils promettent chacun d'avoir pour agréable la besogne faite par leurs délégués (1646).

La signature ou la marque de tous les paroissiens de Villers-sire-Nicole suit cet acte, assurément peu banal. C'est une assemblée de paroisse par écrit, où n'intervient pas le bailli de l'endroit, mais qui comprend les femmes à la tête d'une famille.

Le curé, un des gros intéressés, donne son autorisation à part : il certifie que les trois députés de l'endroit ont toute qualité pour toucher l'argent provenant de l'engagement, afin de subvenir à la mise en liberté des prisonniers et aux contributions des fourrages exigées des Français. Cela sous condition que les cloches seront dégagées et rependues dès que les circonstances le permettront.

L'idée de patrie, l'amour et le respect dus au souverain, s'effacèrent et se perdirent dans cette effroyable tourmente de près d'un quart de siècle. Aussi le traité des Pyrénées, qui mettait fin à cette guerre, fut-il accueilli avec un enthousiasme indicible, aussi bien par le pays qui restait étranger que par les régions qui devenaient françaises.

L'Espagne abandonnait l'Artois, moins Aire et Saint-Omer, et rendait Hesdin. Elle cédait en Flandre Grave-lines et Bourbourg; en Hainaut, Landrecies, Le Quesnoy, Avesnes, plus Philippeville et Marienbourg, ces deux villes que la Sainte-Alliance nous a enlevées en 1815; dans le Luxembourg, Montmédy, Thionville, Yvoi. Elle cédait encore le Roussillon avec le pays de Conflans.

Dunkerque, conquise le 23 juin 1658, était remise à un envoyé de Cromwell.

La terre d'Etrœungt, presque entièrement enclavée en France, restait étrangère.

Picards et Hainuyers francisés avaient trop long-temps bataillé pour que l'absorption fût rapide. L'omni-potence royale, l'arbitraire des gouvernements, le triste spectacle qu'offraient les Pays-Bas espagnols ne don-naient aux gens de la terre d'Avesnes ou de Landrecies les moyens ni le désir de protester contre l'annexion. Mais les Picards de Thiérache et de Vermandois étaient toujours ces *Franchots*, leurs pires ennemis, qu'ils défiaient comme auparavant, sur les routes de Cambrai, du Cateau, de Guise, de La Capelle et d'Hir-son, à coups de pierres et de bâtons.

Ceux-ci n'avaient pas plus de cordialité à l'égard de ces Bourguignons exécrés, les *Rouges-Boyaux*, aussi insolents et mieux protégés depuis que la France les avait adoptés.

Près de deux siècles et demi se sont écoulés depuis le traité des Pyrénées, la Révolution a bouleversé les classes, renversé des préjugés, supprimé des abus, et cet antagonisme est à peine éteint. Du Cateau à Hirson, sur la démarcation de l'Aisne et du Nord, les enfants de

deux villages limitrophes se défiaient encore et se que-
rellaient naguère, les *Franchols* de Picardie bataillant
avec les *Rouges-Boyaux* ou Bourguignons de Cambrésis
et de Hainaut : ainsi Fesmy et les environs contre La
Groise, le Rejet de Beaulieu; La Rouillies, Le Floyon
contre La Flamengrie ; Rocquigny contre Wignehies,
etc., etc.

La rivalité de Prisches et du Nouvion était passée en
proverbe : « Ils s'entendent comme Nouvion et Prisches », était un dicton équivalent à celui-ci : « Ils sont
d'accord comme chien et chat. »

Cette animosité est sans doute, en partie, la cause de
l'expédition qui partit de Prisches à l'attaque du Nouvion,
sous la Révolution, et dont le chef paya cette équipée de
sa tête sur la place publique de Valenciennes, en décembre 1794.

Il n'y a pas plus de quarante ans, sur toute la démarcation parallèle à l'Oise supérieure, jusqu'aux sources
de l'Escaut, mais particulièrement entre la Sambre et
Anor, quand les gens du Nord se rendaient dans l'Aisne,
partant de Catillon, Baurepaire, des Fayts, de Moustiers
ou de Baives, ils disaient encore couramment : « Nous
allons en France. » Ceux de l'Aisne, faisant le voyage
inverse, allaient chez les Bourguignons.

Dinaux donne la même remarque pour les paysans de
Flandre : Quand ils vont en France ou qu'ils en viennent, dit-il, ils entendent parler de la vieille France, au
delà de l'Artois et du Cambrésis, telle qu'elle était avant
les conquêtes de Louis XIV.

Les Français étaient raillés ou insultés dans diverses
locutions où se reflétait l'antique hostilité des Hainuyers;

aucune ne les montrait sous un jour sympathique ou avantageux. Leurs vertus prolifiques, ou, peut-être mieux, leurs vices, étaient rappelées dans un proverbe qu'on nous permettra de ne pas citer, même en latin.

« C'est un Français ! » disait-on dans la région de Fourmies, et le terme était pris en mauvaise part, dans le sens de matois, fin, rusé.

Un individu venu de l'intérieur recevait fréquemment le sobriquet de Français ; chacun de nos villages avait son Français, qui avait séjourné au sud de notre province. Le terme n'est pas complètement démodé aujourd'hui, et, chose bizarre, sur une dizaine d'individus qui portent ce nom à notre connaissance, quatre ou cinq sont Belges ; il a suffi qu'ils eussent habité au delà de Landrecies ou d'Etrœungt.

Les dénominations rustiques des aires du vent nous donnent encore un exemple de la ténacité que met le peuple à conserver son langage, alors même qu'il heurte la vérité et le bon sens, et qu'il constitue de singuliers anachronismes.

Le vent qui vient du Nord est la bise.

Souffle-t-il de l'Est ? il est en Reims ; cette expression doit être très ancienne ; elle se rapporte au temps où Reims était la métropole de la seconde Belgique.

Le vent tirant vers l'Ouest, souvent accompagné de pluie et de froidure, est dit le vent d'Écosse. Il rappelle la contrée la plus éloignée vers l'Ouest, ou plutôt le Nord-Ouest, que l'on connût au moyen-âge.

Quant au vent du Midi, il a conservé, comme il y a quelques siècles, son ancien nom de *vent de France*.

. .

Lorsque la guerre de Dévolution éclata en 1667, nos contrées n'avaient pas encore pansé les plaies que le traité des Pyrénées avait laissé ouvertes ; les campagnes se ressentaient toujours des calamités de la période précédente.

Dans son compte de 1665, le receveur de la seigneurie de Dourlers dit que tous les héritages sont en friche et plus d'un village désert. En 1666, la location des biens communaux de Semousies eut lieu à Dourlers, parce que, constate le bail, le village de Semousies n'est pas rétabli. Ailleurs, il est dit que, de 1666 à 1668, les terres étaient en friche et le village abandonné.

Peu coûteuse, fructueuse pour la France, cette guerre eut sur la précédente et les suivantes l'avantage d'être de courte durée ; c'est elle qui laisse le moins de souvenirs cruels.

Les coups principaux se portèrent en Flandre et en Franche-Comté ; et si, au traité du 2 mai 1668, Louis XIV rendait cette dernière province, il conservait Douai, Lille, Armentières, Bergues ; il tenait garnison dans Charleroi, Binche, Ath, Tournai, Oudenarde, Courtrai et Furnes, tandis que Maubeuge, Valenciennes, Cambrai, Saint-Omer restaient espagnols. Ces positions rendaient impossible la défense du reste de la Belgique, et Louis XIV avait calculé là-dessus.

La guerre de Hollande, en effet, donna à la France la rectification de sa frontière du Nord ; Charleroi, Binche, Ath, Oudenarde, Courtrai, acquis en 1668,

Gand et Limbourg conquis depuis étaient abandonnés ; mais, outre la Franche-Comté à l'Est, l'Espagne cédait Cambrai, Étrœungt, Maubeuge, Bouchain, Bavai, Condé, Valenciennes, Aire, Saint-Omer, Ypres, Warwich, Warneton, Poperinghe, Bailleul et Cassel (1678).

Toutefois la ligne frontière ne perdait pas complètement le caractère capricieux de 1659 et 1667 ; si, par exemple, Maubeuge et ses environs devenaient fr. is, les villages limitrophes de Beaufort, Ferrière-la-G inde et Rousies demeuraient sous la domination du roi d'Espagne.

La plupart des villes, que les souverains troquaient comme des marchands échangent leurs produits, étaient dans un tel état, « qu'elles ressemblaient à des villages désolés et abandonnés », et les paysans courbant sous le poids d'impositions écrasantes, de réquisitions odieuses, étaient aussi malheureux qu'au temps de la Fronde.

Quatre ans après la signature de la paix, « Étrœungt, à cause des passages et campements continuels des troupes pendant les dernières guerres, était tellement gâté qu'une partie du dit lieu était encore vague, sans bâtiments et sans habitations. »

Notre race a tant de grandes qualités, le travail est pour elle un besoin si pressant, qu'elle restait vaillante et forte au milieu de tous ces maux :

Ce peuple, disent les intendants, quand on sait le prendre par son faible, qui est son fort, je veux dire par la douceur, fait tout ce qu'on veut.

— Les habitants sont assez bons, on leur tire jusqu'au dernier sou, pourvu qu'on les caresse et qu'on ne leur parle pas avec trop d'autorité. Ils aiment mieux qu'on les condamne en les écoutant, que d'obtenir ce qu'ils demandent sans qu'on veuille les entendre.

— Laborieux et braves, dans le temps même qu'on les brûle d'un côté pendant la guerre, ils rebâtissent leurs maisons et ensemencent leurs terres de l'autre.

— Ils ne se rebutent pas au travail, il n'en faut d'autre preuve que la persévérance qu'ils ont dans les temps de guerre à cultiver et ensemencer les terres. Quoiqu'ils aient une certitude presque entière qu'ils ne feront point la récolte pendant cinq à six ans de suite, par les fourragements des troupes, cela ne les empêche pas de labourer. Ils mettent tout l'argent qu'ils gagnent par leur industrie à acheter du grain pour semer, et il n'y a que l'impuissance absolue et une longue continuation de guerre qui les puissent forcer à abandonner.

De ces flatteurs et exacts témoignages des intendants on ne doit pourtant pas induire que nos aïeux avaient toutes les vertus. C'étaient des hommes rudes et brutaux, comme les gens de leur temps. Le trait suivant, qui est inédit, nous le démontrera :

En juin 1674, l'armée française avançant par la Grande Chaussée, les habitants de la terre du Rœulx et des environs, désireux d'éviter son contact, prirent la fuite et se retirèrent avec leurs bestiaux entre Jeumont et Solre-sur-Sambre. Ils campèrent dans des prairies dont le foin venait d'être enlevé et y firent paître leurs animaux. Survinrent sept hommes de Jeumont, armés de fusils et de pistolets ; ils se jetèrent avec furie sur les malheureux nomades et chassèrent les bêtes des prairies.

Une pauvre femme, assez peu leste pour fuir, fut rejointe par les sept furieux qui la maltraitèrent avec emportement. Son mari, Louis Cossé, revint sur ses pas et, demandant grâce pour elle, les pria de ne plus la battre. Cette intervention, au lieu de les calmer, augmenta leur colère; ils le défièrent et l'accueillirent par force bourrades.

Comme il protestait et parait leurs coups, un Jeumontois se plaça quelques pas en arrière et lui déchargea son fusil dans les reins. Louis Cossé en mourait peu après.

Deux ans plus tard, sa veuve n'avait pas encore obtenu justice; elle exposait au prince de Ligne que l'assassin était toujours tranquille, libre et impuni à Jeumont.

Louis XVI se souciait peu d'ailleurs de conquérir le cœur de ceux qu'il pouvait déjà considérer comme ses sujets. En septembre 1677, désireux de se frayer un vaste débouché sur Trélon et Thimay, il avait ordonné l'ouverture à travers le bois Fressau, d'un chemin de 1.200 pieds de large, partant du Pont-de-Sains par Glageon.

Il abandonnait à ses officiers tous les bois de taillis et de haute futaie qui seraient coupés dans cette percée. Le prince de Thimay et l'abbé de Liessies, propriétaires indivis de cette forêt, transigèrent pour 100 pistoles, ouvrirent eux-mêmes le chemin et conservèrent la propriété du bois abattu.

En 1677, lorsque les Français font le siège de Cambrai, le village de Bantigny fut entièrement rasé, à l'exception de trois maisons qui servaient de fours de munition pour l'armée.

Cette année surtout fut désastreuse pour la haute
vallée de la Sambre. De mai à décembre, on évalue
à plus de 5.000 francs les sommes payées en *argent*
par les seules communes de Taisnières-en-Thiérache
et Noyelles, qui avaient journellement à satisfaire à
des réquisitions en nature et aux logements militaires.

.˙.

Le traité de Nimègue (1678) marque l'apogée du
règne de Louis XIV. Les fautes du Roi, ses provocations adressées à l'Europe, ses ambitions dynastiques,
la révocation de l'Edit de Nantes allaient déchaîner
deux autres guerres, les plus terribles, les plus san-
glantes et les plus onéreuses de cette époque.

En 1688 la lutte recommençait, et dès l'année suivante, les Allemands, les Hollandais et les Espagnols
se concentraient en Belgique. Avant comme après la
victoire de Fleurus, le pays était ravagé par les troupes
en campagne, les localités frappées de lourdes contributions.

Tantôt elles étaient occupées par les Français, tantôt
par les alliés, et elles ne parvenaient pas à éviter le
pillage, même en payant des deux mains. Ce n'était
pas suffisant, car, en 1690 et pendant les années suivantes, Dourlers et Saint-Aubin ne sont pas seulement
taxés par les Français et les Espagnols, mais encore
par des autorités hollandaises.

En 1690, le village d'Etrœungt envoie à Namur la
somme de 1.085 livres, ce qui ne l'empêche pas de
payer, en outre, la même année, plus de 971 livres

« pour les rations des ennemis. » La Rouillies et Féron se trouvent dans les mêmes conditions.

En 1694, les troupes de Louis XIV étaient cantonnées en grand nombre entre Aymeries et Dourlers. Les soldats ne se faisaient pas faute de prendre tout ce qui était à leur convenance, absolument comme s'ils eussent été en pays ennemi. Ils enlevèrent, pour le brûler, le bois façonné des forêts voisines, et firent manger par leurs chevaux toutes les pâtures et prairies de la contrée, sans payer aux propriétaires aucune indemnité.

En 1691, la ville de Mons était assaillie par 80.000 Français qui y entraient victorieux le 10 avril. Daniel-François Voisin, intendant du Hainaut, s'y installait et en faisait le chef-lieu de la province.

La construction d'une ligne de fortifications s'étendant de la rive gauche de la Sambre jusqu'aux environs de Mons était décidée ; seulement l'argent manquait. Voici les moyens qu'employait le Roi pour s'en procurer : il décida que ces lignes de fortifications, qui subsistent encore, notamment à Vieux-Reng et Villers-sire-Nicole, seraient élevées aux frais des habitants du pays, et l'intendant Voisin lançait aux communes de la région l'extraordinaire placard suivant :

Le Roi ayant ordonné que la dépense de construction des lignes qui se font depuis la Sambre jusqu'à la Trouille soit payée par le pays qui sera à couvert de la contribution, au moyen de la dite ligne, nous en avons fait la répartition, suivant laquelle le village de Villers-sire-Nicole a été imposé à la somme de cinq cent cinquante-deux livres trois sous quatre deniers, laquelle somme nous ordonnons au mayeur du dit lieu de venir nous payer

dans la quinzaine, sans faute, à peine d'y être contraint, etc., etc.

C'était en partie aux sujets qu'il avait acquis par le
traité de Nimègue que Louis XIV faisait ce joli cadeau ;
et les menaces conditionnelles de l'intendant n'étaient
pas vaines. Les gens de Ramousies l'avaient appris à
leurs dépens en pareille circonstance quelques années
auparavant :

Leur commune était en retard pour le paiement des
impôts auxquels elle avait été taxée. Le 3 avril 1678, alors
que les troupes royales possédaient le pays sans conteste,
une compagnie de dragons français, partie de Mons sous
les ordres d'un capitaine, arriva à Ramousies.

Avisant les deux fermes les plus apparentes de l'endroit, les cavaliers mirent le feu à l'une et s'emparèrent
de quatre chevaux dans l'autre. En incendiant la première, ils punissaient les habitants de la lenteur qu'ils
apportaient à solder leurs impôts ; en prenant les bêtes,
ils se dédommageaient des frais de la course ; quant au
surplus, il fut sans doute employé à payer les contributions. Ce bel exploit accompli, les exécuteurs de la
justice de Louis XIV remontèrent tranquillement à cheval
et rebroussèrent chemin avec leur butin.

Les deux fermiers victimes réclamèrent des indemnités
à leur commune, et, pour justifier devant l'Intendant la
dépense incombant au budget municipal, les deux intéressés allèrent à Mons, rendirent visite au capitaine,
lui exposèrent leur embarras, et celui-ci leur délivra un
certificat relatant comment il avait opéré à Ramousies.
Les pièces existent encore dans les archives de l'endroit.

En 1697, le corps municipal de Villers-sire-Nicole

déclare que les manants ne peuvent rien payer; dans la commune il n'y a plus de vache depuis trois ans, les quatre derniers chevaux ont été enlevés sur une réquisition qui en avait exigé six. *Dix-huit* personnes « de plein âge » sont mortes de faim dans le courant de l'hiver passé. La population totale s'élevait peut-être à cent âmes ! Les nouveau-nés ne peuvent être élevés, car tout leur manque. Le curé n'est plus bon qu'à les baptiser et à les enterrer; car il ne dit plus la messe. Les habitants sont prêts à abandonner le village et à se retirer dans les bois, comme ont fait ceux de Bettignies et de Mairieux; mais payer, ils ne sauraient. Nous ignorons quelle suite fut donnée à cette humble supplique.

Rien de plus lamentable que le tableau que présentaient Mairieux et les environs. En 1699, après la conclusion de la paix, le curé de l'endroit constate que si peu d'habitants sont revenus qu'il est impossible de lever la menue dîme (à plus forte raison la grosse). Elle n'est perçue que sur la ferme de Rotteleux et rapporte onze livres.

Le traité de Ryswick donna aux campagnes un peu de sécurité, mais ne diminua point les charges. Il faisait disparaître l'anomalie politique que nous avons signalée précédemment. La banlieue de Maubeuge (Beaufort, Ferrière et Rousies) devenait enfin française, et six villages frontières retournaient à l'Espagne : Thirimont, Bersillies-l'Abbaye, Montignies-Saint-Christophe, Hantes, Neuville-sur-Sambre, Leval-sous-Beaumont.

. .

Nous ne nous étendrons pas sur la guerre de succession d'Espagne, qui dépassa toutes les autres en horreur
comme en longueur.

Lorsque vint la période des revers, la situation de nos
malheureuses provinces du Nord était atroce : c'était un
vaste cimetière inculte, désert, jonché de cadavres
décharnés, à peine animé de quelques êtres faméliques
qui quittaient la nuit les antres où ils se réfugiaient pour
dérober aux soldats rapaces quelques racines comes-
tibles, un peu de grain échappé à la faux des fourrageurs.

Les comptes communaux de ce temps, quand ils ont
été rédigés et qu'ils subsistent, dépeignent la détresse
universelle; les actes d'achat et de vente d'immeubles
portent souvent jusque vers 1720 et même plus tard ces
mentions laconiques : héritage où il y a eu ci-devant
tour avec château; ferme avec bergerie; maison avec
fournil; cabaret avec courtil; cense avec étables à vaches
et à chevaux, etc., etc., le tout détruit dans les anciennes
guerres, lors du passage des troupes de Monseigneur,
par l'armée des Hollandais, etc., de sorte que les bâtiments sont en ruines.

Dès 1707, les coalisés, s'ils n'étaient point maîtres de
toutes les places fortes, s'avançaient en rase campagne
et se montraient aussi cruels que les Français l'avaient
été en Palatinat et en Batavie. En 1709, à la suite de la
bataille de Malplaquet et de la prise de Mons, ils s'or-
ganisent définitivement dans les pays frontières et ce
sont toujours les habitants qui paient. Ils utilisent, par

exemple, les défenses de la Trouille; pour les mettre en bon état, ils lèvent des contributions, et quand le pays est abominablement ruiné, tant par la guerre que par l'hiver, ils étendent le rayon de leurs exactions jusqu'en Picardie. En 1710, les armées coalisées assiègent Douai. Un détachement de dragons français brûle le village de Waziers. La plupart des localités de Flandre, de Hainaut et de Cambrésis sont pressurées par les ennemis : pour les défenses de la Scarpe, les sièges des places fortes, les camps édifiés par le prince Eugène, le chauffage et l'éclairage des postes établis sur la Sambre et les autres rivières. La situation ne fit qu'empirer jusqu'en 1713.

Louis XIV, conquérant la Hollande, avait maltraité les pasteurs protestants et profané les temples; en France, il avait chassé les ministres et aboli le culte : lorsque les troupes hollandaises envahirent nos contrées, elles assouvirent leur vengeance et n'épargnèrent guère plus les curés que les églises. En 1712, à Marbaix, elles dévalisèrent l'église et forcèrent les troncs qui s'y trouvaient.

Les huguenots qui, à la suite de la révocation de l'édit de Nantes, avaient fui leur patrie, avaient raconté leurs tribulations à leurs coreligionnaires des Pays-Bas : quel épouvantable exode que la marche de ceux qui s'exilaient pour conserver leur foi ! Pour arrêter les émigrants, les postes de la maréchaussée avaient été doublés, et les cavaliers sillonnaient jour et nuit la frontière en tous sens : en 1701, dix protestants étaient saisis vers Maubeuge au moment où ils allaient entrer sur le territoire des Pays-Bas. Les hommes furent condamnés aux galères à perpétuité et dirigés après

quelques semaines de détention sur Saint-Quentin où
l'on formait la chaîne des forçats; les femmes furent
obligées d'entrer dans un couvent après avoir eu la
tête rasée. Ces atrocités étaient très fréquentes.

Et la guerre étrangère durait toujours. Malbrough se
signalait par sa cupidité et sa cruauté. Quand il guer-
royait en Bavière, en 1704, il incendiait et pillait plus
de 300 villes ou châteaux. Dans les Pays-Bas, sans se
soucier s'il était sur les terres de l'Empereur ou sur
celles du roi de France, il commit des abus de force
sans nombre, rançonnant les monastères, mettant à sac
églises et communautés.

Il acquit ainsi une immense fortune, volant des
tableaux précieux, des œuvres d'art d'une valeur ines-
timable qui passèrent dans les châteaux princiers
d'Angleterre et ornèrent surtout ses collections de
Blenheim.

Villars, son adversaire, n'était guère plus scrupuleux,
et son gouvernement ne lui en tenait point rigueur, à
condition que Louis XIV profitât aussi des dépouilles
arrachées aux populations.

Michel de Chamillart écrivait en 1707 : « M. le Maréchal de Villars, qui commande aux Pays-Bas, aime bien
Madame sa femme et un peu l'argent; je lui passerai le
dernier de ces défauts, pourvu qu'il en fasse venir beaucoup (d'argent) au Roi, comme il donne lieu de l'espérer. »

La paix fut signée en 1713. Le pays était à bout de
forces; les communes de notre région étaient si sur-
chargées de dettes qu'il eût fallu appliquer partout le
système employé précédemment à Ramousies, et ce
n'était plus possible; car les fermes tombaient en ruines

et les animaux domestiques avaient été enlevés ou étaient crevés de faim et de misère. Qu'on en juge : de 1700 à 1713, le village de Maroilles eut à débourser pour frais de guerre 100.756 livres de France, ce qui représenterait aujourd'hui plus de 300.000 fr., soit 15.000 fr. par an, plus de 100 fr. par tête; et les localités avoisinantes n'étaient pas plus épargnées.

Les municipalités temporisèrent et prirent des arrangements avec leurs créanciers.

Le règne de Louis XV, en dépit de ses hontes, devait être réparateur pour nos provinces.

Avant d'aller plus loin, représentons-nous l'état d'âme de nos aïeux, à cette époque; il mérite de nous arrêter un instant :

Le paysan, resté misérable et dangereux sous l'influence de la faim et du désespoir, s'adonnait à la contrebande et à la rapine. Des gibets étaient sur toutes les places des villages. Dans le Hainaut, plus de *cinq cents* exécutions capitales et légales ont eu lieu de 1678 à 1686, et en 1714, le gouverneur de Flandre et Hainaut prenait une ordonnance concernant les vagabonds et voleurs de grands chemins :

Les voleurs s'attroupant, continuant leurs exploits sur les grands chemins et rues détournées, de sorte qu'il n'y a plus de sûreté pour les voyageurs et les habitants des campagnes, il est nécessaire d'y remédier, de détruire les perturbateurs du repos public et de rétablir la tranquillité qui donne la paix.

Il est ordonné aux baillis, mayeurs, gens de loi de rétablir la garde dans les villages, jour et nuit. Sitôt qu'ils auront avis que des voleurs, vagabonds et autres

gens inconnus sont sur leur territoire, la garde appré-
hendera ces individus, le tocsin sonnera pour que les
habitants des localités voisines soient prévenus et prêtent
main-forte au besoin. Ceux qui auront pris quelqu'un de
ces voleurs auront deux louis d'or par tête.

Défense, sous peine de 50 florins d'amende, à tous les
cabaretiers et autres habitants des campagnes de recevoir chez eux des inconnus voulant y coucher. Ils devront
en aviser les gens de loi qui examineront les étrangers
et les arrêteront s'ils les trouvent suspects. (Nous avons
vu comment les habitants de Saint-Rémy-mal-Bâti obéissaient à cet ordre ou à un semblable.)

Quant à la classe moyenne, elle exécrait les Français,
surtout dans les villes ; car les guerres et les édits maladroits et impolitiques avaient tué le commerce et l'industrie ; les prêtres ne craignaient pas de prêcher en chaire
le mépris du pouvoir, sinon l'appel à la révolte.

« Mon trisaïeul, Valenciennois du temps de la conquête, dit un auteur, fêtait chaque défaite essuyée par
les Français et se désespérait de chacune de leurs vic-
toires. L'expression de sa joie et de sa colère a été originairement assez frappante pour s'être transmise au
foyer domestique jusqu'à ce jour (1873). De ses deux fils,
l'un prit du service dans les gardes wallonnes et passa
dans les colonies espagnoles ; l'autre, mon bisaïeul, abandonna les traditions paternelles et fit, dans l'armée française, la campagne du Hanovre. Ainsi deux frères, l'un
sous l'influence de l'éducation, l'autre sous celle de l'habitude, servaient séparément les deux nations rivales et
ennemies. »

Les populations manufacturières, mises dans l'impossibilité de vivre avec le système français, émigraient en masse, et des mesures étaient prises pour les obliger à y demeurer ; elles furent renouvelées dans le courant du xviii° siècle. Le gouvernement alla même jusqu'à interdire les pèlerinages en Belgique.

La noblesse avait donné l'exemple de ces départs en masse : presque toute elle avait abandonné le pays et servait à l'étranger.

Telles étaient les conséquences du gouvernement de Louis XIV.

Nos aïeux ont payé bien cher l'honneur d'être Français ; c'est une raison de plus pour que nous chérissions notre patrie. Il y a deux siècles, si le despotisme d'un roi qui fut à la fois impitoyable comme Louis XI, un libertin comme François I⁻ et un bourreau comme Philippe II, faisait de la France une marâtre, celle-ci, débarrassée par la mort du maître insolent qui l'avait mise à deux doigts de sa perte, prodiguait à ses nouveaux enfants les marques de son affection et de son attachement. Elle s'emparait des âmes comme le fer avait conquis le sol : l'Artois et le Nord devaient donner des volontaires héroïques, des généraux patriotes aux phalanges de la Révolution et de l'Empire, des citoyens désintéressés et soucieux de leurs devoirs à la grande armée dont l'épopée a Valmy pour prélude et Waterloo pour épilogue.

Les adresses et les suppliques des communes en 1789 sont empreintes de sentiments patriotiques ; elles protestent de leur dévouement et de leur affection au Roi et à la nation qui personnifient la France. L'enthousiasme des gens de Beaufort tient du délire ; mais nous le tenons pour quelque peu suspect ; ils profitent surtout de cette manifestation pour dire leur fait à leurs ennemis et déclarent notamment que les Chevaliers de Malte ont volé leur curé. Le chauvinisme et la haine de l'étranger apparaissent déjà çà et là ; plusieurs communes parlent de l'Autrichien avec aigreur sans guère préciser. Colleret et d'autres demandent que les étrangers ne puissent faire d'acquisitions en France s'il n'y a point de réciprocité chez eux pour nos nationaux. Jamais contrée n'est retournée plus vite, plus gaiement, plus librement à sa patrie naturelle et originelle que la nôtre, en dépit des maladresses du conquérant et du gouvernement.

C'est sur la dernière terre française par ordre d'ancienneté, Mortagne, que sont nées Félicité et Théophile Fernig, héroïnes célèbres dans les fastes de la première République comme officiers d'état-major auprès de Dumouriez, du duc de Chartres (Louis-Philippe) ; elles combattirent à Valmy, à Jemmapes, à Nerwinde, etc.

Depuis 1713, la frontière du Nord n'a subi que de légères fluctuations, si l'on excepte les temps de la République et de l'Empire : la convention des limites de 1769 opère des rectifications peu avantageuses pour la France, qui, au traité de 1779, annexe Mortagne et ses dépendances, cède La Howarderie avec quelques autres parties. En 1815, les Alliés nous enlevaient nombre de villages et ouvraient la trouée des Ardennes aux invasions futures.

Telle est, esquissée à grands traits, l'histoire de notre frontière ; que de souvenirs intéressants seraient à rappeler ! Jusqu'à l'érection de Bray-Dunes en commune, Zuydcoote était la localité la plus septentrionale de France. Au XVIIIe siècle, c'était une ville et un port ;

en 1777, par une nuit horrible, un affreux ouragan ense-
velit 17 rues sous le sable. Moins heureuse que sa voisine, Dunkerque, qui a toujours triomphé des tempêtes,
de l'ensablement et du génie destructeur des hommes,
Zuydcoote a perdu les sources de sa richesse et n'est
plus qu'une humble bourgade de pêcheurs : c'est la
Pompéi des Pays-Bas français, comme Saint-Omer en
est la Venise.

Pas bien loin de là sont Les Moëres, commune entièrement conquise sur les eaux, dont la chronique ressemble à un conte des Mille et une Nuits. Il y a soixante-
dix ans, il n'y avait ni arbres, ni champs, ni maisons, ni
église ; rien qu'un marais pestilentiel. Autrefois cependant le sol avait aussi été desséché, une église avait été
bâtie. Mais, pendant les guerres de Louis XIV, les Espagnols, maîtres de la contrée, pour arrêter les Français,
laissèrent la mer envahir les plaines, et seule, la tour de
l'église émergea. Elle servit de refuge à des brigands
espagnols qui, portés par des barques, allaient à plusieurs kilomètres piller et ravager. Ils portaient leur
butin à la tour qui leur servait de magasin et de refuge.
Une nuit, la tempête détacha les nacelles et, ne pouvant
gagner la rive à la nage, ils périrent misérablement.

CHAPITRE XVIII

LES IMPOTS
D'ORIGINE ESPAGNOLE

Sous l'ancien régime le gouvernement confiait le soin de percevoir les impôts à des financiers qui lui payaient une somme beaucoup moins considérable que celle qu'ils avaient extorquée au peuple ; ils touchaient deux ou trois fois plus que ce qu'ils versaient au Trésor.

Aussi les *fermiers*, qu'on appelait maltôtiers, partisans, traitants, étaient-ils haïs. Les derniers payèrent pour tous, et leur tête roula en 1793 dans le panier de la guillotine dressée sur la place de la Révolution. Lavoisier fut du nombre, hélas !

Ces financiers formèrent en 1720 une ferme générale dont le nombre des membres s'éleva dans la suite à 60. Ils étaient soutenus par un grand nombre de *croupiers* qui avançaient les fonds et participaient aux bénéfices. Ces abus ne devaient finir qu'avec l'ancienne monarchie.

Sitôt que notre province fut réunie à la France, les traitants s'y installèrent et la pressurèrent comme ils faisaient du reste du pays. S'ils demeuraient souvent loin et préféraient Paris ou Versailles aux froides villes du Nord, leurs commis s'entendaient fort bien à la sale besogne dont ils se chargeaient.

« Pas de commis qui ne veuille faire fortune dans la durée d'un bail, pas de commis qui ne fasse plus de mal que les droits eux-mêmes. »

Souvent puissamment protégés, ils promenaient leur morgue insolente, leur mauvaise foi procédurière dans tous les coins du pays. Gens sans aveu et de mauvaise vie, ils étaient tous fripons ou débauchés ; hargneux, désagréables, leurs querelles scandalisaient la population. Le commis de Maubeuge, à qui celui de Jeumont doit quelque chose, le fait jeter en prison, garrotté comme un meurtrier, conte l'intendant Faultrier.

Leur moralité était au-dessous de tout. Oiseaux de passage, ils épousaient toute fille à leur goût, se faisaient héberger chez leurs beaux-parents. Lassés de cette liaison, ils disparaissaient et recommençaient plus loin la série de leurs écœurants exploits.

Croupiers et fermiers riaient de ces fredaines et éconduisaient les plaignants ; les représentants de l'État, lassés de ces scandales, restaient indifférents. La prévention qui existe encore dans nos campagnes contre les *rats de cave*, les *gabelous* a son origine dans ces tristes abus de confiance : le fraudeur valait mieux alors que celui qui lui donnait la chasse, et c'est ce qui explique aussi pourquoi nos cultivateurs et nos contrebandiers vivent généralement en bonne intelligence : leur camaraderie, issue de misères communes, est plus que séculaire.

Nous étudierons le système des impôts de l'ancien régime en commençant par ceux dont l'origine est antérieure à la conquête française.

A cause des variations et dissemblances de l'ancien système fiscal, nous devrons nous spécialiser et nous nous attacherons particulièrement aux contributions du Hainaut; cette province a eu le triste privilège de connaître et de payer tout à la fois les contributions de l'ancienne comme de la nouvelle France.

.˙.

Les Vingtièmes.

(L'Impôt sur le revenu.)

L'impôt sur le revenu n'est pas une nouveauté. Il existait autrefois sous différents noms ; on le trouve notamment dans les VINGTIÈMES. Cette taxe frappait les revenus de tous les biens-fonds féodaux, généralement de tout ce dont on peut tirer profit : droits seigneuriaux, droits de passage, moulins, maisons abbatiales, etc. Prélats et gentilshommes étaient assujettis comme les vilains; il n'y avait guère de privilégiés.

Cette imposition, qui s'élevait au vingtième du revenu, portait non seulement sur les fonds, mais encore sur les rentes constituées, et l'on essayait de conserver une proportion équitable, c'est-à-dire, par exemple, que les terres étaient taxées d'après leur rapport : les bonnes payaient plus que les médiocres qui étaient imposées plus que les mauvaises.

Dans les moments difficiles, le vingtième primitif fut

multiplié par deux, trois, quatre ; mais comme la plupart
des contribuables avaient accusé un revenu moindre que
celui dont ils jouissaient réellement, quatre vingtièmes
ne valaient guère plus que cinq pour cent.

Cela constituait un impôt imparfaitement global, car
le salaire ou les appointements ou la valeur du travail du
contribuable n'étaient pas en ligne de compte. Il était
encore moins progressif. En revanche la perception ne
souffrait guère de difficultés : chaque commune était
prévenue de ce qu'elle avait à payer, et la répartition
était à la discrétion des gens de Loy.

L'administration espagnole était douce et libérale. Des
réductions étaient accordées quand les récoltes manquaient par suite de la sécheresse, de l'humidité ou de
la guerre. Après le traité des Pyrénées qui annexait à la
France Avesnes, Le Quesnoy et Landrecies, la partie
restée étrangère vit s'alléger l'impôt de la moitié des
quatre vingtièmes payés alors, et Louis XIV accorda la
même faveur à ses nouvelles villes en 1663. Mais quand,
à la suite du traité de Nimègue, Maubeuge, Bavai, Valenciennes devinrent français, ils payèrent quatre vingtièmes sans obtenir aucune diminution, et l'impôt exigé à
Solre-le-Château ou à Condé était double de celui qui
était demandé à Avesnes ou au Quesnoy.

Cette injustice en amenait d'autres qui ruinaient une
partie de la province sans enrichir la première : quand
on répartissait de nouvelles taxes sur le pied des
vingtièmes, Maubeugeois et Valenciennois payaient
toujours le double de leurs voisins.

Des bois des communautés religieuses n'étaient guère
touchés par cette taxe : l'intendant aurait désiré les

frapper pour alléger le tiers-état, les agents de la ferme
ne voyaient que de l'argent à percevoir en plus, et ils
firent dans les couvents et les abbayes tant de perquisitions et de vi   s que les religieux, las d'être ennuyés,
prirent des abonnements et payèrent pour s'assurer la
tranquillité ; mais le paysan ne débourse pas un s. . de
moins.

* *

L'Impôt des bois.

Le patar au florin.

   Toutefois l'immunité de certains bois était un sujet
de récriminations et de jalousies. Sous la domination
espagnole, le tiers-état, qui possédait peu de forêts,
avait déjà protesté, et l'on avait établi, en théorie plutôt
qu'en réalité, une taxe frappant les bois et s'élevant à
cinq pour cent, c'est-à-dire un vingtième : c'était le
patar au florin. Il fut exigé quand le pays devint français,
aussi bien dans la partie annexée au traité des Pyrénées
que dans les conquêtes postérieures, et le fermier montrait une insigne mauvaise foi.

   Certains bois avaient payé effectivement les vingtièmes
(Ferville, Barbençon, Trélon). On prétendit qu'ils devaient à la fois le patar et les vingtièmes ; seulement on
changeait les vingtièmes en patars, ce qui quintuplait
l'impôt, car les quatre vingtièmes n'en valaient qu'un en
réalité. Sur vingt mille francs de bois, le fisc en emportait cinq mille.

   Ce fut la ruine des industries qui avaient besoin de
combustibles, « car l'impôt devait être payé toujours,

attendu que si les propriétaires de forges ne vendaient pas leur bois, ils vendaient leur fer. »

Pour taxer à tout propos et quand même, on comprit sous la dénomination de bois les vergers, les haies, les moindres buissons ; des vexations abominables en résultaient à chaque instant. Un paysan coupe quelques broussailles qui le gênent et dont il entretiendra son feu demain, il enlève des épines-vinettes qui bordent sa terre, renverse un vieil arbre qui tombe de vétusté. Vite, il doit, pour éviter un procès et des frais coûteux, courir au bureau éloigné d'une lieue ou deux, faire une déclaration et payer plus que ne valent les branches qu'il doit brûler. Cet impôt odieux et excessif était une source de plaintes, de fraudes et de procès. Il décourageait le paysan qui ne fit plus de plantations ; car il lui enlevait toute confiance.

Les abus qu'avait entraînés la perception de la taxe des bois ne furent supprimés qu'en 1771. Les haies, ronces, buissons, simples bosquets et arbres épars en furent exempts ; mais on ne rendait pas l'argent qui avait été extorqué au pauvre peuple ; c'était un acte de semi-justice sans être un arrêt de réparation.

Les Cheminées et les Feux.

Sous la domination espagnole, on établit une taxe frappant chaque cheminée ; son chiffre a beaucoup varié. Louis XIV se garda bien de l'abolir, et les pays annexés au traité de Nimègue payaient plus cher qu'Avesnes et Landrecies, encore privilégiés.

On ne taxait que chaque corps de cheminée, comprît-il quatre tuyaux, quatre trous par où entrait l'argent, disait ironiquement le paysan. Pour payer moins, les propriétaires cherchaient à réunir tous les conduits en un seul corps. Les cheminées des fours étaient exemptes du droit. Tout le monde payait cet impôt, nobles et ecclésiastiques compris, à l'exception de rares favorisés, comme les Dames de Sainte-Waudru.

A la taxe des cheminées, on ajouta celle des feux, imposée à tout chef de maison, homme ou veuve, qui n'était ni noble, ni ecclésiastique, ni habitant d'une ville murée.

Cette contribution a été comparée à la *cote personnelle ;* c'est plutôt un droit de bourgeoisie.

..

Impôt sur les animaux.

Les paysans remarquaient narquoisement, et non sans amertume, que leur bétail, surtout celui de boucherie, payait au fisc quatre tributs distincts : *quand il vit ; quand il remue ; quand il sort ; quand il meurt :*

1° *quand il vit*, par la TAILLE DES BÊTES VIVES ;

2° *quand il remue*, par le DROIT DE TRANSIT exigible pour aller d'un village à un autre ;

3° *quand il sort*, par le PAS DE PENNAS ;

4° *quand il meurt*, par le TUAGE ou CONSOMPTION.

Les propriétaires payaient annuellement une taxe

pour leurs animaux domestiques : cheval, bœuf et vache ; c'était la taille vive dont les autres bêtes étaient exemptes.

Ici encore existait cette énormité inique, scandaleuse, qui faisait que dans les prévôtés de Maubeuge et de Bavai on payait plus que dans la terre du Quesnoy ; il en résultait des fraudes, des procès, des plaintes incessants.

Les animaux passaient deux revues par an à Maubeuge et à Bavai, une seulement ailleurs : toujours cette étrange disproportion que nous signalons si souvent.

La fraude la plus ordinaire était celle-ci : aux époques de ces revues appelées *retrouces,* les bestiaux allaient du territoire de Maubeuge sur celui du Quesnoy et reprenaient ensuite possession de leur étable. Toutefois les délinquants découverts étaient châtiés sévèrement : amendes énormes, confiscation de l'animal, voire du troupeau entier. C'était la lutte sournoise entre le fisc et le paysan fatigué de payer et de récriminer.

La rapacité révoltante des agents s'ingéniait à faire produire cette taille des bestiaux : à l'origine, les chevaux ne payaient que du jour où ils servaient au labourage, à trois ans au moins. Puis on prétendit qu'ils paieraient dès deux ans, dès qu'ils auraient porté une fois le collier.

Les cultivateurs, outrés d'être si fort exploités, finirent par ne plus élever de poulains et de veaux ; ils se tournèrent vers l'élève des moutons qui étaient exempts de la taille. Les tracasseries redoublèrent, et en 1723, le marquis d'Argenson interdit aux moutons les pâturages destinés aux chevaux et aux bœufs ; il ne permettait que

quatre moutons par bonnier de terre, à peine de confiscation et de dix livres d'amende par bête qu'on aurait
en plus.

Chaque boucher ne pouvait avoir en graisse plus de
30 moutons, ni réunir son troupeau à ceux d'autres
bouchers sous la garde d'un berger commun.

Les moutons ne pouvaient en aucun temps brouter
les pâtures et prairies communes, suivre des chemins
bordés de haies, etc., etc. Pauvres bêtes ! elles étaient
traquées avec plus de rigueur que leurs ennemis, les
loups ; et tout cela pour obliger le cultivateur à tenir des
chevaux et des bœufs et, par conséquent, à payer la
taille vive.

A côté de celle-ci était la *taille de la mort,* prélevée
sur les bêtes abattues pour les besoins de la boucherie.
On l'appelait le tuage ou la consomption.

On ne distinguait pas les bestiaux indigènes de ceux
qui étaient importés, et les porcs, les moutons et les
agneaux étaient taxés à l'instar des bœufs. Tout le
monde payait, nobles et ecclésiastiques compris.

A l'origine, celui qui voulait tuer son cochon se bornait
à prévenir le mayeur, qui inscrivait sa déclaration ; mais
plus tard, l'intendant établit des bureaux, que le paysan
dut connaître. Hiver comme été, il se présentait à un
agent fiscal, parfois logé à deux et trois lieues de sa
demeure, et, contre espèces sonnantes, demandait la
permission de tuer un porc ou un agneau.

Là encore des fraudes, des vexations, des injustices
flagrantes.

Un troisième impôt atteignait les animaux domestiques : *le pas de pennas,* qui les frappait quand ils

sortaient du Hainaut, soit pour pénétrer en France, soit pour aller à l'étranger. On payait pour vendre les bêtes autant que pour les tuer. Tout le monde aussi devait ce droit de sortie, peu fait pour encourager l'élevage. Il exista jusqu'à la Révolution française, alors que les animaux venant de Belgique et passant immédiatement en France en étaient parfois exempts, de sorte que, dans le pays même, les bêtes de nos cultivateurs étaient traitées plus rigoureusement que les étrangères.

Une autre taxe fut levée au profit du domaine sur les bestiaux et chevaux allant d'un lieu à un autre dans l'intérieur du Hainaut: c'est ce qu'on appelait peu justement le *droit de transit.*

. Si, pour se rendre d'un clocher à un autre de la même province, on n'allait pas chercher un passavant à un bureau éloigné de deux ou trois lieues, les commis confisquaient la marchandise, les chevaux et la charrette.

Chaque semaine, du Cambrésis sortaient plus de cinq à six cents chevaux ou mulets, chargés de grains pour les villes du Hainaut français où l'on n'en récoltait guère: Philippeville, Charlemont et Dinant. Tout voiturier devait prendre un passavant au Quesnoy ou à Landrecies, moyennant cinq sous; et cependant ni le grain ni les bêtes n'approchaient de la frontière et n'avaient de droits de sortie à payer.

.·.

La Gabelle.

Aucun impôt n'est resté aussi impopulaire que la
GABELLE, le droit qui pesait sur le sel, « cette manne
dont Dieu a gratifié le genre humain. » L'on connaît cette
aventure d'un curé du XVIIᵉ siècle :

Il venait de recevoir une horloge de Paris, machine
lourde, incommode, très bruyante et cependant une
merveille, car c'était la première qu'on eût vue dans le
pays. Les paroissiens n'étaient pas loin de crier à la
magie ; ils finissent par se persuader que c'est la gabelle.
Armés de fourches et de bâtons, ils se présentent chez
le prêtre et, en dépit de ses résistances, pénètrent dans
la salle où est placée l'horloge.

Les grincements, le tictac du balancier, le mouvement
des aiguilles leur persuadent qu'ils sont en présence
d'un être vivant, un démon échappé de l'enfer ; ce ne
peut être que l'odieuse gabelle, qu'ils ont tant de fois
maudite.

Les plus hardis approchent, ils vont percer le ventre
de l'animal malfaisant qu'ils défient et menacent ; le
pauvre curé voit bien qu'il ne pourra faire entendre
raison à ces cerveaux buttés ; mais comment faire ? Une
idée géniale traverse son esprit. Il parlemente quelques
instants en attendant que midi sonne, puis il s'écrie :
« Arrêtez, mes gars, c'est le jubilé ! »

Aussitôt les braves gens de perdre leur attitude pro-
vocatrice, de s'agenouiller et de réciter pieusement leurs

patenôtres, tandis que les douze coups de la sonnerie confirment miraculeusement la parole du prêtre. L'horloge était sauvée.

A l'approche de 1789, le territoire français était divisé, par rapport à l'impôt du sel, en provinces de grandes gabelles, provinces de petites gabelles, provinces de salines, provinces franches, provinces rédimées, provinces de quart-bouillon. D'une de ces régions à l'autre, le régime des sels offrait de grandes dissemblances.

Ce qui se vendait 60 livres dans les greniers des grandes gabelles, qui comprenaient le tiers de la France, était payé 30 dans les petites, 21 ailleurs.

Sous le ministère de Necker, l'impôt sur le sel rapportait autant que la totalité des taxes représentant l'impôt foncier. C'est dire qu'il était écrasant ; ce qui ajoutait encore à son caractère vexatoire, c'est qu'on forçait le peuple à renouveler tous les trois mois la provision de sel qu'on lui imposait.

Le Hainaut, contrairement à ce qu'ont écrit Chéruel et d'autres historiens distingués, n'était pas rigoureusement pays de *franc-salé*, c'est-à-dire exempt de gabelle, comme étaient l'Artois, le Cambrésis et la Flandre ; car l'Entre-Sambre-et-Meuse, ainsi que le reste du Hainaut, paya un impôt qui se percevait dans les premiers bureaux d'entrée de la province.

Si légère que fût cette taxe, elle déplaisait au tiers-état, et les habitants de Villers-sire-Nicole demandent dans leurs doléances de 1789 la suppression des greniers à sel, de la gabelle et des impôts de cette nature.

La quantité de sel que devaient consommer les habitants était réglée par une ordonnance. On évitait par là la fraude sur la Picardie où la gabelle était établie, et un débitant était installé dans les paroisses situées dans les trois lieues limitrophes des provinces du Sud pour pourvoir parcimonieusement aux besoins des habitants. Mais ces mesures restrictives, presque prohibitives, n'empêchaient point les faux-sauniers de jouer de bons tours aux gabelous et d'écouler clandestinement leur contrebande.

.·.

Impôt sur le tabac.

Tandis qu'aux Pays-Bas le tabac était très bon marché, le droit qui le frappait en Hainaut était excessif : plus les temps changent, plus c'est la même chose. Pourtant il était déjà une nécessité. Le résultat fut de développer la fraude dans des proportions colossales, et les duretés de la répression furent inutiles.

Une déclaration de 1707 ordonne que ceux qui seront condamnés à des amendes de mille livres et ne paieront point au moins 300 livres, dans un bref délai, verront leur peine convertie de la manière suivante :

Les vagabonds et gens sans aveu, artisans, gens de métier, facteurs, messagers, etc., seront menés aux galères. Les femmes et les filles de pareille qualité seront punies du fouet et bannies pour cinq ans. Seront punis de même les hommes hors d'état de servir aux galères.

Les mesures prises dans les villages frontières pour le sel existaient aussi pour le tabac; dans cette zone, chaque habitant avait droit à deux livres de tabac à fumer par mois, plus tard à trois livres, tandis qu'à l'intérieur du Hainaut la quantité n'était pas limitée; seulement les tracasseries des commis enlevaient les avantages de cette réglementation.

En dernier lieu, le droit sur le tabac en feuilles fut aboli, comme étant d'une perception trop difficile, mais les priseurs continuèrent de payer.

.·.

Les Boissons.

L'eau-de-vie, les liqueurs alcooliques payaient un droit assez élevé, ce qui n'en diminuait guère la consommation. Encore par un abus criant, cette taxe était variable selon les endroits. Elle était le double au Quesnoy, le triple à Maubeuge de ce qu'elle était à Landrecies : aussi les fraudeurs avaient-ils beau jeu à travers la forêt de Mormal.

Le vin était également frappé, celui des bourgeois comme celui des débitants. Ici nous retrouvons ces inégalités choquantes entre villes de même province : lorsqu'il s'agit de payer l'impôt, Landrecies, Le Quesnoy sont toujours privilégiés. Mais le peuple ne s'en plaignait pas, car l'eau-de-vie et la bière étaient les seules boissons dont il fit usage au cabaret.

Le fisc, s'il touchait peu de l'impôt atteignant le vin, prenait une large revanche avec la bière. Les brasseurs étaient soumis à une réglementation plus sévère, plus minutieuse qu'aujourd'hui; les sanctions pénales étaient énormes.

Avant la conquête française, la *petite bière* était

LA VIE DANS LE NORD DE LA FRANCE

exempte de toute taxe. On la fabriquait en jetant de l'eau sur la *drèche* ou marc de l'orge ayant déjà servi. C'était une boisson hygiénique fort utile dans les endroits où les eaux étaient de mauvaise qualité. On finit par la taxer (1682) ; et dans sa rage d'augmenter ses ressources, le fisc devenait aussi ridicule qu'inhumain.

Mis dans l'impossibilité de boire de la petite bière et à bien plus forte raison de l'autre, les paysans fabriquaient du *braquet*.

Dans un chaudron d'eau, ils jetaient quelques poignées de son, de drèche épuisée, des cônes de houblon et faisaient bouillir. La drèche ou le son étaient au besoin remplacés par quelques tranches de pain ; ils obtenaient ainsi une boisson nauséabonde, mais supportable.

Défense fut faite de fabriquer le *braquet* ; malheur aux pauvres ! Toutefois la fraude se développa avec d'autant plus de facilités que la bière était de plus en plus imposée : les brasseurs réduisaient leur production ou fermaient leurs établissements. Un dégrèvement ne fut opéré qu'en 1711.

Il était jugé insuffisant par les populations qui, en 1789, se plaignent de la taxe existant alors : aux environs de Maubeuge, pour un brassin comprenant 24 tonnes de forte bière et 12 de petite, le producteur payait 162 livres, argent de France.

Les cidres étaient assimilés aux bières ; mais on en consommait bien peu.

Enfin ces boissons étaient aussi sujettes, nous l'avons vu, au droit d'afforage qui, çà et là, se percevait au profit de l'État ; c'est pourquoi nous le signalons. Il en était de même du tonlieu, du vinage, de l'étalage, du chausséage, impôts qui frappaient les marchandises : denrées alimentaires, vin, etc., quand elles traversaient un endroit ou y étaient mises en vente. Ils étaient une source de différends et de contestations et rapportaient peu à leurs propriétaires : couvents, seigneurs, État.

Les Intendants en demandaient la suppression : « Le Roi y perdrait peu, les seigneurs pas davantage, les négociants y trouveraient leur compte, et le commerce augmenterait. » Ils prêchaient dans le désert!

Le charbon était généralement frappé d'une taxe : à l'origine, le commerce de transit en souffrait plus que les habitants qui n'en usaient guère avant la découverte des mines françaises du bassin de Valenciennes.

La situation changeait à la veille de la Révolution; nos populations avaient apprécié les avantages de la houille. Dans leurs doléances, elles demandent énergiquement la suppression du droit : Gognies-Chaussée, Quiévelon, Obrechies, Marpent, Ostergnies, Rocq, Rousies, Wattignies, Cerfontaine, Elesmes, Hautmont, Boussières, Ferrière-la-Grande, Ferrière-la-Petite, presque toutes les localités de l'arrondissement d'Avesnes où l'on était à même de brûler du charbon.

.•.

L'annexion française eut pour effet d'augmenter considérablement ces impositions ; d'autres furent créées. C'était outré, mais ce qui était au moins aussi révoltant, c'était l'inégalité des charges d'une ville à l'autre; qu'il nous soit permis d'en donner quelques nouveaux exemples typiques.

Grâce à ses seigneurs, les ducs d'Orléans, les habitants de la baronnie d'Etrœungt (Etrœungt, Féron, La Rouillies) furent privilégiés jusqu'à la fin de l'ancien régime.

Ils jouissaient d'exemptions séculaires lorsque l'intendant du Hainaut les soumit, en 1685, aux mêmes impositions que le reste de la province. Leurs protestations furent vaines ; toutefois, bien qu'il leur eût été répondu que le Roi avait révoqué tous les privilèges, ils obtinrent quelques avantages.

Or, en 1710, grâce sans doute aux bons offices de Philippe d'Orléans, le futur régent, tous leurs privilèges leur étaient restitués et confirmés, sauf quelques restrictions.

Les liquides à leur usage furent dégrevés d'impôts ; on en proportionna la mesure à leurs besoins présumés. On soumit les caves, les chaudières, les tonneaux des brasseries au jaugeage.

Le tabac fut affranchi de toute perception ; mais ils ne purent en avoir ni plantations, ni magasins, ni manufactures, ni provisions. Malgré ces entraves, ces droits étaient encore fort avantageux.

La châtellenie du Cateau (Le Cateau, Catillon, Pommereuil, Mazinghien, Mauroy, Reumont, Bazuel, Saint-Benin, Ors, Montay, etc.) jouissait aussi de beaux privilèges fiscaux. Ce petit pays était libre de diverses impositions. Sa cotisation était spécifiée dans le contingent des contributions publiques du Cambrésis, et il avait son bureau particulier. Toute disposition en matière de finance, comme en matière de police, n'était exécutoire qu'après le visa de l'archevêque.

D'ailleurs, aux termes des lettres-patentes que le cardinal Dubois fit rendre en 1723, mais que le Parlement de Flandre se refusa d'enregistrer, et qui, cependant, furent transcrites au greffe du siège échevinal du Cateau, cette châtellenie, le plus beau joyau du prélat de Cambrai, n'était point la France : c'en était plutôt une dépendance, un pays de protectorat, et ses contrebandiers étaient encore plus connus que ses foires. En fait, elle était souvent moins subordonnée à l'État que ne sont aujourd'hui la Tunisie et l'Annam.

.·.

Avant d'aller plus loin, exposons ce que désiraient nos pères en matière d'impôts à la grande consultation de 1789.

C'est sur ce point que leurs réclamations sont le plus énergiques.

La plupart de nos localités demandent la suppression des fermiers généraux ; les gens de Wattignies-la-Victoire, plus explicites, ajoutent même *de leurs suppôts*. Beaucoup trouvent qu'ils sont trop imposés ; certains, comme ceux de Boussois, établissent des comparaisons désavantageuses avec leurs voisins. Eclaibes fait remarquer que le duc d'Orléans, qui a plus des deux tiers du territoire, en est quitte avec un droit d'abonnement minime, et que les autres paient pour lui : c'est un abus fréquent dans le pays.

Nos municipalités demandent l'extinction de tous les privilèges en matière fiscale ; elles veulent que tous « contribuent dans la proportion de leurs pensions,

rentes et bénéfices » ; elles désirent la suppression des
droits existants, notamment des taxes de consommation,
qui seraient remplacés par une contribution unique.

Vient la série des vœux particuliers, plus intéressants
à reprendre dans des monographies locales que dans
une étude d'ensemble. Ainsi Elesmes réclame la suppression du droit de *pas de pennas* (pourquoi plutôt
celui-là qu'un autre?), Obrechies se plaint des droits sur
la bière.

Notons encore ce vœu de Gognies-Chaussée qui
demande, non seulement le vote de l'impôt par les
trois ordres, noblesse, clergé et tiers-état, mais encore
un compte rendu annuel à la nation.

.·.

A titre de curiosité, citons le système préconisé par
les habitants de la Salmagne. Timides en matière religieuse, socialistes avant l'invention du mot, ils dévelop-
pent des idées qui, aujourd'hui, feraient peut-être la
fortune politique de celui qui les reprendrait :

Ils demandent d'abord l'établissement de magasins
d'abondance (ce qui est aussi désiré par d'autres) ;
ils réclament un arrêt interdisant la sortie des grains.
(Quelques municipalités souhaitent qu'en cas de disette
les cultivateurs et marchands soient obligés d'amener
leurs céréales à la halle de vente et de les céder à un
prix convenable. C'est peut-être un souvenir du Pacte
de famine.)

Mais ce qui suit est plus original :

La France, disent les habitants de la Salmagne (Vieux-

Reng), a 24 millions d'habitants. Divisons-la en quatre classes.

La 1re paierait 12 sous par mois, ou 9 livres par an et par tête,   soit   64 millions.

La 2e   —   30 sous   —   108   —

La 3e   —   40 sous   —   111   —

La 4e   —   40 livres (quel saut!)   —   288   —

ce qui ferait 748 millions (*sic*). M. de Necker ayant dit que l'État n'a besoin que de 568 millions, avec le surplus, on supprimerait les droits des villes et des villages.

Après avoir vérifié l'exactitude des calculs et admiré la simplicité de cette combinaison, on regrette que le financier Necker n'ait pas eu connaissance des doléances des gens de la Salmagne, apparemment plus forts en imagination qu'en arithmétique.

CHAPITRE XIX
LES IMPOTS
D'ORIGINE FRANÇAISE

La capitation.

(La cote personnelle et mobilière.)

L'avocat Gobert, d'Elesmes, un inspirateur de la Constituante qui, comme tant d'autres, mourut en émigration, trouvait que les impôts que nous venons de passer en revue formaient *le morceau de résistance*, avec la CAPITATION. Car, aux anciennes contributions espagnoles s'ajoutèrent les nouvelles, qui sont d'origine française, et celle qui était le plus exécrée était cette capitation, morceau de résistance de difficile digestion, en effet.

C'était une imposition personnelle qui correspond à notre *cote personnelle et mobilière*. Elle pesait sur chaque tête en raison de la fortune de chacun. Les contribuables étaient répartis en vingt classes.

Tous y étaient soumis en principe, et chacun était

taxé selon « ses facultés. » Toutefois, les exemptés étaient nombreux. On écartait des rôles les indigents, les ordres mendiants, les ecclésiastiques, enfin des artisans privilégiés.

Les ouvriers des manufactures d'armes ne payaient point ; c'était un sujet de plaintes de la part de leurs voisins jaloux. En 1789, les communes de Louvroil et de Ferrière-la-Grande protestent vivement parce que les ouvriers de la manufacture sont exemptés de la capitation et désirent que cette industrie se transplante ailleurs, attendu que les inondations qu'elle occasionne nuisent aux prairies ; ce motif ne paraît être qu'une mauvaise querelle.

La capitation, qu'on réglait par moitié deux fois par an, était universellement haïe : pour en faciliter la rentrée, les commis imaginaient divers expédients. Il était défendu à tout payeur, receveur, trésorier d'acquitter aucune rente, pension ou gage avant que la partie prenante eût justifié avoir soldé cette contribution. Les propriétaires ne pouvaient recevoir leurs fermages qu'après que le tenancier eût prouvé qu'il était en règle avec le fisc. Quant aux pauvres diables non exempts, s'ils ne payaient pas, on saisissait leurs effets qui étaient vendus à l'encan.

Dans les mauvaises années de la fin de Louis XIV il arriva que des échevins furent emprisonnés, parce que leur commune se trouvait en retard dans ses paiements ; le cas s'est présenté à Neuf-Mesnil et dans la châtellenie de Bouchain. Les bourreaux déguisés en receveurs généraux finirent par se lasser, et des communes obtinrent pour de courts intervalles la remise de cet impôt.

.·.

Les aides.

Elles n'étaient pas perçues universellement ; ce n'était pas cela qui les rendait plus douces à ceux qu'elles atteignaient. L'aide ordinaire équivalait aux quatre anciens vingtièmes qu'on payait à Bavai et à Maubeuge, c'est-à-dire à environ cinq pour cent du revenu.

Il y avait aussi l'aide extraordinaire et le supplément, de sorte que ces impositions atteignaient parfois dix pour cent.

La Flandre wallonne réussit à s'en faire libérer, mais le Hainaut paya toujours ; et ce n'était pas encore jugé suffisant, car diverses localités comme Bouchain furent encore grevées d'un droit supplémentaire sur la terre (le patar au bonnier).

.·.

Le dixième et ses dérivés.

Le dixième est un cadeau terrible du patriote Vauban. Sans le savoir et sans le vouloir, il est l'auteur d'une partie des maux qui ont assailli nos pères au début du XVIIIe siècle.

Sa belle âme était douloureusement affectée des malheurs de son temps. Dans les villes, il avait vu le bourgeois appauvri et sans initiative, dans les campagnes le paysan sans cesse réquisitionné et pressuré par les traitants impitoyables. Son cœur saignait à la vue de ces souffrances imméritées ; il médita longtemps, s'entoura de renseignements précis, n'épargna ni peines ni dépenses, et, après avoir conçu une meilleure organisation fiscale, il exposa ses idées dans son beau livre de la *Dîme royale*.

Il supprimait les fermiers généraux et les traitants, abolissait les impôts existants qu'il remplaçait par une taxe unique, divisée en deux branches.

La première frappait les biens-fonds, rentes, pensions, fermages, etc. ; la seconde s'étendait sur le produit du commerce et de l'industrie, dont il évaluait les bénéfices légèrement et sommairement. A un impôt conservé sur le sel, il joignait des taxes somptuaires frappant le luxe, les titres de noblesse, etc.

Les traitants, leurs bailleurs de fonds, leurs protecteurs et leurs protégés, qui se voyaient ruinés par cette organisation, les privilégiés jaloux de conserver leurs avantages pécuniaires, toute cette tourbe rapace « assez nombreuse pour remplir les galères du Roi », accabla Vauban de reproches et d'injures, l'abreuva de calomnies et de railleries. A la cour, à part quelques rares désintéressés, tous furent contre lui, et Louis XIV, qui n'avait plus Colbert, était si aveuglé par l'orgueil qu'il disgracia son meilleur serviteur et fit mettre le livre au pilori.

Lorsqu'à la crise de 1710, le Trésor était vide, qu'il fallait le remplir coûte que coûte, le Roi rappela près de lui le contrôleur Desmarets, jadis chassé comme voleur ; celui-ci, « ruinant la France pour la sauver », proposa cette contribution du dixième. Seulement, il n'enlevait pas les autres impôts, il mettait en plus la dîme de Vauban encore augmentée.

Louis XIV recula un instant devant cette inqualifiable

mesure qui coïncidait avec la plus effroyable misère.
Sombre et rêveur, il hésitait. Il ne retrouva son calme
que quand les plus habiles docteurs de la Sorbonne lui
eurent déclaré que tous les biens de ses sujets étaient à
lui et qu'il pouvait les prendre et en user comme des
siens. Ce sont les aînés de ces docteurs qui ont brûlé
Jeanne d'Arc! Vauban et Fénelon, ces deux nobles cœurs
qui ont encouru la disgrâce royale pour n'avoir pas craint
de montrer l'abîme où s'engouffraient la nation et le gouvernement, n'ont échappé à la Bastille ou à un châtiment
plus terrible que parce qu'ils étaient de grands personnages.

On leva donc le dixième réel du revenu tout entier ;
cette imposition fut payée par tous, nobles et roturiers,
elle s'étendit jusque sur les octrois et les revenus des
communes. Ce fut un désespoir général que Saint-Simon
retrace dans ses Mémoires : « On compta pour rien
d'être forcé de révéler le secret des familles, la turpitude
d'un si grand nombre, le manque de bien suppléé par la
réputation et le crédit, la discussion des facultés de
chacun, etc..... Tout homme se vit en proie aux exacteurs, réduit à supputer et à discuter avec eux son propre
patrimoine. »

Malgré de vives protestations, le dixième, qui devait
être aboli trois mois après la paix, persista, modifié,
pendant presque tout l'ancien régime. Nos provinces
s'abonnèrent pour être quittes des formalités et des vexations que cet impôt entraînait : la Flandre maritime se
racheta en 1733, moyennant un versement annuel de
13.000 livres ; le Hainaut, la Flandre wallonne imitèrent
cet exemple.

∴

Maintenu pour les charges, emplois et commissions, soit d'épée, police, finances, etc., le dixième était supprimé en 1749, et rétabli de moitié dès l'année suivante ; il était changé en un nouveau vingtième : l'on décida qu'il serait levé jusqu'à ce que les dettes de l'Etat fussent en grande partie payées. Elles ne le sont pas encore ; aussi le nouveau vingtième, au lieu de disparaître, ne fit que grandir. A la fin de l'ancien régime, il était considérablement augmenté, malgré les remontrances du Parlement.

Entre temps, on avait établi un autre diminutif du dixième ; c'était le *cinquantième* qui fut perçu concurremment avec tous ses frères de 1725 à 1728 ; il rapportait trop peu sans doute et ne fut pas maintenu.

∴

Nous passerons très rapidement sur certains autres droits, aussi stupides et vexatoires qu'onéreux :

Des *jaugeurs* étaient établis pour mesurer la capacité des futailles où l'on conservait la bière, le vin et les liqueurs. Ils étaient payés pour remplir cet office. Inutile de dire qu'eux-mêmes avaient acheté leur charge fort cher.

D'autres officiers inspectaient les boucheries et les boissons, toujours rémunérés par les contribuables qui, pour être tranquilles, prirent des abonnements.

Un édit de 1603 avait créé des *jurés-brasseurs* qui, seuls, avaient le droit de façonner et de fournir la bière

qui se débiterait en Flandre, Artois et Hainaut. C'était la
ruine des brasseurs ordinaires ; une telle entrave au
commerce est presque incroyable, même à cette époque ;
il en résulta de sérieux désordres.

Mais c'étaient des offices recherchés. Ils rapportaient
gros au Trésor et plus encore à leurs titulaires, qui
avaient des collègues : les *gourmeurs*, préposés pour
goûter les bières et s'assurer de leur bonne qualité, toujours moyennant un droit par tonne. Heureusement que
le bon public avait des facilités pour frauder ! Sans quoi
il en eût été réduit à ne boire que de l'eau et à ne manger
que du chiendent ; et le fisc aurait fini par taxer l'une et
l'autre !

.·.

Le gouvernement de Louis XIV n'était pas seulement
rapace ; il était encore maladroit.

Il établit divers *droits de mutations* ou de *mainmorte*,
qui existaient dans l'ancienne France, mais qui, pour la
plupart, avaient déjà leurs équivalents dans les pays
annexés ; ce furent des sujets de mécontentement, qui
eurent des conséquences politiques importantes et funestes ; voici comment :

Au moment où on les établissait, le Roi avait créé les
Chambres de réunion, l'une à Brisach, l'autre à Metz.
Ces cours étaient chargées de rechercher et de réunir à
nos provinces les villes et les fiefs qui en faisaient partie
autrefois ; ces conquêtes en pleine paix étaient contraires
à la bonne foi politique ; elles mécontentèrent l'Europe.
Elles nous valaient sur la frontière du Nord les princi-

pautés de Chimay et de Beaumont qui furent réunies
en 1680.

Quantité de localités placées sur notre frontière
étaient sur le point d'être annexées par les Chambres ;
toutefois le consentement des populations était une condition presque nécessaire, du moins très utile. Tandis que
l'Intendant Faultrier tentait de l'obtenir et entamait des
négociations avec les habitants, les nouveaux droits de
mutation et de mainmorte soulevèrent la contrée, et les
endroits consultés refusèrent de devenir français. La
commune de Feignies soutenait, encore après le traité
d'Utrecht, qu'elle était étrangère, et elle aurait peut-être
eu gain de cause si elle n'avait eu pour seigneur le
Chapitre de Sainte-Aldegonde de Maubeuge, qui n'avait
aucun intérêt à la laisser sous la domination autrichienne.

. . .

Certaines impositions, que nous avons étudiées précédemment, étaient à la fois seigneuriales et royales.
Outre l'afforage, le chausséage, etc., était la *corvée*. Le
peuple payait donc deux fois.

Lorsque le paysan était requis par le service du Roi, il
abandonnait tout, sa femme, ses enfants, son foyer,
prenait ses chevaux et sa charrette et devenait conduc-
teur de munitions ou pionnier. Les prestations rappellent
vaguement quelques-unes des corvées faites pour les
travaux publics, notamment les ponts et chaussées.

Il recevait un salaire insuffisant, et, en cas d'accident
dans son attelage, n'avait droit à aucune indemnité. Au
début de la conquête française, ceux qui faisaient défaut

étaient considérés comme réfractaires et envoyés aux galères. Plus tard, on les condamna à une forte amende dont on rendit la commune responsable.

Au siège de Mons et de Charleroi, 1746, le Hainaut fournit jusqu'à 4.000 pionniers.

Dans le paiement de cet impôt en nature, nous trouvons encore la preuve de l'inégalité qui s'étalait cyniquement partout : certaines catégories de travailleurs en étaient exempts en partie et tous cependant étaient loin d'être aussi intéressants que le cultivateur : les ouvriers des verreries, des forges, des fourneaux, des fosses à charbon, de la manufacture d'armes de Maubeuge.

.˙.

Des droits frappèrent encore successivement les cartes à jouer, les huiles et les savons, les peaux et les cuirs, l'amidon et la poudre à poudrer, etc. Il faut aussi signaler l'enregistrement qui existait déjà sous un autre nom, les sous par livre (les décimes d'aujourd'hui), et quelques autres contributions dont le détail serait fastidieux.

A côté de ces impôts dont quelques-uns étaient utiles (l'enregistrement et les cartes à jouer), nous signalerons aussi des expédients financiers extraordinaires de la fin du règne de Louis XIV.

En 1704, un arrêt du Conseil d'Etat garantit aux nobles de la province de Lille, Douai et Orchies qu'on les laissera jouir en paix de leurs titres de noblesse et des avantages qui y sont attachés, à condition de payer 25.000 livres et 2 sous par livre.

En 1696, 500 personnes du Hainaut furent anoblies moyennant finances. En 1702, l'Etat mettait en vente 200 autres lettres de noblesse. Cent seulement trouvèrent acquéreurs, et, naturellement, ils durent payer le supplément des invendues. En 1711, on facilitait encore les formalités ; on créait cent nouveaux nobles qui furent autorisés à continuer le commerce, sans déroger, moyennant paiement pour chacun d'une somme de 6.000 livres et 2 sous par livre. C'était meilleur marché que les titres de comte romain d'aujourd'hui.

Avec de l'argent, le manant le plus « ignoble », selon le mot de Louis XIV, pouvait acheter et produire un beau titre bien sonore. Tout se vendait; on créait les charges les plus grotesques : des *jurés vendeurs d'huîtres*, des *essayeurs de perruques*, des *contrôleurs visiteurs des suifs*.

Les charges municipales, mayeur, échevins, furent confisquées souvent par l'Etat, au moins dans les villes, et les emplois adjugés moyennant finances. C'était livrer l'administration municipale à la rapacité et à l'incapacité d'étrangers et d'inconnus. Les villes qui le purent rachetèrent leurs libertés et leurs droits d'élection moyennant de grosses sommes.

D'autres officiers furent supprimés : leur seul tort était de ne rien rapporter à l'Etat. Ainsi les mairies héritables de Maubeuge, de Vieux-Reng, furent abolies d'un trait de plume par Louis XIV, et leurs titulaires ne reçurent qu'une indemnité mal payée.

Cette confiscation des franchises communales eut une autre conséquence désastreuse. Accablées d'impositions, les localités ne pouvaient équilibrer leurs budgets; elles

ne payèrent point leurs créanciers, la majeure partie
de leurs recettes étant absorbée par l'Etat : ce fut la
faillite plus ou moins avouée. Les rentes dues par les
villes n'étaient acquittées qu'à de rares intervalles, et le
gouvernement conseillait et ordonnait ouvertement des
expédients inavouables.

Au milieu du xviii° siècle, la situation était bien
améliorée; pourtant quelques cités fermées ne parvenaient pas à se libérer de leurs engagements antérieurs. Tel se trouvait Givet ; et l'Intendant répondait au
magistrat de l'endroit en 1762 : « A partir du premier
juillet prochain, les gages du maître d'école seront fixés
à 60 livres, au lieu de 300 qu'il gagnait précédemment;
le traitement de l'organiste, soit 120 livres, sera supprimé; l'allocation de 150 livres donnée au vicaire pour
dire la messe à onze heures les dimanches et fêtes, lui
sera enlevée; il dira sa messe quand bon lui semblera;
les gages du fontainier de la ville ne lui seront plus
payés, il sera rétribué d'après le travail qu'il effectuera,
etc., etc. »

.˙.

Les villes avaient des octrois comme elles en ont
aujourd'hui. Seulement l'Etat s'adjugeait la majeure
partie des revenus et les employait à bâtir et à entretenir
des casernes et des pavillons militaires, à payer des
employés, etc.

.˙.

C'était déjà beaucoup; mais en 1711 le Roi les doubla
à son profit pour six ans et décida que les localités qui

n'en avaient point en seraient pourvues au plus vite. Heureusement que ces mesures ne furent qu'imparfaitement appliquées, mais c'était encore trop.

Les villes souffraient d'un autre mal : les charges qui leur incombaient de par la présence des autorités militaires. L'ÉTAT-MAJOR de chaque place, depuis le gouverneur jusqu'au greffier et au dernier officier de santé, grugeait les cités sans pudeur ni vergogne. Ces gens s'octroyaient sur les revenus municipaux des indemnités pour le logement et les meubles, des étrennes, des chandelles, du bois de corde, des fagots, des lanternes, etc. ; tout cela finit par être payé en argent ; les villes prirent des abonnements, et les contribuables étaient toujours tondus.

Sous prétexte de défense nationale, les états-majors mirent la main sur les rivières, établirent des droits de péage, inondèrent parfois toutes les prairies d'une vallée pour être agréables à quelque meunier qui les avait grassement soudoyés. Il ne faut pas s'étonner de ces expédients rapaces des officiers quand un des meilleurs généraux du règne de Louis XV recevait de ses soldats le sobriquet expressif de *Père la Maraude*.

Le plus bel exemple du sans-gêne de l'état-major a eu pour théâtre, sans contredit, la petite ville du Quesnoy :

Après le siège de 1654, les habitants, rançonnés, pillés, ruinés par les garnisons de Cambrai, de Landrecies et de Valenciennes, quittaient le pays ; ils abandonnaient leurs propriétés quand ils ne parvenaient pas à les vendre, et allaient vivre ailleurs.

Un riche bourgeois, du nom de Cliquet, eut l'idée de profiter de ce désespoir général ; il acheta ou s'appropria

tout ce qui était à vendre ou à prendre. Un officier de
l'état-major, de la Touche, l'imita. Seulement, en spécu-
lateurs intelligents, ils opéraient chacun sur un théâtre
distinct : le militaire, du côté de la porte de Valenciennes ; Cliquet, vers la porte de Saint-Martin.

A force de s'étendre, les deux compères se rencontrèrent, et dès lors la guerre fut déclarée. Un procès
n'eût abouti à aucune solution avantageuse. De la Touche
fit mieux : afin d'attirer tout le commerce dans son quartier et de louer plus cher, il représenta à ses chefs que,
pour une petite ville fortifiée comme le Quesnoy, c'était
trop de trois portes ; il démontra que la porte de Saint-
Martin était inutile et même dangereuse.

C'était faux ; car elle conduisait par de bons chemins à
Cambrai, c'est-à-dire vers le Sud où était la France,
tandis que celle de Valenciennes menait à Mons où se
trouvaient les ennemis.

Rien ne fit, la porte de Saint-Martin fut murée, et
Cliquet se trouva un matin au fond d'un cul-de-sac sans
issue, avec des propriétés désormais sans valeur.

Ces exploits de l'état-major amenèrent plus d'une fois
des conflits entre les populations et les officiers qu'on
haïssait.

A Maubeuge, un lieutenant du régiment Royal-Wallon
était un jour insulté et frappé au visage par un bourgeois
de la ville. L'offensé porta plainte et son agresseur,
Daniel Marescault, fut condamné à huit livres d'amende
envers les pauvres orphelins de la ville, à huit jours de
prison, et à des excuses publiques à faire à l'officier
dans une salle de l'Hôtel-de-ville.

Marescault se refusa énergiquement à l'exécution du

jugement. Il épuisait les juridictions et gagnait du temps.
Dans l'intervalle, le régiment changeait de garnison. Le
lieutenant, se considérant comme déshonoré tant que
Marescault ne s'était pas soumis, demeura à Maubeuge ;
il réclama une indemnité de séjour, on lui accorda deux
cents livres.

Enfin l'agresseur, menacé d'être jeté en prison au
château de Dinan tant qu'il ne se serait pas exécuté,
paya dix livres aux orphelins, deux cents livres à l'officier, trois cents aux capucins de Maubeuge et s'en
vint à l'Hôtel-de-ville. Là, devant les mayeur et échevins,
il fit amende honorable : la gifle lui revenait cher.

.˙.

Nous n'en finirions pas si nous rappelions toutes les
impositions passagères, les exactions financières qui
ruinaient nos contrées au XVIIIᵉ siècle : les dons gratuits
du clergé, les gages des maîtres de poste, une taille
pour la pépinière royale, une pour les canaux de Flandre
(1770) ; une autre levée (vers 1780) à Lameries, Louvroil,
probablement dans tout le bassin de la Sambre, pour les
canaux de Picardie et de Bourgogne, etc., etc.

On ne conçoit guère nos populations imposées pour
les travaux exécutés en Bourgogne quand les gens
éclairés de Hainaut et de Flandre demandent vainement
la jonction de leurs cours d'eau avec l'Oise et Paris : les
projets ne manquaient pas ; mais, faute d'argent, ils
restaient sur le papier.

Quant au régime de nos rivières, il était déplorable ;
des règlements stupides, les boutades de l'état-major

n'étaient pas les seules causes du mal. Industriels, meuniers et herbagers étaient le plus souvent en mauvais termes : Boussois et d'autres localités se plaignent en 1789 que les usines nuisent aux prairies.

A ces contributions s'étendant sur la province ou du moins sur un vaste espace, sans être encore complet, nous devrions ajouter celles qui étaient particulières à un village : en 1789, la commune de Louvroil réclame parce qu'on l'impose par force pour les réverbères de Maubeuge dont elle ne jouit pas. En 1737, Neuf-Mesnil adresse une remontrance à l'Intendant parce que, pendant la guerre de succession d'Espagne, les ennemis lui ont imposé la taille des *laidis* (vraisemblablement de lady Churchill, duchesse de Malbrough) ; depuis, ils l'ont toujours réglée en supplément, alors qu'elle n'est pas connue ailleurs : on leur donna sans doute satisfaction.

C'était toujours payer sans compter l'impôt du sang, la MILICE sur laquelle nous entrerons dans quelques détails.

La milice fut réunie deux fois par Louis XIV : en 1688, à l'époque de la ligue d'Augsbourg ; la seconde fois, dans la guerre de la succession d'Espagne. Licenciée pendant quelques années, elle entra définitivement dans les mœurs et les institutions sous le règne de Louis XV qui lui donna le nom de *troupes provinciales.*

En 1778, la contribution de la Flandre et du Hainaut se montait à 4.120 hommes. L'Intendant faisait la répartition des miliciens par paroisse. Les garçons de 16 à 40 ans, les hommes mariés jusqu'à 20 ans étaient aptes à devenir militaires. Au besoin on prenait les hommes mariés jusqu'à 40 ans.

Il fallait que tous fussent sains, robustes et n'eussent pas moins de cinq pieds de hauteur.

Les inscrits bons pour le service tiraient au sort; mais la faveur jouait un grand rôle, et pour peu qu'un milicien eût un protecteur, il désertait sans grand danger, ou bien encore ses chefs le renvoyaient comme étant « de mauvaise qualité. »

C'était la commune qui devait le remplacer à ses frais, ce qui grevait terriblement le budget. Aux environs de certaines villes de garnison, les municipalités vers 1780 et plus tard traitaient avec un aubergiste dont la clientèle était militaire et qui, moyennant prix convenu, se chargeait de fournir les miliciens demandés.

Les communes avoisinant Maubeuge préféraient cette manière de fournir leurs soldats, et plus d'une fois le mayeur visita les cabarets de la rue de l'Esplanade où se concluaient ces marchés. *Horresco referens !*

Où subsistait le système du tirage au sort, chaque milicien avait droit à une veste de moüe bleue, un chapeau bordé, deux chemises, deux cols de toile blanche, une paire de guêtres de coutil, un havre-sac, une paire de souliers, un écu de gratification. Avec les frais de la levée, sa commune déboursait de ce chef la somme de 27 livres.

Le service des miliciens n'était pas bien rude; on le comparerait volontiers à celui de l'ancienne garde nationale; ils étaient exempts de certains impôts. Lorsqu'ils étaient cantonnés quelque part, ils obtenaient l'autorisation de faire la récolte chez eux, à condition de rentrer sous les armes au premier appel. Quand ils étaient au village, ils ne pouvaient s'absenter plus de deux jours ; toute infraction à cette règle était punie du fouet. En vue des travaux des champs, un arrêt de 1720 renonçait déjà aux réunions et revues mensuelles et ne conservait qu'une seule revue pour l'assemblée des compagnies qui devaient former un bataillon.

La milice, malgré son organisation primitive et quoiqu'elle fût d'un caractère militaire bien atténué, a facilité la formation rapide des armées de guerre du règne de Louis XV et surtout de la Révolution et de l'Empire.

CHAPITRE XX

LES ERMITAGES

L'étranger qui eût fait une excursion au bois du Tilleul, près de Maubeuge, eût été bien étonné, au milieu de fourrés profonds à peine traversés de sentiers envahis par la végétation des lieux incultes, d'entendre tout à coup des chants, des voix enfantines, des cris de joie mêlés de pleurs.

Avançant pour satisfaire sa légitime curiosité, il se fût trouvé en face d'une agréable maison rustique : un ermitage.

L'avant-cour est tout embaumée du parfum des fleurs où butinent les abeilles dont les ruches sont ombragées par un large cerisier; le lierre et le chèvrefeuille courent sur la face délabrée et atteignent le toit de chaume ; l'entrée est basse et étroite, on doit se baisser pour pénérer dans l'intérieur; elle figure sans doute la *porte du ciel* dont parle l'Evangile.

Le rez-de-chaussée comprend ordinairement deux places : la plus petite est la cellule du religieux et lui

sert de cabinet de travail ou de méditation ; la seconde
est la chambre de réception ou la salle de classe.

Certains ermites sont professeurs : ils enseignent à
l'enfance du voisinage la lecture, l'écriture, les éléments
de latin ; leurs établissements sont de très modestes
collèges de campagne : quelques-uns sont florissants et
ont des élèves pensionnaires éloignés de plusieurs lieues.
Alors une construction est annexée dans l'enclos de haies
vives et sert de dortoir à la jeunesse, ou bien encore le
bâtiment principal comprend un étage.

L'ameublement intérieur est des plus simples : dans
les cellules, une chaise de bois, une table sans tapis, un
crucifix, une écritoire, un canif, des plumes, du papier,
des images de piété. L'occupant se couche tout habillé
sur une paillasse jetée par terre, sans faire usage de
traversin, de draps et de couvertures : telle est la
règle.

Vous le représentez-vous bien ? Un religieux à la robe
de bure sombre, ceint d'une corde, la tête recouverte
d'un immense capuchon, qui, de la figure, ne laisse
guère voir qu'une longue barbe descendant sur la
poitrine, les pieds nus ou chaussés de sandales : c'est
un peu le capucin d'aujourd'hui.

La chapelle que contient l'enclos mérite un coup
d'œil : saint Antoine y est souvent en honneur, les
pèlerins affluent ; ils prient, récitent chapelets et
rosaires, commencent des neuvaines, ils demandent
des faveurs. L'ermite les réconforte et les remercie.

Souvent il n'est pas seul ; ils sont deux frater qui se
partagent la besogne. L'un s'occupe du jardin, des
mouches, des vaches quand ils ont la permission d'en

tenir ; l'autre fait la classe, veille au sanctuaire et reçoit les dons des fidèles.

La plupart exercent un métier manuel : sabotier, tisserand, etc. On cite divers travaux qui ont été exécutés par ces solitaires, notamment les quatorze stations d'un Calvaire, malheureusement détruites en majeure partie, qui représentaient, à l'ermitage de Thuin, des groupes de personnages en grandeur naturelle, sculptés en bois et peints avec assez de soin.

Dans le même ordre d'idées, nous signalons les belles boiseries du chœur de l'église de Dompierre, œuvre d'un moine du prieuré, dont le nom n'est pas connu.

Les ermitages n'étaient donc plus l'habitation cénobitique primitive, où un pieux rêveur, épris de solitude, abandonnait tout commerce, toute relation avec ses semblables et passait son existence dans la vie contemplative : c'est une maison de campagne, avec pèlerinage et chapelle.

Un type généralement répandu est l'ermitage-école, auquel un pensionnat est parfois annexé. Mais il en est d'autres, et certains ont des caractères multiples; ils répondent à deux ou trois des catégories que nous indiquons :

Tel ermite est attaché à une abbaye. Son oratoire et sa cellule sont édifiés dans un coin du clos monacal, et il n'y demeure pas la nuit : tel est l'ermitage de Montaigu à Hautmont, que la tradition fait remonter au viii° siècle. Le religieux qui y séjourne vend aux visiteurs des chapelets, des souvenirs, des images de piété.

Ailleurs, il est un *garde-chapelle*. Un sanctuaire vénéré, au milieu des landes et des bois, a pour gardien un ermite qui reçoit les visiteurs, leur donne l'hospitalité et veille à ce que les voleurs ne s'emparent pas des offrandes laissées par les fidèles : c'est, croit-on, l'ermitage d'Hargnies.

Des gens très riches firent édifier, dans le parc entourant leur château, un petit oratoire où ils allaient entendre la messe pendant la belle saison. C'était l'occasion d'une matinale promenade sous bois. A côté se tenait parfois un religieux, le plus souvent non prêtre, car le chapelain en titre suivait ses maitres, qui vivait là seul, au fond de sa paisible solitude, nourri et entretenu d'ordinaire par le seigneur, celui-ci tout fier, quand il recevait chez lui de grands personnages, de montrer son ermite : c'est un autre type, *l'ermitage du château*.

Certains de ces religieux avaient de bonnes connaissances en botanique; ils connaissaient les propriétés des plantes et récoltaient des remèdes qu'ils donnaient ou vendaient aux malades. Leur établissement placé au sein d'un air pur, dans une campagne agréable, dans une situation riante, reçut quelques personnes désireuses de rétablir leur santé ébranlée et de recouvrer leur tranquillité d'esprit : c'est *l'ermitage-hospice*, forme assez rare.

Il en est peut-être un exemple à Dourlers; mais on n'en a aucune preuve, bien qu'à côté était déjà au xvi° siècle un hospice où les pèlerins, les voyageurs indigents et même les mendiants nomades étaient hébergés pendant deux jours.

Plus tard on changea la destination de cet établissement de bienfaisance ; au xviii° siècle, au lieu des nomades, on recueillait les infirmes et les vieillards qui étaient logés, nourris et soignés.

Quant à l'ermitage de Dourlers, on n'en connaît guère que le nom et la situation ; on a aussi signalé une pierre du bâtiment portant le millésime de 1619.

Celui de la Haie d'Avesnes, à la Croisette, sur le territoire de Saint-Hilaire, est moins mystérieux. Les habitants d'Avesnes s'y donnaient rendez-vous sous le premier Empire en partie de campagne. C'était un bâtiment antique, entouré de larges fossés, avec une chapelle dédiée à saint Antoine. Sous l'ancien régime, chaque année, à la mi-carême, un pèlerinage très fréquenté attirait les populations voisines qui, leur tâche pieuse remplie, prenaient leurs ébats dans la forêt et fêtaient le Renouveau. Il y avait en outre une brasserie, une boulangerie et une cave considérable. Tous ces bâtiments existaient au commencement de la Révolution, ainsi qu'un calvaire placé hors de l'enclos.

Un jardin, un verger, une houblonnière formaient une propriété d'environ un hectare et demi dans un paysage riant, avec des eaux salubres qui couraient se perdre dans l'Helpe.

Vers le milieu du xviiie siècle, l'ermitage avait deux habitants. L'un de ces frères, nommé Posidon, plus qu'octogénaire, eut le malheur de perdre la vue dix ans avant de mourir, accident pour lequel il fit un voyage à Lyon, où il subit l'opération de la cataracte, après laquelle il eut le bonheur de se conduire sans guide pendant le reste de sa vie.

Frère Posidon eut beaucoup à souffrir de l'avarice de son camarade, qui lui faisait éprouver des privations de toutes sortes. Dans ses derniers temps, il était obligé de recourir à la commisération des bonnes femmes

du hameau voisin qui prenaient le pauvre vieux en
pitié.

Après son décès, le second disparut, emportant tout
ce qu'il avait amassé d'argent. Il ne reparut plus dans le
pays où il laissa de mauvais souvenirs.

La maison fut successivement habitée par plusieurs
frères qui se partageaient les emplois. Il y avait un
économe, un maître d'école, un frère quêteur qui les
fournissait abondamment des choses temporelles.

Les ermites différaient donc comme les établissements mêmes. Les uns étaient prêtres, d'autres ne
l'étaient pas, certains étaient de vulgaires laïques ; à
Hautmont, c'était un Bénédictin, en même temps receveur de Notre-Dame de Montaigu.

Des ermites appartenaient aux Camaldules, aux Ordres
de saint Jean et de saint Augustin ; beaucoup étaient
membres des communautés érémitiques, dont les frères
ne faisaient pas de vœux et pouvaient rentrer dans le
monde quand bon leur semblait.

Ceux qui demandaient à faire partie de la congrégation
étaient d'abord postulants d'ordinaire pendant un an ;
ils prenaient l'habit et portaient dès lors le nom de
frères pendant le noviciat qui durait aussi un an ; c'était
seulement la seconde année écoulée qu'ils étaient admis
définitivement, et pendant leur stage ils avaient à subvenir, selon leurs moyens, à une partie de leur entretien ; ce n'est que devenus profès qu'ils étaient entièrement à la charge de la communauté.

Ces ermites étaient inspectés de temps en temps par
un visiteur ; mais, comme ils n'étaient liés par aucun
serment, ils avaient toujours la faculté de quitter leur

solitude, de sorte que l'action exercée sur eux était bien légère. Un document du xviiie siècle dit qu'il est préférable de voir les ermitages tomber en ruines que de les savoir habités par des frères indignes.

A cette époque ces établissements sont en pleine décadence, si l'on excepte quelques pensionnats. La conduite de leurs occupants n'était pas toujours irréprochable, les deux frères vivant en commun avaient parfois des sujets de discorde, et les paysans voisins étaient les spectateurs et les confidents de brouilles fâcheuses.

D'autres causes accéléraient la disparition progressive des ermitages : les guerres de Louis XIV et de Louis XV dans les Pays-Bas ont contribué à rendre les mœurs moins austères, le vice plus aimable et plus hardi. Aux bords des villes fortes, officiers et soldats désœuvrés allaient chez les ermites en curieux. Ils apportaient dans ces solitudes leur langage, leurs idées et leurs goûts. Les pèlerinages auxquels ils conviaient leurs amis des deux sexes se transformaient en fêtes profanes, et les échos des taillis avoisinant retentissaient davantage des refrains bachiques ou grivois que des cantiques ou des psaumes.

Paysans ou paysannes n'avaient que trop de tendances à suivre ces exemples et certains ermitages, comme celui de la Croisette, ont gardé une mauvaise réputation. Les évêques belges avaient déjà tenté une réforme sérieuse au commencement du xviiie siècle ; ils n'aboutirent pas, et l'empereur Joseph II les supprimait par décret sur toute l'étendue des Pays-Bas autrichiens.

En France, dès 1633, un arrêt du 17 février déclarait

les ermites inaptes à hériter, et beaucoup d'établissements étaient déserts et ruinés au siècle suivant.

Chacun de ces ermitages avait comme sa légende, son caractère. Les souvenirs, les occupations, les assurances de son habitant avaient contribué à la former ; le peuple l'avait amplifiée, allongée démesurément, et elle était souvent un objet de conversation dans le voisinage, car personne n'en mettait l'authenticité en doute.

．＊．

Telle est la fabuleuse histoire de l'ermitage de Villers-sire-Nicole :

Du temps des croisades, un brave chevalier de Rouvroy était follement épris d'une demoiselle moult belle et gracieuse qui répondit à sa flamme. Il lui donna son nom et son âme en la prenant pour femme. Ils connurent d'abord les quinze joies du mariage, auraient vécu heureux longtemps et auraient eu beaucoup d'enfants sans les maudits Sarrazins.

Ceux-ci toujours plus insolents, plus hardis, sans respect pour les Lieux-Saints, s'étaient emparés de Jérusalem, et molestaient les pauvres pèlerins.

Chevaliers, baronnets, princes et marquis s'enrôlèrent sous la bannière du Christ pour délivrer son tombeau. Emmi ceux-ci était au premier rang le chevalier de Rouvroy qui s'était arraché aux bras de sa bonne dame, qui faisait taire ses affections et refoulait les tristesses du départ, pour penser seulement à l'honneur de combattre pour le triomphe de la foi.

Or il advint qu'en Terre-Sainte le brave de Rouvroy

accomplit moult belles prouesses, devint la terreur des Sarrazins par son audace et sa bouillante intrépidité; désespérant de vaincre l'armée des Francs tant qu'il la mènerait au combat, ils usèrent de ruse, dressèrent traîtreusement un guet-apens et réussirent à se saisir de sa personne.

Jeté dans un cachot sombre, chargé de chaînes, abreuvé d'injures, maltraité par une soldatesque ignoble, Rouvroy était bien malheureux. Il n'espérait pas la victoire des siens, les chants d'allégresse de ses bourreaux lui prouvaient le contraire.

Bien triste, il pensait à son vieux castel de Rouvroy, aux eaux argentées de la Trouille, à sa tendre et douce femme, se la représentant pâle, inquiète, penchée aux meurtrières du donjon, interrogeant vainement passants et pèlerins, sondant du regard l'horizon du Sud par où son noble époux devait revenir.

Si belle et si vertueuse, elle n'avait pas été seulement remarquée du chevalier de Rouvroy; son voisin le sire d'Harmignies l'avait aussi aimée. Parce qu'il avait été évincé, il avait conçu un vif ressentiment du mariage de Rouvroy, et, ayant trouvé un prétexte pour éviter la croisade, il conçut le projet de prendre la place du chevalier.

La nouvelle de sa captivité lui causa un grand plaisir et, en soudoyant de faux pèlerins, de prétendus voyageurs de Terre-Sainte, il persuada à tous que Rouvroy était mort, y compris à la principale intéressée.

Après des scènes de pleurs et d'attendrissement, des appels à la mort, elle accepta les bons offices du sire d'Harmignies, dont les secours, les avis et les conseils lui étaient précieux, et il toucha enfin au but : elle consentit à l'épouser.

« Souvent femme varie. »

Autant le premier était chevaleresque, bon, brillant, courtois, patient et désireux de plaire, autant d'Harmignies se montrait jaloux, fantasque, boudeur, violent, irascible et querelleur, et la pauvre dame était bien malheureuse ; elle pleurait en secret, pensant parfois à son cher Rouvroy qui lui avait donné tant de satisfactions.

Or en Palestine, un jour d'esbaudissement général et de publiques festivités, le prince fit venir Rouvroy, lui rappela ses prouesses. Était-ce avant de le conduire au supplice ? Non ; en ennemi magnanime, il rompit ses chaînes et lui rendit sa liberté : le noble chevalier reprit le chemin de France.

La route était aussi longue que son escarcelle était plate ; le seigneur chemina des années et des mois, par monts et par vaux, un bâton à la main, une besace sur le dos, avant d'apercevoir la girouette de son château.

Mais au moment où il s'apprête à interpeller les soldats du guet, qu'entend-il ? Une gaie fanfare de chasse frappe ses oreilles, et il aperçoit sa femme sur une haquenée ; elle accompagne un seigneur qui commande en maître et dirige le cortège.

Il n'ose deviner l'affreuse vérité ; il se retire précipitamment, craignant d'être reconnu malgré l'altération de ses traits et son accoutrement de pèlerin ; il interroge quelques paysans qui lui font le récit de sa propre mort et lui décrivent les tourments de sa veuve.

Désespéré, le malheureux chevalier se réfugie dans un bois voisin, s'y bâtit une cabane, y vit solitaire, recevant les visites des manants à qui il donne des remèdes et qui l'admirent dans son existence, toute de privations et de misères.

Un jour, il reçoit la châtelaine elle-même qui, après une scène terrible avec d'Harmignies, a quitté furtivement le manoir et vient quérir des consolations près du saint homme. Elle lui narre ses infortunes, rappelle avec émotion son premier époux, lui parle du sire d'Harmignies, dont la jalousie et la méchanceté lui font presque désirer trespasser.

Celui-ci survient sur ces entrefaites, furieux de la fuite de sa femme ; il lui donne l'ordre de retourner sur-le-champ au château, et, avec des paroles insultantes, il veut chasser le solitaire.

Rouvroy bondit sous ce double outrage, et saisissant une épée qu'il trouve à portée de sa main, il redresse sa taille et défie le misérable qui l'a reconnu. Un furieux combat s'engage, les fers se choquent, la rage se lit sur la figure d'Harmignies qui sent bien que sa femme fait des vœux pour l'autre.

La vertu triomphe ; le traître tombe baigné dans son sang, et le chevalier de Rouvroy, reconnu de ses vassaux, acclamé par tous, rentre en possession de son épouse, de son nom et de ses biens.

En mémoire de ces événements merveilleux, il édifia un oratoire dans la forêt où il avait passé le temps qui suivit son retour, quand il vivait de ses souvenirs et n'avait plus d'espoir ici-bas. Il y plaça un religieux à qui il donnait les moyens de vivre : telle serait l'origine de cet ermitage.

Cette tradition, qui ne repose sur aucun document

historique connu et n'a par conséquent pas de fondement, offre beaucoup de ressemblance avec des aventures du moyen-âge, vraies celles-là, où des imposteurs se firent passer pour de grands personnages morts au loin ou prisonniers, et réussirent parfois à tromper des provinces entières et les parents même des princes qui étaient disparus.

.'.

L'ermitage de saint Agapithe, entre Beaufort, Louvroil et Forest, a son histoire aussi fabuleuse que la précédente :

Un fils du seigneur d'Eclaibes aimait tendrement la demoiselle de Beaufort; mais les familles étaient rivales et ennemies, le sire d'Eclaibes avait humilié ses voisins qui ne pardonnaient pas. Le comte du Hainaut avait vainement tenté de réconcilier les deux maisons ; la haine, mauvaise conseillère, soufflait son poison, attisait les rancunes.

Aussi quand Jehan d'Eclaibes, certain que la belle le payait de retour, se hasarda à franchir le pont-levis du domaine des Beaufort pour offrir la paix et la sceller dans un mariage, fut-il accueilli par des railleries grossières et des récriminations insultantes.

Manfroid de Beaufort, non satisfait de cette vengeance, exigea de sa fille Jacquette, craintive et obéissante, qu'elle épousât le sire de Robechies, homme brutal, violent, qui passait sa vie au fond des bois à la recherche des sangliers et des ours.

Triste compagnon pour la pauvre mariée qui mélancoliquement se promenait autour du château et pensait souventes fois à son chevalier Jean ; mais elle était trop honnête pour manquer à ses devoirs.

D'Eclaibes était si désespéré d'avoir perdu la dame de ses pensées qu'il abandonna le pays pour ne plus la voir ni entendre parler d'elle. Il se réfugia en Bavière et prit part à une expédition dirigée contre les païens hongrois.

Blessé à mort, il se confia à un ami fidèle ; il lui fit promettre d'aller en terre d'Avesnes ; il écrivit quelques lignes de son sang à dame Jacquette, l'assurant qu'il garderait son pur souvenir au delà de la tombe, et lui offrant son cœur, que son compagnon se chargeait d'enlever et d'embaumer.

Celui-ci tint sa parole. Après le trépas de Jean d'Eclaibes, il lui prit le cœur qu'il plaça avec de la myrrhe et des aromates dans un vase d'argent et, muni de ce précieux fardeau, il arriva au bois Saint-Agapithe.

Le sire de Robechies y chassait, les deux hommes se rencontrèrent, et le seigneur demanda à ce voyageur qui il était, ce qu'il voulait. Désagréablement surpris de cet accueil peu engageant, il se refusa de répondre, et Robechies, prodigieusement fort, pourfendit le malheureux avant que sa mission fût accomplie.

Un valet le dépouilla, sur l'ordre du maître, pour savoir quel était le mystérieux vagabond et trouva les dernières pensées et le cœur du sire d'Eclaibes, qui s'en allaient vers Jacquette de Beaufort.

Une pensée infernale traversa l'esprit de ce rustre. Entier à sa vengeance, oubliant que sa femme n'avait point failli et n'avait pas à rougir, il prit le cœur de son ancien rival et, le remettant à un goujat de cuisine, lui ordonna de l'accommoder pour le repas du soir.

La nuit venue, sa femme se levait pour se retirer quand, devisant ironiquement, il lui parla de son appétit à table, et, lui mettant sous les yeux l'écriture de d'Eclaibes, il lui découvrit l'atroce vérité.

Elle s'évanouit ; et lorsque ses suivantes parvinrent à la ranimer, elle était devenue démente. C'était une folie sans éclat, larmoyante, plaintive ; elle se blottissait dans les sombres coins du château comme si elle eût craint quelque funeste rencontre ; elle obéissait en tremblant comme l'enfant qui a reçu une réprimande ; mais son mari lui parlait-elle ? elle le regardait sans paraître le voir et ses lèvres restaient muettes.

Au bout de quelques mois, elle s'éteignit doucement sans avoir recouvré la raison. Le sire de Robechies avait compris l'énormité de son crime ; sa conscience bourrelée de remords exigeait des réparations.

Il quitta le château où tout lui rappelait la pauvre morte, distribua ses biens aux indigents et chercha un asile dans le bois où il avait occis le messager. Il assembla des branchages, s'en fit une hutte et se retira du monde, sans savoir si Jacquette lui avait pardonné.

C'est ainsi, disait-on du temps de nos grand'mères, qu'a été fondé cet ermitage. Ce récit n'a qu'un tort : c'est d'être universellement connu et raconté avec des changements de noms dans les personnages, parce qu'il a été copié dans un trouvère du moyen-âge qui, lui-même, ne l'a peut-être pas inventé non plus.

Nous en dirons autant d'un autre conte : le *marichau de Rainsart qu'a vindu s'n'âme au diabe.* Des auteurs allemands, des littérateurs belges l'ont rapporté, et Mérimée en a fait une de ses meilleures nouvelles.

CHAPITRE XXI
NOTES ET RENSEIGNEMENTS

––––––––

Sur les dîmes.

Il n'est guère d'archives communales ou paroissiales qui ne renferment de pièces comme le certificat ci-dessous relatif aux *modérations* des dîmes :

« De toute ancienneté les terres labourables des territoires de Hon-Hergies, Taisnières-sur-Hon et appendances étaient soumises à dîmes et à terrage à raison de seize gerbes par cent. Mais par transaction faite entre les décimateurs et les particuliers des dites paroisses, le premier de mai 1456, elles ont été réduites à dix par cent, si comme huit de dîmes et deux de terrage, avec stipulation que les terres qui depuis seraient ensemencées en enclos et tenues à labour paieraient le même droit de dix du cent, et les anciennes pâtures que l'on mettrait à labour ne seraient soumises qu'à dîmes à raison de huit par cent.

« Ce que je certifie véritable ce 15 avril 1751. »

Signé :

J. F. CAPOUILLIÉ.

1751.

.·.

Une exécution capitale en effigie.

Un registre des archives de Feignies relate une curieuse opération judiciaire, que nous signalons en passant, car l'espace nous manque pour développer dans ce volume ce qu'était la justice royale, civile et criminelle.

Un individu de Fumay tue aux Mottes, entre La Longueville et Maubeuge, territoire de Feignies, un habitant de l'endroit et en blesse un autre. Arrêté et transféré à la prison seigneuriale, il réussit à s'échapper.

Tout l'appareil judiciaire est mis en mouvement, et tandis que des médecins chirurgiens de Maubeuge se transportent aux Mottes pour faire l'autopsie de la victime, le signalement du meurtrier est envoyé de tout côté, et le procès s'instruit.

L'assassin demeurant introuvable, il est jugé par contumace, déclaré coupable et condamné à mort.

A l'endroit où le crime a été perpétré (à la croisade de la route de Valenciennes à Givet et du sentier de Feignies à Neuf-Mesnil), le bourreau dresse un échafaud, et la sentence indiquant que le coupable aurait les membres, bras, jambes, cuisses, ainsi que les reins brisés, qu'il serait exposé sur une roue, la face tournée vers le soleil, jusqu'à ce que la mort survînt, l'exécuteur des hautes-œuvres habille un mannequin, l'expose sur la roue et dresse un procès-verbal en bonne et due forme.

.·.

Sur un curieux droit féodal.

Roubaix n'est pas la seule localité du Nord où les manants battaient l'eau des fossés le soir pour empêcher le coassement des grenouilles, désagréable à leur seigneur et à sa lignée.

A Rainsart (arrondissement d'Avesnes), les habitants étaient assujettis à cette odieuse corvée, et leurs voisins, mieux partagés, ne se faisaient point faute de se moquer des gens de Rainsart.

Ils leur donnaient le sobriquet de *batteurs d'eau*, ce qui, paraît-il, constituait une injure grave, dont ceux-ci se vengeaient en rappelant aux convenances :

Les *courbelleux* d'Etrœungt, toujours prêts à faire la révérence aux ducs d'Orléans ;

Les *riaux* de Féron ;

Les *huriaux* de Wignehies ;

Les *leux* (loups) de Fourmies ;

Les *paucres* de La Capelle ;

Les *fous* de La Rouillies ;

Les *manants* de Floyon, etc., etc.

.·.

Sur les cabarets.

La police des cabarets laissait à désirer au XVIIIᵉ siècle. Règle générale, ils devaient être fermés à neuf heures ; malgré cette sage prescription, ils étaient souvent un champ clos où gens de villages différents prouvaient leur supériorité respective en se lançant à la tête le mobilier de l'auberge et en jouant trop légèrement du couteau.

A ce sujet était notamment parue une ordonnance de Philippe II encore citée après l'annexion française, et qui mérite d'être rapportée, car elle donne de précieux renseignements sur les mœurs et coutumes du temps (1589), qui ne s'étaient pas énormément modifiées cent vingt ans plus tard.

Article I.

L'on s'est aperçu que la fréquence des homicides est due en partie à la multitude des tavernes et cabarets qu'on fréquente beaucoup trop. Ne seront conservés que les tavernes et cabarets situés sur les marchés, les places de chaque village ou hameau, ou le long des chemins royaux ; et cela en nombre qui sera fixé d'après la population de l'endroit et la fréquence des passages.

Dans les villes, le nombre des cabarets sera également restreint.

Article II.

Comme à l'entour des villes, tant dans la banlieue qu'au dehors, il y a quantité de bouges (que les temps sont changés !) qui servent de réceptacles aux bannis, voleurs et brigands, qui ont ainsi facilité d'épier les sortants et les voyageurs, ces maisons seront fermées ; on ne conservera que les tavernes tolérées comme il est dit plus haut.

Article III.

Les dimanches et jours de fête, les cabaretiers ne recevront personne et refuseront toute boisson pendant

la grand'messe, le sermon, les vêpres; pendant ces
exercices religieux, tous les jeux sont interdits, et le
cabaretier sera puni comme les délinquants.

ARTICLE IV.

Pour empêcher les querelles, le cabaretier fera sortir
immédiatement de chez lui quiconque cherchera noise,
il ne lui donnera point à boire pour provoquer plus
rapidement sa retraite.

ARTICLE V.

Aux baillis, bourgmestres, mayeurs, échevins, gref-
fiers, huissiers, sergents et autres officiers semblables,
il est rigoureusement interdit de vendre à boire.

ARTICLE VI.

Si un homicide se commet dans une taverne ou dans
un cabaret, le tenancier sera privé du droit de vendre
pendant trois ans et plus, et au besoin corrigé et
banni.

ARTICLE VII.

Lors des noces, pour lesquelles beaucoup de gens
sont assemblés, les magistrats enverront un sergent ou
bien une autre personne qualifiée, pour apaiser les
querelles qui pourront survenir; ce policier recevra dix
patars par jour par dessus les dépens. (Il faisait partie
de la noce, buvait et mangeait comme les invités et
n'était pas toujours le dernier à s'enivrer.) Cet officier
veillera notamment à empêcher les désordres qui
surviennent en plusieurs lieux où les jeunes gens sont
accoutumés d'exiger du marié des plats de viande. (C'est

le *callonage,* dont nous avons parlé précédemment ; n'est-ce pas une forme du *droit du repas* levé ailleurs par le seigneur ?)

Article VIII.

Aux danses où l'on s'exerce souvent dans les villages, s'il survient quelque débat, au lieu d'exciter les querellants, chacun s'emploiera pour mettre le bien ; et celui qui aura commencé ou provoqué sera mis en prison et puni.

Article IX.

Pour combattre l'ivrognerie et pour éviter querelles, batailles et homicides, toutes les ducasses et kermesses auront lieu au jour choisi par le Conseil provincial, sur l'avis de l'évêque diocésain. Les ducasses ne dureront qu'un seul jour. Ceux qui seront pris à prolonger la fête seront condamnés à quinze carolus d'amende.

Article X.

Comme il est dans les coutumes qu'un accusé ne soit puni de mort que si son adversaire est occis, à l'égard de ceux qui ont frappé, mais qui pourront prouver que le coup mortel n'est pas de leur fait, la peine de bannissement sera toujours prononcée.

Article XI.

Une bonne partie des homicides se commettent avec des couteaux dont la pointe est aiguë. Il est interdit d'user de tels couteaux pointus. Que ceux-ci soient courts, que la pointe en soit rompue, de manière qu'ils ne puissent facilement percer. Le port des poignards est également interdit aux paysans, sauf en voyageant.

Ceux qui se trouvent aux noces, aux danses et autres amusements déposeront leurs épées, poignards et autres armes qu'ils ne reprendront qu'au moment de leur départ.

ARTICLE XII.

Les combats et homicides sont presque toujours dus à une provocation. Celui qui aura provoqué, n'eût-il pas donné la mort, sera châtié très rigoureusement et banni.

ARTICLE XIII.

Beaucoup prétendent qu'ils étaient ivres quand ils se sont battus. L'ivresse ne sera point admise comme excuse ni circonstance atténuante, et le coupable, en ce cas, sera préalablement tenu en prison au pain et à l'eau pendant quarante jours.

ARTICLE XVIII.

Comme il n'est pas raisonnable que ceux qui détiennent une partie de l'autorité se rendent coupables d'homicide au grand scandale du peuple, dès que le forfait est accompli, ils sont suspendus de leur office.

ARTICLE XXII.

Puisque les homicides sont si fréquents, les voleurs, larrons publics, guetteurs de chemins, assassins, sacrilèges, hérétiques, criminels de lèse-Majesté, fomenteurs de séditions et de troubles populaires, banqueroutiers ne jouiront pas de l'immunité des lieux sacrés et pourront être arrêtés dans les églises.

.·.

Seigneurs et vilains.

La façon cavalière dont certaines communes traitaient leur seigneur et ses représentants au XVIIIᵉ siècle (Beaufort, Villers-sire-Nicole, Louvroil, etc.) n'était pas générale et, si l'on s'en rapporte à l'historien d'Etrœungt, les mœurs féodales étaient encore singulièrement barbares, il y a 150 ans, entre Avesnes et La Capelle.

« En parcourant le chemin rural de Montreuil, lorsque vous arrivez aux confins du territoire d'Etrœungt, vers la limite de la Rouillies, vous voyez à votre gauche, au pied d'une haie d'épines, une croix en pierre calcaire bleue, haute d'environ un mètre cinquante. Elle porte cette inscription :

« Ici malheureusement a esté tué d'un coup de pis-
« toulet, Joseph Petit, âgé de vingt-sept ans, le 27 de
« septembre 1732. Priez pour lui. »

« Il était à son travail dans un pré bordant le chemin et avait à ses côtés un tout petit chien, remarquable par sa taille minuscule.

« Un cavalier vint à passer, c'était le seigneur de Monplaisir. L'animal aboya, poursuivant le cheval. Le seigneur furieux saisit un pistolet dans les fontes de sa selle. Joseph Petit s'était élancé, rappelant le roquet et suppliant le noble homme de ne pas tuer sa bête ; mais le sire de Monplaisir lui répond : « Ce n'est pas ton chien que je vais tuer, c'est toi, pour t'apprendre à le tenir. » Le coup de feu part, Petit tombe, et, un instant après, il rend le dernier soupir. Quant au meurtrier, il n'arrêta pas sa marche.

« Le seigneur de Floyon avait fait l'acquisition d'une superbe carabine, qu'il chargeait tout en l'admirant. Pour vérifier la justesse du tir de la nouvelle arme, il ouvre la fenêtre et cherche un but.

« A quelques pas, il voit un ouvrier, nommé Delvaux, occupé à réparer un toit en chaume : la cible est trouvée. Il vise, presse la détente et le malheureux paysan roule sur lui-même et tombe sur le sol qu'il ensanglante de ses blessures. Il était mort. »

L'auteur à qui nous empruntons ces faits laisse entendre que les assassins ne furent point inquiétés. Mais ce qui est sûr, c'est qu'ailleurs les paysans n'eussent point attendu la descente du grand bailli ou du prévôt royal pour exiger la punition du meurtrier : celui-ci ne fût probablement pas sorti vivant de leurs mains.

.˙.

Une chanson antijanséniste.

Tout récemment on a mis au jour un manuscrit du xviii siècle provenant de l'abbaye de Liessies et intéressant à étudier à divers points de vue.

Un recueil de lettres prouve que ce monastère conservait toujours intacts sa règle et les principes fondamentaux qui avaient assuré sa grandeur et établi sa réputation : alors que la décadence s'accusait de toutes parts, les moines de Liessies restaient ce qu'avaient été leurs aînés, c'est ce que démontre cette correspondance.

Dans le manuscrit, qui se compose de prières en latin et en français, de morceaux détachés de littérature, de nombreux renseignements inédits d'histoire et d'archéologie, de questions de droit canon, nous détachons la chanson suivante.

Le jansénisme, d'ailleurs, à la veille de la Révolution, devenait surtout un parti politique qui se recrutait dans les Parlements, chez les robins et dans le bas clergé séculier et qui n'avait pas peu contribué à attiser la guerre faite aux Jésuites et à leurs partisans.

Ces couplets établissent que l'abbaye de Liessies sympathisait peu avec les disciples plus ou moins authentiques de l'évêque d'Ypres.

Les voici :

Apologie de la consultation des Avocats jansénistes de Paris contre le concile d'Ambrun.

(Sur l'air : Jean de Vert en France, etc.)

I

Du fameux concile d'Ambrun
Que faut-il que l'on pense ?
Tous les évêques en commun
En prennent la défense.
Mais c'est bien à faire aux Prélats !
Consultons plutôt sur ce cas
Les avocats (*ter*) de France.

II

Jadis, pour affermir la foi,
Les Pères, en concile,
Du Saint-Père prenant la loi,
Consultaient l'Evangile.
Ce n'est plus la bonne façon,
C'est l'Esprit-Saint qui prend le ton
Des avocats (*ter*) de France !

III

Quand d'un fatal schisme autrefois,
L'Eg' se, menacée,
Par le concours de trois cents voix,
Combattait à Nicée,
Pour terminer tous les débats
Ne fit-on pas juger le cas
Aux avocats (*ter*) de France?

IV

Que de troubles ne vit-on pas
Au concile d'Ephèse!
Il fallut livrer vingt combats
Pour proscrire une thèse.
Mais fallait-il tant de tracas?
Pourquoi ne consultait-on pas
Les avocats (*ter*) de France?

V

Des conciles, dans tous les temps,
On sait assez les formes.
Leurs canons et leurs réglements
Sont des tomes énormes.
Mais qu'a-t-on besoin de canons?
Pour moi, je me tiens aux factions
Des avocats (*ter*) de France!

VI

Saint Augustin et saint Thomas
Ont dit de belles choses;
Mais c'est au corps des avocats
De leur prêter des gloses.
Honneur aux docteurs, aux prélats!
Mais qu'on ne les compare pas
Aux avocats (*ter*) de France!

VII

Du troupeau soyez les pasteurs,
Dit Jésus aux apôtres;
Mais vous n'en êtes pas docteurs,
Mon Eglise en a d'autres.
Ne liez et ne déliez
Qu'avant tout vous ne consultiez
Les avocats (*ter*) de France!

VIII

Les avocats italiens.
Du Nord et d'Allemagne,
Ne sont pas théologiens,
Non plus que ceux d'Espagne.
Ils croient aux dogmes de foi,
Mais d'en décider, c'est l'emploi
Des avocats (*ter*) de France.

IX

Grands avocats, zélés docteurs
De l'Eglise nouvelle,
Des conciles vrais directeurs,
Ranimez votre zèle.
En Paradis, n'en doutez pas,
Saint Pierre vous tendra les bras,
Grands avocats (*ter*) de France!

X

Avec de si fidèles chiens,
Troupeau, soyez tranquille;
Ils mordent même leurs gardiens,
Dans l'accès de leur bile.
Dieu sait comme fuiront les loups,
Entendant aboyer pour vous
Les avocats (*ter*) de France!

XI

Ne prenez point ceci pour vous,
Avocats que j'estime ;
De vous confondre avec des fous
Je me ferais un crime.
Je ne connais que les Aubris
Et trente avocats de Paris
Pour avocats (*ter*) de France !

.•.

Du même manuscrit, citons encore ce sonnet de
Saint-Pavin, maltraité par Boileau dont les relations
avec Arnaud et Port-Royal étaient critiquées dans
certains milieux ; nous renvoyons au surplus aux *Grotesques* de *Théophile Gautier* ceux qui désirent quelques renseignements sur les victimes de Boileau.

Despréau, grimpé sur le Parnasse,
Avant que personne en sût rien,
Trouva Régnier avec Horace
Et rechercha leur entretien.

Sans choix et de mauvaise grâce,
Il pilla presque tout leur bien :
Il s'en servit avec audace
Et s'en para comme du sien.

Jaloux des plus fameux poètes,
Dans ses satires indiscrètes,
Il choque leur gloire aujourd'hui.
En vérité, je lui pardonne,
S'il n'eût mal parlé de personne
On n'eût jamais parlé de lui !

                                        SAINT-PAVIN.

..

Sur le terrage.

Une pièce de procédure de 1710, en notre possession, explique ainsi l'origine du droit de terrage (*terragium*) :

Les possesseurs de fiefs, conquérants germains, évêques et couvents, donnèrent des terrains incultes à leurs *hommes*, des bois à défricher, sous condition qu'ils toucheraient une partie de la récolte du sol exploité et mis en rapport : ce serait l'origine du droit de terrage.

Elle est exacte, au moins en partie ; car nous voyons dans le Cartulaire de l'abbaye d'Hautmont (Bibliothèque nationale) que les moines font à Mairieux des concessions de terrain, à condition que le preneur mettra en culture, fumera au moins un demi-journel par année, etc. Ces contrats du XI° et du XII° siècle tiennent le milieu entre une donation et un bail emphytéotique.

Une autre remarque sur le terrage :

Une légende bien accréditée dans l'arrondissement d'Avesnes s'est créée sur le droit de terrage à Bachant, et les bonnes gens de l'endroit qui causent par à peu près, assurent qu'il existe encore sur certaines pièces de terre. Ils ont même réussi à le faire croire à des historiens locaux qui n'ont pas hésité à le publier.

Le droit de terrage a été supprimé à Bachant comme dans le reste de la France dans la nuit du 4 août 1789. Plus tard un gros propriétaire de l'endroit, héritier des anciens seigneurs, paya, vraisemblablement pour toute la commune, une lourde contribution de guerre.

Il demanda aux habitants de Bachant de le dédommager de cette imposition ; par un acte en bonne et due forme, des rentes furent assises sur les terres de ceux qui acceptèrent ; quelques-unes subsistent encore aujourd'hui. Telle est l'origine de ce prétendu droit de terrage, qui ne mérite guère son nom.

.   .
.

Un conte de l'écrienne.

Au pays d'Ostrevent habitait dans l'ancien temps un noble et puissant seigneur, le comte Adalbaud, qui était aussi riche que noble, aussi généreux que puissant. Tel n'était point le bailli qui avait capté sa confiance : laid comme les sept péchés capitaux, ridé comme une vieille lune, dur comme la pierre d'Avesnes, brutal comme un cheval vicieux et encore plus avaricieux.

Passe s'il eût honnêtement géré les biens de son illustre maître, mais il le volait du matin au soir, sans pudeur ni vergogne. D'humeur revêche, ennemi du franc rire et de la gaieté, il n'était jamais si maussade que lorsqu'Adalbaud donnait festins, fêtes et tournois ; et aux observations de son maître, il répondait effrontément : « C'est peur de vous voir ruiner, Monseigneur », en lui présentant des comptes embrouillés à plaisir qui jamais n'étaient examinés : parole de bailli vaut de l'or.

Un jour Adalbaud déclara qu'il tiendrait cour plénière avec tournoi et repas pour tous les manants de la contrée. Ce fut une fête magnifique : des fontaines étaient disposées dans le parc seigneurial, et il en coulait tantôt du

vin, de la cervoise, tantôt de l'hydromel, parfois des
drogues de belle apparence qui faisaient faire la grimace
aux gourmands et provoquaient le rire des spectateurs.

Ailleurs des confrères du gai savoir représentaient le
Mystère de notre père Adam, une estrade attirait quantité
de monde. Des prix étaient offerts à qui atteindrait un
but à l'extrémité d'une planche tournant sur des pivots.
Les gaillards qui s'aventuraient sur la passerelle tombaient dans un grand sac d'où ils sortaient tout blancs.
Aveuglés par la farine, crachant, éternuant, ils remon-
taient vivement sur la poutre qui basculait dans l'autre
sens, et ils faisaient la culbute dans un autre sac plein de
suie. Ils ressemblaient à des nègres en attendant une
autre chute dans le blanc. Et tous les spectateurs de rire
et d'échanger des plaisanteries.

A l'issue du tournoi, un grand festin réunit les abbés,
chevaliers, dames et écuyers, puis ce fut le tour des
manants du comte. Fête somptueuse, les portes ouvertes,
partout des tables, et la plus magnifique profusion.

Qui était furieux? C'était le bailli qui ne décolérait pas.
« Ces gueules affamées, disait-il, ne mangent sans doute
pas leur soûl une fois par an; aujourd'hui on voit que
cela ne leur coûte rien, ils s'emplissent la panse comme
pourceaux en rancelle. »

En ce moment entrait un vacher minable, crasseux,
mal peigné, du nom de Bellegambe.

— Que vient faire ici ce gredin? demanda le bailli
furieux.

— Eh! répondit le rustre, j'y viens me régaler, puisque
notre seigneur nous l'offre.

Et ne voyant aucune place libre, car tous les sièges

étaient pris, il pria l'intendant de lui procurer un
escabeau.

— Tiens, assieds-toi là-dessus, je te prête ce siège,
répliqua l'autre furieux en lui allongeant un coup de pied
au bas du dos.

Bellegambe se retourne vexé, et il allait faire un
mauvais parti à l'agresseur qui, pour éviter la bagarre et
le courroux du comte, affecta d'avoir plaisanté ; gracieux
comme un vieux singe, il lui fit apporter à manger et à
boire et l'installa au bout d'une table.

Satisfait de la tournure qu'avait prise l'aventure, le
vacher se calma, profita des générosités du comte, non
sans garder une arrière-pensée de rancune contre le
bailli.

A la fin du repas, les manants furent admis dans la
grande salle du château où étaient réunis des ménétriers
et des jongleurs chargés d'égayer l'assemblée. Pour les
exciter à bien faire, messire Adalbaud avait promis une
belle robe d'écarlate à celui qui amuserait le plus
l'assistance.

Et tous de faire de leur mieux : les uns racontant des
fabliaux, d'autres chantant en s'accompagnant de la
vielle ; les uns faisaient des tours de passe-passe, contre-
faisaient le sourd ou l'aveugle, imitaient l'idiot ; d'aucuns
représentaient des querelles de femmes, et ce n'étaient
pas eux qui étaient les moins applaudis.

Bellegambe, debout au milieu de la salle, avait grand
plaisir à les voir, riant à gorge déployée.

Les jeux finis, comme le comte et sa cour allaient
décider qui avait remporté le prix, le vacher s'approcha
du bailli qui était à côté de son maître et lui lança — vous

devinez où — le coup de pied le mieux conditionné qui
fût jamais sorti du jarret d'un paysan. L'autre en perdit
l'équilibre et bouta du nez sur le sol.

— Messire Bailli, lui dit-il, je vous ai rendu votre
siège ; quoique pauvre, on est honnête, et je ne quitterai
pas le château de mon noble maître en emportant quelque
chose qui ne m'appartienne.

Mais la chute de l'intendant avait fait jeter un cri par
l'assemblée. Quelle audace ! pensait-on, et tous croyaient
que Bellegambe avait agi sous l'empire de libations trop
copieuses. Les valets survenaient, le bousculaient et
s'apprêtaient à le faire sortir pour châtier son insolence,
quand Adalbaud, qui flairait un mauvais coup du bailli,
s'approcha et lui demanda pourquoi il avait frappé son
officier.

— Monseigneur, répondit le vilain, j'ai appris que je
pouvais venir aujourd'hui à votre château pour y faire
bonne chère. Je n'avais garde de ne pas profiter de vos
bontés ; mais mon troupeau m'a tenu jusqu'après l'heure
donnée ; je suis arrivé en retard, et j'ai humblement
prié votre bailli de me procurer une petite place. Lui,
toujours fort aimable et fort obligeant, m'a gratifié d'un
coup de pied en me disant de m'asseoir dessus. A présent
que je suis repu, je n'ai plus besoin de son siège, je le
lui rends. Je vous prends à témoin, Monseigneur, que
nous sommes quittes, je ne lui dois plus rien. Pourtant
s'il en veut un second pour le louage du sien, il n'a qu'à
parler ; je suis homme à payer largement.

A ces mots le seigneur, sa cour et toute l'assemblée
éclatèrent de rire.

Le bailli, pendant ce temps, se grattait la partie lésée ;

son air décontenancé, ses regards furieux ajoutaient encore au comique de la scène.

On rit si fort et si longtemps que le prix fut adjugé à Bellegambe, et les jongleurs convinrent eux-mêmes qu'il l'avait bien gagné.

Et le vacher, heureux, quitta la salle en s'inclinant cérémonieusement devant le bailli, non sans lui sussurrer à l'oreille : *Les bons comptes font les bons amis.*

Sur la corvée.

On différenciait les corvées *publiques* exigées du souverain, des corvées *particulières* dues aux seigneurs. Distinction subtile, puisque l'État était à même d'hériter ou d'acquérir des terres, des biens féodaux avec les avantages qui y étaient attachés.

Aussi bien le peuple payait souvent deux fois : au Roi et à son seigneur.

Colbert était déjà hostile à cet impôt, moins peut-être parce qu'il pesait lourdement sur les humbles, que parce que toutes ces journées exigées sans pitié ne donnaient que bien peu d'effet utile : il préférait les entreprises qui avaient ces avantages de faire vite et bien et de permettre d'établir des prix de revient.

Après la mort de ce grand ministre, le peuple, plus que jamais, fut taillable de toutes façons; il suffit, pour s'en rendre compte, de jeter un coup d'œil sur les archives des communes traversées par les routes de Valenciennes à Givet, de Mons à la Capelle, etc., etc.

Turgot donnait de l'ampleur et de la concision aux projets mal arrêtés de Colbert :

« Les corvées enlèvent le cultivateur à ses travaux et
lui font un tort réel, en dépit de toutes les précautions
qu'on pourrait imaginer. Prendre le temps du laboureur,
même en le payant, serait l'équivalent d'un impôt.
Prendre son temps sans le payer est un double impôt ;
et cet impôt est hors de toute proportion, lorsqu'il tombe
sur le simple journalier, qui n'a pour subsister que le
travail de ses bras.

« Les corvées sont, pratiquement, un mauvais moyen
de faire des routes. L'homme qui travaille par force et
sans récompense travaille avec longueur et sans intérêt ;
il fait, dans le même temps, moins d'ouvrage, et son
ouvrage est plus mal fait. L'art de construire des chaussées, quoique assez simple, exige des connaissances et
une attention qu'on ne peut exiger des corvéiens : car ils
ont tous un métier différent, et ne travaillent aux chemins
qu'un petit nombre de jours par an.

« Les corvées pourvoient plus mal encore à la réparation des routes. Ce genre de travail ne peut avoir lieu
par corvée que deux fois l'année, avant et après l'hiver.
Ces routes sont alors très dégradées, n'ayant pas été en-
tretenues dans l'intervalle. On est obligé de les recouvrir
de pierres dans leur totalité, ce qui rend chaque fois la
chaussée aussi rude que dans sa nouveauté et entraîne
une dépense annuelle, souvent très approchante de la
première construction.

« Les corvées ne permettent l'exécution d'aucun ouvrage qui exige quelque instruction et quelque industrie
particulière, tel que le pavage.

« Les corvées entraînent une foule d'accidents : pertes de bêtes de somme excédées de fatigue, pertes d'hommes blessés, estropiés ou emportés par les maladies qu'occasionne l'intempérie des saisons. Il faut encore ajouter les frais, les contraintes, les punitions de toute espèce, les vexations secrètes, dont les corvées sont la cause.

« Nous croyons impossible d'apprécier tout ce que la corvée coûte au peuple. »

Turgot conclut à faire confectionner les chemins à prix d'argent, surtout parce que son système fera cesser l'injustice inséparable de l'usage des corvées. Il ajoute :

« C'est aux propriétaires que les chemins publics sont utiles, par la valeur que des communications multipliées donnent aux productions de leurs terres... *C'est donc la classe des propriétaires qui doit seule faire l'avance de la confection des chemins, puisqu'elle en retire les intérêts.*

« Comment pourrait-il être juste d'y faire contribuer ceux qui n'ont rien à eux, de les forcer de donner leur temps et leur travail sans salaire ! de leur enlever la seule ressource qu'ils aient contre la misère et la faim, pour les faire travailler au profit de citoyens plus riches qu'eux !

« La contribution pécuniaire, qui remplacera la corvée, ayant pour objet une dépense utile à tous les propriétaires, privilégiés et non privilégiés y concourent, ainsi qu'il est d'usage pour toutes les charges locales ; et, par cette raison, nous n'entendons pas même que les terres de notre domaine en soient exemptes, ni en nos mains, ni quand elles en seraient sorties, à quelque titre que ce soit. »

Turgot prêchait dans le désert. Les privilégiés attaquèrent son édit parce qu'ils étaient imposés, les anciens corvéables ne voulurent pas comprendre que la corvée était une imposition bien plus lourde que son équivalent en argent, et, dans les doléances de 1789, beaucoup s'attachent à démolir ce qui restait des réformes du ministre : tant il est difficile d'être apprécié quand on veut le bien public !

. .

Le clergé régulier, d'après les intendants.

En Hainaut. — Nombre des abbayes et monastères.

Il y a dans le département du Hainaut, qui est de l'archevêché de Cambrai, neuf abbayes d'hommes toutes en règle, et neuf abbayes de filles ; six chapitres d'hommes, quatre prieurés et une commanderie de Malte (1).

Abbayes d'hommes.

L'abbaye du Val des Écoliers, de l'ordre des chanoines réguliers de Saint-Augustin, située dans la ville de Mons ; cette maison est soumise à l'abbé de Sainte-Geneviève ; elle peut avoir 5.000 livres de revenu ; elle est composée de l'abbé et de 9 religieux.

Ce que j'en dis du revenu de cette abbaye et de toutes les autres est en temps de paix, et il est aisé de juger que, dans les temps de guerre, elles sont exposées à de grandes pertes.

(1) Au moment de la conquête, des parties déjà françaises étaient annexées à la Flandre ; d'autres retournèrent à l'étranger.

L'abbaye de *Bonne-Espérance*, ordre des Prémontrés, peut valoir 30,000 livres; elle est composée de l'abbé et de 22 religieux.

L'abbaye de *Saint-Denis-en-Broquerole*, ordre de Saint-Benoît, peut valoir 18,000 livres; elle est composée de l'abbé et de 25 religieux.

L'abbaye de *Cambron*, ordre de Saint-Bernard, peut valoir 35,000 livres; elle est composée de l'abbé et de 25 religieux.

L'abbaye de *Saint-Feuillien du Rœux*, ordre des Prémontrés, peut valoir 10,000 livres; elle est composée de l'abbé et de 23 religieux, dont 8 curés.

L'abbaye de *Maroilles*, auprès de Landrecies, ordre de Saint-Benoît, peut valoir 3,000 livres; elle est composée de l'abbé et de 20 religieux.

(Fiez-vous à des documents officiels pour écrire l'histoire. Pendant le xviiiᵉ siècle, les biens et revenus de l'abbaye de Maroilles ont plutôt diminué qu'augmenté, les religieux dissimulaient leur fortune le plus qu'ils pouvaient; or le 26 mai 1790, le maire, les officiers municipaux de Maroilles et les religieux tous présents font le relevé de la fortune du couvent et, d'un commun accord, estiment que les revenus en argent de l'année (fermages, rentes et autres produits) pouvaient être comptés pour

69.518 livres 8 sous 6 deniers.

Dans cette somme ne figurent pas les produits en nature. Or il y a:

en blé : 511 jallois; 1.026 muids; 700 rasières; 50 setiers;

en épeautre : 150 rasières ;

en avoine : 162 muids ; 1.265 rasières ; 1.570 charlets ;

en chapons : 2.743 ;

tout cela représentant évidemment bien des milliers de livres !)

L'abbaye de *Liessies*, ordre de Saint-Benoît, proche d'Avesnes, peut valoir 25.800 livres ; elle est composée de l'abbé et de 25 religieux.

L'abbaye d'*Hautmont*, même ordre, proche de Maubeuge, peut valoir 15.000 livres ; elle est composée de l'abbé et de 17 religieux.

(Notre remarque sur Maroilles s'applique à la plupart des autres et particulièrement à Hautmont.)

L'abbaye de *Saint-Jean*, à Valenciennes, composée de chanoines réguliers de l'ordre de Saint-Augustin et qui jouissait de 20.000 livres de revenu.

L'abbaye de *Crespin*, ordre de Saint-Benoît, qui avait 25.000 livres.

L'abbaye de *Saint-Saulve*, près de Valenciennes, qui fut convertie en prieuré de l'ordre de Cluny, puis recouvra sa première dignité d'abbaye en 1620.

L'abbaye d'*Hasnon*, ordre de Saint-Bénoît, qui valait 50.000 livres.

L'abbaye de *Vicoigne*, ordre des Prémontrés, qui jouissait également de 50.000 livres de revenu.

Avec ces maisons, il convient de signaler les prévôtés, les chapitres, les prieurés, etc. ; citons :

la prévôté de *Notre-Dame-la-Grande*, dépendant de l'abbaye d'Hasnon ; le prévôt était amovible et comptable de l'abbé d'Hasnon ; elle avait 13.000 livres de revenu ;

la prévôté d'*Haspres*, dépendant de l'abbaye de Saint-Vaast d'Arras, 12,000 livres de revenu;

le chapitre de *Condé*, qui comprenait 26 prébendes, dont la prévôté et 11 prébendes étaient à la collation du Roi, 10 à celle du prince de Croy, comte de Solre, comme seigneur particulier de Condé. Des quatre dernières, l'une restait unie au doyenné, l'autre à la fabrique, et les deux autres étaient affectées à l'entretien des enfants de chœur;

le chapitre de *Saint-Quentin de Maubeuge*, composé de 20 chanoines, y compris le prévôt et le doyen; ils sont comme les chapelains des dames chanoinesses; les prébendes ne valent pas plus de 250 livres par an; le Roi nomme le prévôt, le chapitre a le droit d'élire et de nommer le doyen. L'abbesse de Sainte-Aldegonde a la nomination des prébendes qui vaquent dans les mois de mars, juin, septembre et décembre. Le prévôt et le doyen n'ont pas plus de revenus que les autres chanoines;

le chapitre d'*Avesnes* est composé de 12 chanoines, y compris le prévôt et le doyen. Comme ceux de Maubeuge, les chanoines d'Avesnes étaient dans la misère;

le prieuré de *Dompierre*, dépendant de l'abbaye de Liessies, vaut 800 livres; l'abbé y met un desserviteur;

le prieuré d'*Aymeries*, près de Berlaimont, dépendant de l'abbaye d'Anchin, vaut 1,000 livres par an;

etc., etc.

Abbayes de filles.
Les chapitres de chanoinesses.

Entre tous les chapitres qui sont dans les Pays-Bas, il y en a trois distingués au-dessus des autres, qui sont ceux de Mons, de Maubeuge et de Nivelle; le second seul devint définitivement français.

Le chapitre de *Sainte-Waudru de Mons* est gouverné par les quatre plus anciennes; il y a 30 prébendes qui peuvent valoir chacune 800 livres de France.

Toutes les paroisses de la ville ont une espèce de dépendance de la leur. La plus forte marque qu'elles ont conservé la supériorité, c'est que leur église est encore la paroisse de tous les ecclésiastiques, de tous les nobles et des étrangers qu'il y a dans la ville et en quelque lieu qu'ils demeurent; les autres paroisses particulières ne sont que pour les bourgeois.

La fondation du chapitre des dames chanoinesses est de l'année 650, par sainte Waudru, fille de saint Walbert, comte et gouverneur du Hainaut. Ce Walbert était de la maison royale de France. Les demoiselles qui veulent être admises dans ce chapitre doivent prouver, par actes authentiques, trente-deux quartiers de noblesse, tant du côté de la mère que du côté du père. Le Roi confère les prébendes et le chapitre examine ensuite les titres, avant de recevoir celles qui en sont pourvues.

Cet examen se fait toujours avec beaucoup d'exactitude et les prébendes sont toujours remplies des personnes de la plus illustre noblesse des Pays-Bas.

On prétend que, dans la première institution, les chanoinesses étaient religieuses; on ne peut cependant en rapporter des preuves bien certaines; mais ceux qui sont dans ce sentiment disent que, dans le IX° siècle, après l'invasion des Normands qui avaient ravagé tous les Pays-Bas, Brunon, évêque de Cologne et frère de l'empereur Othon, fut envoyé par le pape et par l'empereur,

avec pleins pouvoirs de réformer tous les désordres, tant
pour le spirituel que pour le temporel. Il sécularisa les
chanoinesses et, trouvant beaucoup de noblesse ruinée,
il affecta les prébendes à des personnes nobles.

Il est vrai qu'il se voit un grand nombre de chapitres
nobles où ce prélat fut envoyé en Lorraine et en Hainaut
particulièrement; il y a même assez de raison de lui en
attribuer l'établissement.

Quoi qu'il en soit, de quelque façon que cette institution
ait été faite, il est certain que *les chanoinesses n'ont
aujourd'hui de commun avec les religieuses que les
offices divins qu'elles chantent en chœur. Du reste, elles
ne font aucuns vœux;* elles croient même ne pas être
obligées à dire l'office; elles ne sont pas cloîtrées, et
hors des heures qu'elles vont à l'office, elles sont vêtues
comme les personnes du monde.

Le chapitre des chanoinesses de *Maubeuge* est entièrement semblable à celui de Mons, par rapport à l'institution et à la règle; mais il y a une abbesse qui confère
les prébendes, qui peuvent valoir jusqu'à 1.000 livres
chacune, dans les meilleures années.

Ce n'est pas seulement le revenu qui fait rechercher
les prébendes de ce chapitre; mais comme elles sont
affectées à la plus pure noblesse, c'est une distinction
pour les personnes qui y entrent, et c'est même une des
raisons pour lesquelles les seigneurs des Pays-Bas
évitent de se mésallier par mariage; l'exclusion de ces
chapitres serait pour eux une espèce de honte.

Ils regardent aussi comme une décharge pour leurs
maisons, de pouvoir faire leurs filles chanoinesses, et
ceux qui se mésallient perdent cet avantage.

Parmi les grands noms du chapitre de Maubeuge, nous citerons au hasard de nos souvenirs :

les demoiselles de Mérode ;
— de Bernaige ;
— de Haynin ;
— d'Oignies ;
— de Beaufort ;
— de Nédonchel ;
— de Hornes ;
— de Croy, etc.

Une Dandelot parvint sous Louis XVI à forcer l'entrée du chapitre sans produire toutes les preuves justificatives voulues. Ses compagnes, ne pouvant protester autrement contre la volonté du Roi, l'en punirent en la désignant dédaigneusement sous le nom de *mademoiselle à quatorze quartiers.*

Le chapitre noble de *Denain* était également séculier, comme nous l'avons dit plus haut. Il était composé de douze chanoinesses nobles et d'une abbesse. L'abbesse était élective, et l'élection avait lieu en présence du gouverneur général de la province qui, par privilège particulier, devait y assister avec l'intendant ; le Roi choisissait entre les personnes élues. Les revenus de cette maison étaient de 14.000 livres, dont 6.000 livres pour l'abbesse ; le surplus se partageait entre les chanoinesses. Elles pouvaient se marier, mais non l'abbesse. Parmi les grands noms de Denain, nous trouvons, outre un certain nombre communs avec Maubeuge :

les demoiselles de Beaufremez ;

—   de la Hamaide ;

—   de Lierres-Saint-Venant ;

—   de Houchin ;

—   du Chastel de Blangeval de Petrieu ;

—   de Jaucourt, etc.

.˙.

Sur le port du deuil (1699).

(Archives de Villers-sire-Nicole.)

Au regard des deuils qui se portent pour les personnes royales, chacun pourra porter le grand deuil, qui est le manteau de drap long jusqu'aux pieds et les crêpes sur les chapeaux ; les femmes auront des robes de drap, avec des voiles crêpes sur la tête, comme on est habitué de le faire pour les pères, mères, femmes et maris, lequel deuil durera jusqu'au jour des funérailles achevées et pourra ensuite être diminué selon la saison et convenance.

Les domestiques ne seront point en deuil, la démonstration de leurs maîtres étant suffisante.

.˙.

Pour les deuils qui se portent pour nos sujets, on n'en pourra porter que pour père et mère, frère et sœur, aïeul et aïeule et autres ascendants, mari et femme, beau-père, belle-mère, ainsi qu'à l'héritier, quand même il ne serait point parent du défunt.

Ces deuils seront de manteaux de drap long pour les ascendants et de manteaux raccourcis pour les collatéraux.

Aucun de ces deuils ne pourra être porté plus de six mois à partir du jour du trépas.

Nul domestique, quel qu'il soit, ne peut porter le deuil, soit qu'il serve le maître défunt, ou ses enfants ou ses héritiers.

Aucun duc, prince ni autre personne de qualité ne peut à l'occasion d'un enterrement faire tendre les églises, les chœurs et les chapelles de velours, de drap ou d'une autre étoffe.

On pourra seulement étendre un drap sur le pavé où reposera le corps du défunt, de l'étendue du tombeau et de la clôture qui l'environnera avec les flambeaux.

Il est interdit de tendre de drap ou d'autre étoffe les maisons mortuaires, même la chambre mortuaire. On pourra seulement en poser dans la salle où l'on recevra les compliments de condoléance, on pourra mettre des rideaux noirs aux fenêtres et couvrir de noir les tapis de table et les sièges.

Personne ne pourra se servir de carrosses garnis de deuil, ni garnir les couvertures des chevaux d'étoffes noires, ni leur mettre des chaperons de deuil, sous peine de confiscation et de cent florins d'amende.

(Cet édit somptuaire du roi d'Espagne est daté de Bruxelles. — Il provient vraisemblablement des archives de la famille de Nassau-Sieghen.)

L'abbaye d'Hautmont
et les curés de Mairieux (1700).

Les démêlés des moines avec les curés de Mairieux méritent mieux qu'une courte mention ; car deux de ces derniers étaient des hommes très intelligents dont l'instruction était fort avancée. A son arrivée Jacques Lesne refusa la jouissance des biens curiaux et exigea de l'abbaye un traitement fixe convenable. Les mémoires qu'il composa à cette occasion renferment plus d'un renseignement historique utile.

Les communiants de la paroisse sont environ 290 ; l'abbé d'Hautmont en est le collateur ; il a un tiers de la dime ; le sieur Joseph Duchâtel, conseiller à la cour de Mons, est seigneur temporel ; quelques avocats demeurant à Mons, qui se disent confrères de la chapelle Saint-Nicolas, en cette qualité, ont le troisième tiers ; il y a deux chapelles dans la commune ; elles sont à présent ruinées. Celle de la Glisuelle, située dans ce hameau, fait face au grand chemin de Mons à Maubeuge ; elle a été fondée par le seigneur du lieu le 10 mars 1298 en présence de l'Evêque de Cambrai. Elle est char e d'une messe par semaine ; elle possède plusieurs parties de terre et de prés gisant sur le territoire de Mairieux et un muid de froment aux Estinnes-Basses. L'autre est édifiée dans la cense de Haironfontaine : fondée à la même époque, elle est dédiée à saint Nicolas. Elle est chargée de deux messes par semaine et a différents biens.

L'abbaye d'Hautmont jouit des propriétés et des rentes desdites chapelles, et comme elles sont à présent gâtées et à moitié fondues, Mgr Fénelon, archevêque de Cambrai, dans le cours de la visite de la paroisse, le 29 mai 1701, a déclaré que les messes devraient être dites dans l'église de Mairieux. Or les moines d'Hautmont ne les font décharger qu'assez négligemment, ils en font dire seulement cent par an, et plus d'un tiers reste en souffrance.

« Vous nous ennuyez avec vos plaintes, répondaient les religieux. Voyez notre cloître qui tombe en pièces, les églises en aussi triste état et que nous devons réparer ; nous ne sommes pas responsables de la ruine des chapelles, la guerre a étendu ses ravages dans tout le pays ; nous ne recevons pas de dîmes à Mairieux, personne ne nous paie. Les messes que vous ne dites pas le sont au monastère. Laissez-nous en repos et ne nous importunez pas davantage ; nous devons penser à d'autres qu'à vous.

— Et à qui donc ? Ne connaissez vous pas ma situation ? répliquait Jacques Lesne. Le revenu de la cure est de 550 livres de Hainaut. J'en paie 50 par an pour droits de consomption et autres. En qualité d'ecclésiastique, je donne 4 écus et, pour la subvention du clergé, encore 4 écus. Comptez ce qui me reste dans un village désolé où le revenu de la fabrique est d'environ 100 livres de Hainaut et celui des pauvres de cinq à six rasières de blé. Il vous faudra penser à réparer le chœur de mon église qui est près de s'écrouler; cela stimulera les manants à mieux entretenir la nef qui n'est guère plus convenable.

— Mais vous avez d'autres revenus, disaient les moines.

— Ah! oui, parlons-en. De la paroisse dépend le petit village de Bersillies, de la seigneurie du chapitre de Sainte-Aldegonde, à Maubeuge, où existe une misérable chapelle couverte en chaume. J'y célèbre la messe les dimanches et fêtes d'obligation. Elle est à la charge des habitants dudit Bersillies; je jouis pour cela de quelques petites parties de terre et chaque chef de famille de cet endroit me paie annuellement un vassau de blé et un d'avoine; il y a vingt familles, y compris les pauvres qui ont un revenu de dix ou onze rasières de blé. »

Une convention entre Lesne et Saint-Pierre d'Haut-mont fut seulement conclue le 5 février 1712.

L'Abbé et les religieux donnent chaque année, outre 300 florins, 380 livres francs; ils lui cèdent la dotation des chapelles détruites. Le curé promet de son côté de dire trois messes par semaine pour satisfaire aux fondations desdites chapelles, et s'il ne reçoit pas sa dîme ou ne lève pas les récoltes sur les terres qu'on lui cède, il s'engage à ne pas réclamer près des Bénédictins.

La trêve dura jusqu'à sa mort. Son successeur Amoris rouvrit les hostilités lorsqu'il fut nommé en 1736. Il déclara renoncer à la portion congrue de Lesne et jouir des biens de la cure. Un procès s'engagea parce que les moines ne voulaient pas laisser lever la même dîme sur le sieur Riche, leur fermier à Mairieux, et Amoris prétendait que ses prédécesseurs avaient joui de la totalité de la menue dîme sur toute l'étendue de la seigneurie foncière d'Hautmont à Mairieux. Le couvent fit copier à Cambrai les lettres de la fondation de la cure par un de

ses religieux, Dom Adrien Courtin. Le curé fit ses recherches lui-même et rédigea un long mémoire dans
lequel il analyse plus de dix chartes du XIIe siècle et
esquisse l'histoire de l'abbaye à cette époque. Mais celle-
ci donna procuration à Dom Ansbert Leclerq pour comparaître au nom du prélat devant le prévôt de Maubeuge
qui jugea en faveur du pasteur.

La paix dura jusqu'en 1758 ; alors nouveaux conflits
dont la cause première était le délabrement du chœur à
propos duquel Charles Amoris réclamait en vain.

Fatigué d'attendre, il s'avisa d'un moyen original pour
attirer l'attention générale et obliger le couvent à embellir son église : il fit masquer le chœur avec des toiles
peintes attachées par des épingles et fit placer en avant,
c'est-à-dire à l'entrée de la nef, un autel portatif. Les
changements apportés par Amoris furent bientôt l'objet
de toutes les conversations ; il eut le public pour lui, et
l'on dauba sur la négligence ou l'avarice de Saint-Pierre
d'Hautmont qui lui intenta un procès pour avoir fait « ce
qu'il n'avait pas le droit. » Il répondit que c'était la faute
de l'Abbé, que les réparations lui incombaient, qu'il y
avait danger à séjourner dans le haut du temple, attendu
que des plâtras, des pierres, des bois tombaient de la
voûte. « L'autel de la Vierge, ajoutait-il, est trop bas et
trop petit ; on n'y peut rester un quart d'heure sans
vomir, à cause de l'odeur des bois pourris, des ordures
et immondices qu'y déposent les hiboux et autres oiseaux
de nuit dont c'est le refuge. Un autel portatif peut être
placé dans une église où bon semble au curé, pourvu
qu'il soit consacré. Entretenez le chœur au lieu de le
laisser tomber en ruines. Rappelez-vous que, déjà lorsque

j'en ai pris possession, il pleuvait sur le maître-autel et jusque sur ma tête. Je conviens que dans la partie à votre charge, je n'ai aucun droit, mais ailleurs je suis et reste le maître. C'est pourquoi je pourrais vous demander des dommages et intérêts parce que des ouvriers se sont introduits dans le chœur en passant par la nef; ils devaient m'en demander la permission. Vous nourrissez à Hautmont, Boussières, Louvroil et Saint-Rémy cinq ou six cents mendiants qui sont en état de travailler et de gagner leur vie. Abandonnez vos pratiques de générosité mal placée et remplissez mieux vos obligations strictes.

— Est-ce que vous croyez que nous allons nous ruiner avec Mairieux qui demande constamment et ne nous rapporte pas un sou, sauf notre cense de Saint-Pierre? répliquaient les religieux. Nous faisons à votre église les réparations les plus urgentes ; réclamez le reste aux condécimateurs, et ne nous narguez pas plus longtemps avec vos toiles peintes et votre autel portatif. Nous donnons l'aumône à qui nous voulons, et vous êtes le premier mendiant. »

Après assignation d'un huissier, Charles Amoris se résigna à obtempérer aux sommations de l'abbaye.

.·.

La guerre aux moutons (1723).

Ordonnance sur les bêtes à laine.

« De par le Roi,

René-Louis De Voyer de Paulmy, chevalier, marquis d'Argenson, etc.

Le nombre excessif des bêtes à laine ayant causé un préjudice considérable dans le département du Hainaut, il y a été pourvu par un premier règlement fait par M. Faultrier et ensuite par l'ordonnance de M. de Bernières du 10 avril 1703 ; par celle de M. Roujault du 18 juin 1706 ; par celle de M. Doujat du 6 décembre 1716 ; par notre ordonnance du 9 novembre 1722. Mais l'esprit d'intérêt et l'ascendant de plusieurs riches censiers sur les autres paroissiens les ayant portés à y contrevenir et à tenir tel nombre de moutons qu'il leur plait et sans proportion à celui des terres qui leur appartiennent, ou qu'ils occupent, ils les font pâturer presque sur tous les endroits qui ont été, ou qui doivent être réservés pour le pâturage des chevaux, des bœufs et des vaches, de manière que ces bestiaux ne trouvent plus rien à paitre après que les moutons y ont été. Plusieurs particuliers se trouvent obligés de s'en défaire et même de les vendre à vil prix ; ce qui cause un préjudice considérable au bien public. A quoi étant nécessaire de remédier en renouvelant les défenses portées par les anciens règlements ; vu les dites ordonnances et règlements ; tout considéré et en interprétant en tant que besoin notre dite ordonnance du 2 novembre 1722 :

Art. Ier. — Nous ordonnons qu'aucuns particuliers de ce département ne pourront y avoir un plus grand nombre de moutons ou brebis de celui de quatre par chaque bonnier qu'ils possèdent en propre ou qu'ils tiennent en ferme, soit pâtures, prés, terres labourables, avetues de blancs grains, marsages ou à gissières, soit tries, terrains vagues et incultes, et autres, pourvu que tous les dits héritages soient situés dans le territoire du village où ils demeurent et non ailleurs. Bien entendu que la dime et le terrage ne seront pas comptés ni évalués comme biens en fonds. Et s'ils ont un plus grand nombre de moutons que celui ci-dessus, ils seront tenus de s'en défaire dans un mois, du jour de la publication de la présente ordonnance, à peine de confiscation et de dix livres d'amende pour chaque mouton excédant.

Art. II. — Dans ce nombre ne seront compris les agneaux que lorsqu'ils auront l'âge d'un an, non plus que la monture du berger qui ne pourra être que de dix moutons ou brebis par cent.

Art. III. — Chaque boucher ne pourra avoir en graisse plus de 30 moutons, qui seront conduits par un berger particulier ; ces moutons ne pourront être menés avec ceux des autres bouchers, en observant, pour le pâturage, ce qui sera ci-après réglé.

Art. IV. — Les moutons ne pourront pâturer, en aucun temps, sur les prairies et les pâtures communes.

Art. V. — A l'égard des warechaix, qui sont des terres incultes appartenant aux communautés, les moutons ne pourront y pâturer, à compter du premier jour de mars,

que sur un quart de ceux, le moins herbeux, qui sera
désigné, une fois pour toujours, par les mayeur, échevins et assesseurs de chaque village ; et les autres trois
quarts seront réservés pour le pâturage des chevaux,
des bœufs et des vaches, jusqu'au temps qu'on pourra
les mettre dans les prairies et pâtures communes, après
le foin enlevé suivant les usages des lieux ; auquel
temps les moutons pourront pâturer sur les warechaix
entiers, jusqu'au premier mars de chaque année, et, en
tout temps, sur les terres à gissières.

Art. VI. — Les moutons ne pourront champier (1) sur
les chemins publics, ni même y passér lorsque les terres
qui y seront contiguës se trouveront avetues de blancs
grains ou de marsages d'un ou de deux côtés, ni aller
dans aucune rue du village ou chemins qui seront entre
deux haies, si ce n'est lorsque ces chemins ou ces rues
seront les seuls qui conduiront aux terres à gissières du
terroir, non déroyées, auquel cas seulement les moutons
pourront passer sans champier ni s'y arrêter ; mais s'il y
a d'autres chemins conduisant à des gissières, ils devront
s'en servir, quelque longs qu'ils puissent être.

Art. VII. — Les propriétaires des terres en friche,
vulgairement nommées tries (qui sont des terrains
incultes appartenant à des particuliers), pourront en
faire leur profit, en payant les vingtièmes et autres
impositions qui y seront mises, et en suivant la règle
des royages des terres dans lesquelles ces tries seront
enclavés, et pourvu qu'ils ne préjudicient pas aux
avetures des dites terres. Mais si les propriétaires ne

(1) Pâturer.

payent pas les dits vingtièmes et autres impositions, la communauté en pourra faire son profit, en suivant aussi la règle des royages et aux mêmes charges et conditions que ci-dessus.

Art. VIII. — Personne ne pourra introduire aucuns bestiaux dans les terres dont les grains seront fauchés, que vingt-quatre heures après que les gerbes auront été enlevées, le tout aux mêmes peines et amendes que dessus.

Art. IX. — Mandons à notre subdélégué de tenir chacun endroit soit la main à ce que notre présente ordonnance soit exécutée selon la forme et teneur, nonobstant tous les règlements et usages à ce contraire, et pour cet effet elle sera lue et publiée à l'issue des messes des paroisses à la diligence des Mayeur et des gens de Loy, et affichée où besoin sera, à ce qu'aucun n'en ignore. Fait à Valenciennes, le 2 septembre 1723.

D'ARGENSON.

(Publié par Caffiaux.)

N. B. Cette ordonnance reste muette sur les porcs. Comment d'Argenson les a-t-il oubliés ?

.˙.

Le 1er mai à Jeumont vers 1820.

En parcourant le village (Jeumont) avec M. Wautier, j'aperçus encore des restes de Mai, et je parlai de ceux que j'avais vus la veille ; il me répondit que les habitants de sa commune exprimaient leurs pensées plus énergi-

quement que leurs voisins ; les derniers se contentent
de dévoiler le vice, ici on rend hommage à la vertu ;
aussi vous remarquerez que plusieurs maisons sont
presques couvertes ou entourées de branches de bouleau,
insigne de la virginité ; ce ne sont pas les amants seuls
qui se plaisent à honorer ainsi la sagesse, tous les
habitants s'empressent de porter leur branche, c'est un
brevet d'honneur pour une jeune fille qui, quelquefois,
n'a pour dot que quelques fagots de ces branches,
qu'elle réunit et conserve soigneusement ; d'autres emblèmes peignent le caractère des demoiselles, ou les
sentiments qu'elles inspirent ; le cerisier fleuri indique
la facilité, le relâchement des mœurs ; le saule peint la
coquetterie (ces cœurs froids, avides d'hommages, sont
plus communs qu'on ne le pense, même au village) ; le
sureau, le houx indiquent le délaissement, l'abandon ;
souvent l'un de ces emblèmes est joint au saule, ce qui
prouve que l'abandon n'a d'autre cause que la coquetterie. Le jour de l'Ascension on renouvelle les branches,
souvent elles ne sont plus les mêmes.

Le charivari est aussi en vogue à Jeumont lorsque des
veufs se remarient ; mais il ne se prolonge pas huit
jours, on se contente de troubler la première nuit par
les sons les plus discordants qu'on puisse imaginer.

A Jeumont ainsi que dans la plupart des communes
voisines, le troisième jour de la fête patronale, et le jour
de la Sainte-Catherine, ce sont les demoiselles qui paient
la musique, et invitent les garçons à danser. On appelle
le jour des durmenés le dernier jour de la kermesse ;
bon gré, mal gré, il faut que l'homme qui se laisse battre
par sa femme monte sur un âne, tienne à la main la

queué de cet âne, tandis que la femme montée sur le
même animal tient la bride et le dirige ; on leur fait ainsi
parcourir tout le village précédés de la musique et des
jeunes gens. Quoique cet usage commence à tomber en
désuétude, me dit M. Wautier, de temps en temps il se
renouvelle : une femme adultère subit la même humilia-
tion.

Nous causâmes quelques minutes sur ces usages dont
on ne connaît plus l'origine : chacun de nous fit des
réflexions, et émit son opinion.

Mᵐᵉ CLÉMENT-HÉMERY.

.·.

A Dourlers vers 1820.

A Dourlers, lorsqu'un garçon a atteint l'âge de puberté
et qu'il veut se faire recevoir de la société des jeunes
hommes, il se présente, et il témoigne son désir au
capitaine. Celui-ci convoque la compagnie ; on conduit
le néophyte au cabaret, où il paie amplement à boire,
après quoi on lui attache une cheville à la ceinture de
son pantalon, cette cheville représente le bouton ; on le
promène ainsi par tout le village, avec le drapeau et la
musique, pour faire connaître qu'il a payé son entrée
dans la société, et qu'il peut être admis à la place de
capitaine, ou concourir avec les autres pour cette charge
honorable.

Lorsqu'un jeune homme veut obtenir cette place, on
assemble la compagnie ; les étendards sont déployés,

et au roulement du tambour on fait une espèce d'adjudication de la place de capitaine, qui s'adjuge à celui
qui promet payer le plus grand nombre de pots de bière.

Quelque temps avant la Révolution, le fils d'un de ces
capitaines voulut profiter du séjour que faisait un peintre
de la ville voisine, pour faire faire, disait-il, un portrait
de famille, de la réception de son père. Ce peintre avait
justement assisté à la fête. Ce bon fils voulait qu'on y
représentât tous les assistants de manière à ce qu'on
les reconnût, et qu'on le mît lui-même dans un endroit
où il pouvait tout voir sans être vu. Le peintre travailla
en conséquence, et le tableau reçut l'approbation de
tout le village : le bailli y reconnut ses lunettes et sa
perruque in-folio, le porcher son fouet, le magister son
rochet, le bédeau sa masse, le greffier sa plume et son
chapeau en croissant ; enfin, chacun y trouva quelque
partie de lui-même.

Lorsqu'il en fallut venir au paiement, le fils se fit un
peu tirer l'oreille ; il pensait que le peintre n'avait
travaillé que pour l'honneur : malheureusement les
peintres ne vivent pas de l'air du temps, ils ne sont
pas ordinairement fort chargés d'argent, et le proverbe
Gueux comme un peintre ne se vérifie que trop souvent. Enfin, puisqu'il fallait payer, ce bon fils compta
exactement toutes les têtes qui étaient dans le tableau,
et il les évalua généreusement à dix centimes pièce ;
en conséquence, il envoya dix francs au peintre, qui
faillit tomber à la renverse ; cependant il conserva assez
de présence d'esprit pour se rendre de suite chez le
jeune homme. Jeter les dix francs sur la table, reprendre
son tableau et s'enfuir fut l'affaire d'un instant. Le ba-

daud, surpris à son tour, resta stupéfait, et regarda le
peintre qui courait de toutes ses forces et qui court
encore.

(Id.)

.·.

Un enterrement à Rousies vers 1820.

Nous étions restés à Asserent plus que nous n'avions
pensé, ce qui nous décida à n'aller qu'à Rousies ; et
malgré les instances des propriétaires d'Asserent, qui
voulaient nous retenir, nous longeâmes la petite rivière
de Solre qui se jette à Asserent dans la Sambre, et
nous entrâmes à Rousies, où nous entendîmes des
violons, des cris de joie qui nous étonnèrent ; il était
une heure de l'après-midi : ordinairement on ne con-
sacre pas la danse dans cette partie de la journée. En
approchant de cette bruyante réunion, ma surprise
redoubla, en voyant à la porte de la maison un groupe
de quelques personnes qui pleuraient, sanglotaient,
quoiqu'en apparence faisant partie de la fête. Ce contraste, que je ne pouvais m'expliquer, fit sourire mon
compagnon. Il est probable, me dit-il, qu'on a enterré
une jeune fille, et que ses sœurs ou amies intimes
pleurent en attendant qu'on les invite à danser. Car
vous savez, ajouta-t-il, que de temps immémorial, dans
nos faubourgs (1) et nos villages voisins, il est d'usage
qu'au retour de l'enterrement d'une jeune fille, les
parents, les invités se réunissent dans un cabaret,

(1) De Maubeuge.

pour y danser jusqu'au soir. J'abandonne à mes lecteurs le soin de concilier ces faits, je ne puis que reporter ma pensée bien loin, bien loin, à Cléobis et Biton, à Junon qui, pour récompenser leurs vertus, pour les initier au bonheur, leur accorda... la mort.

(Id.)

.·.

Les feux de la Saint-Jean et du Carême.

Il existe à Obrechies une coutume qui remonte aux temps les plus reculés, et qui a lieu dans beaucoup d'autres communes du canton de Maubeuge, même dans les faubourgs de cette ville. Le premier dimanche de Carême, les enfants du village allument un grand feu de paille ou de bois (selon ce qu'ils ont pu ramasser), soit sur la place du village, soit sur une hauteur : on le nomme el feureu (le feu heureux) ; les villageois attachent une idée superstitieuse à cet usage, aussi ne refuse-t-on guère les moyens de le perpétuer, et tel qui refuserait du bois à la Saint-Jean, en donne le premier dimanche de Carême. M. E... me disait, à ce sujet, qu'il était probable que cette coutume avait traversé les siècles et venait de l'usage d'allumer du feu nouveau sur l'autel de Vesta, aux calendes de mars ; effectivement le premier dimanche de Carême tombe presque toujours dans le commencement du mois de mars (1). Quant au feu de joie de la Saint-Jean, il

(1) Dans le département des Vosges, cette cérémonie a bien plus de splendeur.

Les *Brandons* ont lieu le premier dimanche du mois de mars. La jeu-

paraît presqu'aussi ancien que la civilisation, c'est la fête du Solstice qui, autrefois, commençait l'année. Les Grecs la célébraient pour les fêtes Laplaries en l'honneur de Diane ; les Romains en l'honneur de Janus ; les Juifs idolâtres en l'honneur de Moloch, qui n'est autre que Saturne, etc., etc.

(Id.)

.·.

Placard des Octrois de Bavai (1754).

On fait savoir que le samedi 17 février 1754, il sera procédé à l'adjudication des droits d'octroi qui se perçoivent en la ville de Bavai, consistant,

savoir :

— En trente patars par tonne de forte bière cabaretière, de la contenance de 66 pots, à jauge de la dite ville.

— En dix patars par tonne de forte bière brouettée en cabaret.

— En vingt patars par tonne de forte bière bourgeoise, brassée par les bourgeois.

nesse d'Épinal, après avoir passé la journée à se divertir sur un grand rocher près de la ville, se réunit en différents quartiers, pour allumer des feux de joie qu'on appelle *bures*. On forme un grand cercle ; l'un des jeunes gens, qui tient lieu de président, appelle à haute voix des couples qu'il désigne sous le nom de Valentin et de Valentine ; ceux-ci font plusieurs fois le tour de la *bure*, après quoi chaque Valentine embrasse son Valentin ; celui-ci est obligé de payer par un cadeau, dans la semaine, le baiser qu'il a reçu : c'est ce qu'on appelle rachat.

Outre les branlons, une autre coutume se nomme les *Champs Golots* ; elle s'exécute par des enfants qui, au commencement du Carême, vers la fin du jour, promènent dans le ruisseau des planches chargées de chandelles allumées. Ces illuminations flottantes ont lieu ordinairement dans la rue de l'Hôtel de ville, et l'on s'y rend en foule, pour assister à cette bizarre cérémonie et entendre chanter à ces enfants un couplet qu'ils répètent continuellement.

— En douze patars au pot de brandevin.

— En trois patars et un liard sur chaque pot de vin.

— En un patar à l'écu du prix des bestiaux qui se vendent les jours de foires.

— En droits de chausséage, gambage, vinage, décharge de vins, dont les quantités seront exprimées en détail dans la criée dont on pourra prendre communication en l'hôtel-de-ville dudit Bavai.

Toutes personnes solvables seront reçues à faire des offres en donnant bonne et suffisante caution.

Fait à Valenciennes, le 13 février 1751.

Signé : DE MACHAULT.

.˙.

Même placard pour la ville de Condé en 1739.

Les droits consistent,

savoir :

— En deux patars au lot de vin.

— Vingt sols au lot de brandevin.

— Huit livres dix sols, à chaque tonne de forte bière, à la charge des débiteurs ; et quarante-trois patars huit deniers, aussi à la tonne de forte bière, à la charge des bourgeois.

— Vingt sols sur chaque bête à corne et dix sols sur chaque bête blanche (1). porc ou veau qui se tueront, ou se consommeront en la dite ville.

_____

(1) Une blanche bête est un mouton.

— Deux patars sur chaque tonne de bière forte ou petite, pour droit de brouettage.

— Et finalement, pour droit de hallage, en deux liards de chaque sac de grain de toute espèce, à la charge des étrangers, et un liard à celle des bourgeois.

Toutes personnes seront reçues à faire leurs offres, en donnant bonne et suffisante caution.

Fait ce 6 septembre 1739.

Signé : DE SECHELLE.

(Publié par Caffiaux.)

.˙.

Les anciennes coutumes de Floyon.

Ma vieille connaissance m'accueillit à merveille, et me raconta comme de coutume des choses si originales, que j'en riais encore le lendemain, en m'acheminant vers Floyon, beau village arrosé par les ruisseaux de la Houssoye et de Fontenelle. Ma gaieté s'évanouit bientôt en apercevant, à la porte de la personne chez qui je devais loger, des apprêts funéraires. Je craignis d'être importune, et ne voulais pas entrer lorsque la sortie du convoi et les cris déchirants que j'entendis me décidèrent à essayer de calmer une douleur si vive ; mais c'était celle d'une mère : Dieu seul pourrait l'affaiblir, jamais la faire cesser.

Elle avait vingt-trois ans, cette fille chérie, parée des grâces de l'adolescence ; elle était douée d'un esprit vif et fin, d'une humeur enjouée, d'une physionomie piquante, dont la mobilité augmentait le charme ; ses

cheveux étaient de cette nuance incertaine et si jolie
entre le blond cendré et le châtain ; une peau éblouis-
sante, où les lis et la rose se mariaient, ajoutait un
attrait à mille attraits. Telle était Eulalie, la joie et
l'orgueil de sa famille, l'amour de sa mère... La mère !
elle lui survit : ô vous qui avez pleuré un ami, un
époux même, si vos enfants vivent, vous ignorez la
douleur. Entrez dans cette chambre assombrie, voyez
ce spectre, les yeux fixes, le teint cadavéreux, les lèvres
agitées des convulsions du désespoir, les mains fortement contractées, n'entendant rien, ne voyant rien, ne
pouvant verser une bienfaisante larme : ce spectre,...
c'est une mère !

Il y avait plus d'une heure que je contemplais en
pleurant et sans parler cette mère infortunée, lorsqu'elle
cria avec un accent terrible que l'art ne pourrait ex-
primer ni peindre : « Les voilà ! où me cacher ? » Une
violente attaque de nerfs lui fit perdre connaissance, on
en profita pour l'arracher de cette chambre où elle avait
vu expirer sa fille, et on la porta dans un pavillon au
bout d'un grand jardin. Je ne concevais pas ce que
signifiait l'exclamation que j'avais entendue : l'enchantement que témoignaient les domestiques de l'éloignement
de leur maîtresse, un cliquetis d'assiettes, de verres, d'argenterie au rez-de-chaussée, ne me donnèrent que trop
tôt l'explication de ce que je n'osais demander ; on
m'engagea à descendre. Qu'on juge de ma surprise en
voyant une table parfaitement servie, autour de laquelle
quantité de jeunes gens des deux sexes s'asseyaient
d'un air joyeux, avec les parents de la défunte encore
couverts de vêtements lugubres empreints de quelques

larmes. Ce spectacle me révolta, il me fut impossible de comprendre cet amalgame bizarre de joie et de douleur. J'eus néanmoins la curiosité de rester ; de nombreuses libations succédaient à l'éloge de celle qui était à jamais perdue pour le monde.

La gaieté la plus bruyante anima tous les convives jusqu'à la fin du repas ; alors d'un mouvement spontané tout le monde se leva, des musiciens entrèrent avec des violons et des clarinettes, on entonna en chœur les Grâces que les musiciens accompagnèrent, et après un dernier toast on passa dans un salon préparé à cet effet. On dansa et valsa jusqu'à dix heures du soir, sans qu'on pensât à la malheureuse mère qui, malgré l'éloignement, devait entendre les sons aigus des instruments...

« Quelle barbarie ! m'écriai-je. — C'est l'usage », me répondit-on. Effectivement cette scène se renouvelle dans toutes les classes, à chaque décès d'individus non-mariés. On doit penser que je ne fus pas témoin du bal ; je tentai de revoir la maîtresse de la maison, je ne pus y parvenir ; j'entendis ses sanglots qui auraient déchiré l'âme la plus dure.

Pendant qu'on dansait, j'allai me promener dans le village ; je rencontrai M. Bévierre qui, galamment, prévenait la visite que j'allais lui faire comme maire de la commune. M. Bévierre est un homme très aimable, plein d'esprit et de complaisance. Je lui parlai du spectacle dont je venais d'être témoin ; il me dit qu'il en gémissait en son particulier, mais que les habitants du village tenaient tellement à cet usage, qu'ils se révolteraient plutôt que d'y rien changer ; il en est bien d'autres encore dans cette commune qui sont assez bizarres, ajouta-t-il, mais qui du moins ne déchirent pas le cœur et ne révoltent pas la nature comme les réjouissances des funérailles. Par exemple, la kermesse offre encore un mélange singulier du sacré et du profane, sans qu'on puisse en conjecturer la moindre propension à l'impiété; les Floyonnais sont au contraire sincèrement attachés à la religion, et mettent autant d'empressement et d'enthousiasme à la célébration des cérémonies religieuses qu'aux divertissements auxquels ils se livrent avec ardeur; ils aiment le bruit et l'éclat.

A l'époque de la fête ou kermesse (à la Saint-Jean et à la Saint-Martin), tous les ménétriers de Floyon et environs se réunissent sur la place, en attendant la messe que l'on célèbre en pompe; admis à l'église à la tête des jeunes gens, ces musiciens, qui n'en savent pas plus, jouent des valses et des contredanses pendant le service divin, ce qui causerait des distractions à beaucoup de citadins. A l'issue de la messe on fait une procession, tout le village suit le clergé, et les ménétriers raclent et soufflent au plus fort: les autorités suivent cette procession qui dure au moins deux heures, à cause des stations à différentes chapelles richement ou élégamment décorées; on reconduit le clergé à l'église, puis on se met à table où l'on reste cinq ou six heures sans interruption. A l'issue du dîner, on va sur la place publique où l'on danse jusqu'à la nuit; pendant quatre jours on recommence la même chose. Mais il y a une variation le quatrième jour: ce sont les demoiselles qui font les frais de cette journée, elles engagent les cavaliers, et à la fin de chaque valse ou contredanse elles invitent leurs danseurs à vouloir bien accepter des rafraîchissements, qu'ils ne refusent jamais. Pendant le cours de cette journée les étrangers (c'est-à-dire ceux qui ne sont pas du village) restés à la fête sont *mis en vente* par les officiers de la jeunesse, ils ne recouvrent leur liberté qu'en souscrivant à payer pour prix de la dernière enchère les rafraîchissements analogues à la circonstance; ensuite on les décore d'un morceau de ruban rouge à la boutonnière droite. Si par hasard ils refusent de se conformer aux usages précités, les officiers de la jeunesse font disposer des ânes, et contraignent les récalcitrants de les monter, tenant en main la queue de l'animal en guise de bride; on décore l'âne du ruban rouge, et la musique reçoit l'ordre d'escorter ces nouveaux cavaliers dans les rues de la commune, et de les ramener sur la place en exécutant l'air de *Malborough*. Ainsi se termine la ducasse.

Un autre genre de divertissement a lieu tous les ans à la mi-carême. La jeunesse en général a disposé plusieurs jours d'avance un énorme bûcher que l'on nomme *feu heureux* ou *Bihourdy*, où il se trouve au moins vingt voitures de bois. Le susdit jour, à neuf heures du soir, on allume ce bûcher, qui dure souvent 24 heures; presque tous les habitants de la commune ainsi qu'une partie de ceux des villages voisins se réunissent auprès de ce feu; 30 à 40 personnes masquées égayent les spectateurs par mille folies, et doublent les plaisirs de cette joyeuse réunion où l'on chante, danse, rit, boit à l'envi les uns des autres.

.˙.

Le procès de la famille Nassau.

Lettres de récision.

Du 31 janvier 1720.

Louis, par la grâce de Dieu, roi de France et de Navarre : A nos amés et féaux les présidents et Gens tenant notre cour de Parlement de Flandres; salut. Reçu avons l'humble supplication de notre amé Philippe-Charles-Joseph vicomte de Berghes, prince de Rache, etc., au nom et comme tuteur de Charles-Henri-Nicolas-Othon, et de Charlotte-Amicic, prince et princesse d'Orange et de Nassau-Sieghen, Dillembourg, Hadamar et du Saint-Empire etc., contenant que le prince Guillaume-Hyacinthe de Nassau laissa entre autres biens à sa mort, arrivée le 28 février 1713, la Terre et Seigneurie de Villers-Messire-Nicole, située dans le Hainaut français, dont le prince père desdits mineurs se mit aussitôt en possession, comme lui étant échue à toutes sortes de titres; mais que la princesse Jeanne-Baptiste de Nassau, Chanoinesse à Mons, sa tante, lui contesta sous prétexte de son illégitimité et sous d'autres moyens également frivoles : que cette difficulté n'ayant pas été terminée pendant la vie de cette princesse, elle institua pour son héritière la fille du marquis de Westerloo, chanoinesse au même chapitre de Mons, et s'ingéra de lui faire en outre et à ses deux autres sœurs, chanoinesses à Maubeuge, le legs du prix de ladite terre pour chacun tiers,

qu'elle ordonna être vendue à cet effet, comme si elle
lui eût appartenu, de sorte que cette héritière renouvela,
ou plutôt continua au père desdits mineurs, la même
contestation sur son état et la propriété de cette terre :
que par arrêt du 19 juin 1749, la cour déclara l'état de
ce prince avoué et reconnu, et faisant droit sur l'autre
objet, adjugea à la princesse de Nassau, lors veuve et
douairière en qualité de mère et tutrice des mineurs, la
propriété et la jouissance de ladite terre de Villers-
Messire-Nicole ; que, quoique les deux sœurs de l'héritière de la princesse Jeanne-Baptiste ayant été suffisamment défendues par elle, en sa qualité, dans cet arrêt,
et par l'exécution testamentaire, qui était également en
cause, et que d'ailleurs elles aient été duement signifiées
dudit arrêt, en la personne du marquis de Westerloo,
leur père, et à la brétéque, elles crurent être en droit et
encore dans le temps de se pourvoir par voie d'opposition contre cet arrêt le 28 janvier 1757, suivant leur
requête de ce jour ; que sur cette instance arrêt est
intervenu le 7 avril 1758, qui malgré les fins de non-
recevoir établies contre cette action et les moyens qui
écartaient la prétention au fond, reçoit la dame Jeanne-
Christine comtesse de Mérode de Westerloo, comme
cessionnaire de Marie-Thérèse de Mérode de Pétersheim
sa sœur, opposante à l'exécution de l'arrêt du 19 juin 1749 ;
et faisant droit sur cette opposition, ordonne à N. François, exécuteur du testament de Jeanne-Baptiste, princesse de Nassau, de procéder incessamment à la vente
publique de la terre et seigneurie de Villers-Messire-
Nicole, pour percevoir par ladite comtesse de Westerloo,
tant en son nom qu'en sa qualité, les deux tiers du prix

de ladite terre, conformément audit testament, et condamne le suppliant aux dommages et intérêts et aux dépens : que le suppliant a été conseillé de se pourvoir contre cet arrêt par la voie de révision et proposition d'erreur, pour les causes et chefs suivants ; premièrement parce qu'il n'a pas fait droit sur les fins de non-recevoir proposées par le suppliant, contre l'action desdites dames, étant certain qu'il ne peut être censé en avoir été dépouillé sans qu'on y eût prononcé et qu'on les eût rejetés ; deuxièmement parce qu'au fond, il y a contrariété entre ledit arrêt et ceux de la même cour du 19 juin 1749, qui adjuge aux mineurs la propriété pleine de ladite terre, et 22 janvier 1757, qui leur accorde des provisions de vivre sur la saisie réelle des revenus d'icelle ; ainsi que tous les autres arrêts rendus depuis cette saisie réelle, et qui sont constamment fondés sur les moyens qui assurent la propriété de cette terre aux mineurs ; troisièmement parce que l'arrêt n'a pas eu égard, ni aux lois fondamentales de la maison de Nassau, suivant lesquelles chaque membre doit être jugé et qui destinent tous les fiefs aux mâles de cette famille souveraine, ni au testament du prince Jean-François-Désiré de Nassau, contenant une substitution masculine et graduelle, ni à l'acceptation faite de ce testament par tous ses enfants, ni aux principes des substitutions et à leur faveur, ni enfin aux ordonnances qui établissent l'un et l'autre, et à la jurisprudence de tous les tribunaux sur cette matière ; quatrièmement parce qu'au préjudice de ces moyens l'arrêt a laissé opérer la déshéritance et la disposition que la princesse Jeanne-Baptiste de Nassau a faite de ladite terre par son testament, tandis que d'une part, elle s'était soumise au fidéicommis réglé par ledit Prince-Désiré de Nassau son père, et que d'un autre côté, non seulement cette déshéritance et ce testament sont faits sur le faux supposé de l'illégitimité du prince son neveu père des mineurs, mais qu'ils sont encore infectés de plusieurs autres nullités, telles que la déshéritance, pour n'avoir pas été faite en vertu d'acte grossoyé et en forme, en sorte que dans les circonstances du combat entre les héritiers légaux et des étrangères sur la propriété des biens, il échut au moins d'ordonner aux parties d'instruire particulièrement sur ces objets, avant que de se décider à condamner des héritiers saisis par la loi ; cinquièmement parce qu'à supposer la validité desdits testaments et déshéritance, l'effet en était devenu nul et caduc faute de vente ensuivie de la terre, aux désirs des chartes du Hainaut, dans l'année de la mort de la testatrice, et que l'on n'a pu proroger ce terme, qui est de statut, surtout sans entendre la partie en faveur de laquelle il est apposé, et sans lettres royaux levées en Chancelerie ; sixièmement, parce que dans tous les cas il y a excès dans les dispositions dudit arrêt, en ce qu'il ordonne la vente de toute la terre, tandis que lesdites dames de Mérode n'avaient à réclamer et ne réclamaient que deux tiers du prix, et que l'arrêt du 19 juin 1749 subsiste certainement pour un tiers de la propriété, qu'il a adjugée aux mineurs du suppliant ; septièmement enfin, parce que le même arrêt condamne le suppliant aux dommages et intérêts, et aux dépens, tandis que les mineurs étaient héritiers légaux de ladite terre, qu'ils avaient un arrêt pour titre de leur jouissance, et qu'un possesseur de bonne foi ne peut

jamais être soumis à des dommages et intérêts, ni à
aucune autre peine. Pourquoi le suppliant a recours à
nous, pour qu'il nous plaise, vu l'acte de consignation
ci-attaché sous le contre-scel de notre chancelerie, et
faite au désir de l'article 7 de l'édit du mois d'avril 1688,
lui accorder et faire dépêcher nos lettres de révision,
proposition d'erreurs au cas pertinentes, et permettre
toutes les significations être faites à la brétéque si
besoin était. A ces causes : voulant traiter favorablement
ledit suppliant selon l'exigence du cas, et ôter tous lieux
de plaintes des prétendus griefs insérés par ledit arrêt,
vous mandons et enjoignons qu'après qu'il vous sera
apparu de l'assignation donnée à sa requête par l'un de
nos huissiers auxdites dames Jeanne-Christine, comtesse de Mérode de Westerloo, tant en son nom que
comme cessionnaire de Marie-Thérèse de Mérode de
Pétersheim, sa sœur, et tous autres qu'il appartiendra,
et des copies des pièces à eux baillés, pour comparaître
pardevant vous, à certain et compétent jour, et fournir
des défenses aux raisons et moyens de révision ci-
dessus énoncées, et que la cause sera mise en état de
juger, suivant et conformément au prescrit de notre édit
du mois d'avril 1688, vous ayez à procéder, pris avec
nous des adjoints et réviseurs tels et en tel nombre
qu'il est ordonné par notre déclaration du 15 décembre 1708, à la révision et au jugement dudit procès,
tout ainsi que si le susdit arrêt du 7 avril 1758 n'y était
intervenu, que nous ne voulons nuire ni préjudicier audit suppliant, et dont nous l'avons audit cas relevé et
dispensé, relevons et dispensons par ces présentes, et
faites aux parties icelles ouïes bonnes et brière justice,

et d'autant qu'il convient faire ces devoirs hors du
ressort de notre dite cour de Parlement de Flandres ;
voulons que les significations et autres devoirs requis
et nécessaires qui se feront à cri public à la brétèque en
la manière accoutumée, soient de tels effet et vertu,
que si faits étaient à leurs personnes et vrais domiciles :
car tel est notre plaisir. Donné à Douai le trente-unième
janvier, l'an de grâce mil sept cent cinquante-neuf, et
de notre règne le quarante-quatrième. Par le conseil :
Signé Remy de Gennes. A côté vu : signé De Francque-
ville d'Abancourt. Et scellé.

(Ces lettres de révision donnent à peu près le résumé de la dernière
partie du procès. C'est pourquoi nous avons jugé bon de les publier. —
Archives de Villers-sire-Nicole.)

• •
•

Contre les fraudeurs et les faux-sauniers.

*Réglement pour empêcher l'introduction du faux sel et du
faux tabac dans les provinces limitrophes de la Picardie et
de l'Artois.*

(Extrait de la déclaration du Roi de 9 avril 1743.)

XVII. — Les amendes à prononcer, outre la confiscation du sel, contre les chefs de famille, ou autres particuliers habitant dans les distances des dites provinces
où les commis de nos fermes ont droit d'exercice, demeureront fixées, à l'égard des saisies de sel faites à
domicile,

savoir :

Lorsque la quantité de sel saisi n'excédera pas le
double de la provision qu'il est permis à chaque chef de

famille d'avoir en sa possession pour six mois, eu égard au nombre des personnes dont elle est composée, à cinquante livres d'amende pour la première fois, à cent pour la seconde et à deux cents livres en cas de récidive.

Pour semblable saisie faite à domicile, où la quantité de sel saisi excéderait le double de la dite provision, ce qui sera alors censé amas, à cinq cents livres d'amende pour la première fois, et à *cinq ans de galères* pour la seconde, à l'égard des hommes; et pour les femmes, *au fouet et au bannissement à perpétuité* de la province, aux termes de l'article XXV du titre XVI de notre ordonnance du mois de mai 1680 portant règlement sur le fait des gabelles.

XVIII. — Les amendes à prononcer contre les particuliers habitant dans les dites distances, trouvés en campagne, dans les saisies où il ne s'agira pareillement que de sel, demeureront aussi fixées,

savoir :

Lorsque les quantités de sel n'excéderont pas du double celles contenues aux certificats dont ils seront porteurs, à cinquante livres pour la première fois, et à deux cents livres en cas de récidive.

Pour semblable saisie faite en campagne lorsque la quantité de sel saisi excédera le double de celle énoncée au certificat dont le contrevenant sera porteur, à trois cents livres pour la première fois, et à cinq cents livres en cas de récidive; lesquelles amendes de cinq cents livres, et trois cents livres, à défaut de paiement dans le mois du jour de la prononciation d'icelles, seront conversibles, sur la simple requête du fermier présentée aux juges qui les auront prononcées, en *la peine des galères pour cinq ans* à l'égard des hommes, et pour les femmes, *au fouet et au bannissement, à perpétuité,* de la province.

XIX. — Dans les saisies de tabac faites à domicile, les amendes à prononcer, outre la confiscation du tabac, contre les chefs de famille et autres habitants dans l'étendue des dites distances, demeureront aussi fixées,

savoir :

Quand la quantité de tabac saisi n'excédera pas de deux livres la provision qu'il est permis à chaque chef de famille d'avoir en sa possession pour trois mois, à quarante livres pour la première fois, et à cent livres en cas de récidive.

Pour pareille saisie domiciliaire, dans laquelle la quantité de tabac excéderait de deux livres et jusqu'à quatre livres inclusivement, la provision permise, à cent livres pour la première fois et à deux cent livres en cas de récidive.

Pour semblable saisie faite à domicile, où la quantité de tabac saisi excéderait de six livres et au delà la provision permise, ce qui serait alors censé amas, à cinq cents livres d'amende pour la première fois, et à mille livres en cas de récidive ; lesquelles amendes, à défaut de paiement dans le mois du jour de la prononciation d'icelle, seront conversibles, sur la simple requête du fermier ou des juges qui les auront prononcées, en la peine *des galères pour cinq ans* à l'égard des hommes, et pour les femmes, en celle *du fouet et au bannissement, à perpétuité,* de la province.

XX. — Dans les saisies de tabac, faites en campagne, les amendes à prononcer contre les particuliers, habitant dans les dites distances, demeureront aussi fixées, comme ci-après, outre la confiscation du tabac,

savoir :

Lorsque le tabac saisi n'excédera que jusqu'à deux livres inclusivement la quantité portée dans le certificat dont ils seront porteurs, à cinquante livres pour la première fois, et à deux cents livres en cas de récidive.

Pour pareille saisie, en campagne, si la quantité de tabac saisie excède, depuis deux livres jusqu'à quatre inclusivement, celle portée dans le certificat, à cent livres pour la première fois, et à trois cents livres en cas de récidive.

Pour semblable saisie, à la campagne, quand le tabac saisi excédera de plus de six livres la quantité énoncée au certificat, à l'amende de mille livres pour la première fois, conversible, à défaut de paiement, comme en l'article précédent.

XXI. — Les particuliers résidant dans l'intérieur des provinces exemptes et ceux des voisines sujettes à nos droits, qui seront surpris dans les trois lieues limitrophes, portant, voiturant, conduisant, ou escortant du sel ou du tabac, sous tel prétexte que ce puisse être, seront poursuivis comme faux-sauniers, ou faux-tabatiers, ainsi que s'ils avaient été pris dans l'étendue de nos fermes des gabelles et du tabac, et, comme tels, seront sujets aux confiscations, amendes et peines prononcées par nos précédents règlements contre les dits faux-sauniers et faux-tabatiers.

XXII. — Seront pareillement poursuivis comme faux-sauniers ou faux-tabatiers, les particuliers habitant des lieux où s'étendent les fonctions des commis, lorsqu'ils seront surpris avec du sel ou du tabac, sous tel prétexte que ce puisse être, entre leur domicile et la frontière des provinces voisines sujettes à nos fermes des gabelles et du tabac, quand même ils seraient porteurs des certificats prescrits par la présente déclaration.

XXIII. — Indépendamment des confiscations, amendes et peines prescrites par la présente, voulons qu'il soit procédé, à l'extraordinaire, contre les contrevenants, dans tous les cas où il y aurait eu attroupement ou port d'armes, rébellion, excès commis ou mauvais traitement envers les employés, ou crime de faux.

XXIV. — Réitérons les défenses à tous hôteliers, cabaretiers, fermiers, censiers et autres, de quelque qualité et condition qu'ils puissent être, de donner retraite, asile, secours et assistance, de fournir des vivres, des boissons ou des fourrages, soit au dedans de leur maison, soit au dehors, à ceux qui porteront, conduiront, voitureront, ou escorteront du sel ou du tabac, en contravention au présent règlement, à peine de complicité et d'encourir les mêmes amendes et peines.

XXV. — Enjoignons aux baillis, lieutenants, et autres officiers et gens de loi des villes, bourgs et villages situés dans les trois lieues limitrophes, de se transporter avec les commis du fermier, à la première réquisition qui leur en sera faite, et sans différer, dans les lieux et chez des personnes où ils entendront faire visites et perquisitions, pour leur prêter main-forte et assistance, être présents aux dites visites et procès-verbaux qui seront faits par les dits commis; à peine, en cas de refus de la part des dits officiers, ou de délais affectés, de trois cents livres d'amende pour la première fois, et de cinq cents livres en cas de récidive.

XXVI. — Défendons à toutes nos cours et juges de réduire ou modérer, sous quelque prétexte que ce soit, les amendes et peines articulées dans les présentes, à peine de nullité et de cassation des jugements.

(Publié par Caffiaux.)

TABLE DES MATIÈRES

BIBLIOTHÈQUE NATIONALE — R. F. — IMPRIMÉS.

La deuxième série de nos études sur

LA VIE DANS LE NORD DE LA FRANCE

AU XVIIIᵉ SIÈCLE

est en préparation.

Elle paraitra en 1899, ou, au plus tard, en 1900.

———— ••••• ————

On peut souscrire dès maintenant, sans avancer de fonds, aux mêmes conditions que le présent volume.

Après publication, le prix de l'exemplaire broché sera fixé à 6 francs; cartonné, tranches dorées, 7 francs.

Bar-le-Duc. — Impr. Brodard, Neuwly et Cie. — X-85,98.

DU MÊME AUTEUR

La charte de Vergne-lez-Wiers (près Mortagne).

D. Gaspard Hanot de Mons (1588-1625) et son oraison
funèbre, étude sur l'éloquence de la chaire dans le
Hainaut à cette époque.

Le Sceau de Valenciennes, description et critique.

Histoire de l'Abbaye d'Hautmont, par Mixon frères.
(*Nous disposons encore de quelques exemplaires de cet
ouvrage. Prix : 7 francs.*)

BIBLIOTHÈQUE NATIONALE IMPRIMÉS

Lightning Source UK Ltd.
Milton Keynes UK
UKOW05f0609210217
294910UK00007B/82/P